法藏知津

四編：佛教歷史與文獻研究專輯

杜潔祥 主編

第 11 冊

《洛陽伽藍記》研究

吳 晶 著

會昌法難研究
——以佛教爲中心

黃 運 喜 著

花木蘭文化出版社

國家圖書館出版品預行編目資料

《洛陽伽藍記》研究　吳晶　著／會昌法難研究——以佛教為中
心黃運喜　著 -- 初版 -- 新北市：花木蘭文化出版社，2015
〔民 104〕

目 2+134 面／目 2+112 面：19×26 公分

（法藏知津四編：佛教歷史與文獻研究專輯　第 11 冊）
ISBN：978-986-322-434-1／978-986-254-424-2（精裝）
1. 洛陽伽藍記　2. 研究考訂／1. 僧伽　2. 佛教史　3. 唐代

011.08／618　　　　　　　　102014851／100000580

ISBN-978-986-322-434-1

ISBN-978-986-254-424-2

法藏知津四編：佛教歷史與文獻研究專輯
第十一冊　　　　　ISBN：978-986-322-434-1／978-986-254-424-2

《洛陽伽藍記》研究
會昌法難研究——以佛教為中心

作　者	吳　晶／黃運喜
主　編	杜潔祥
副總編輯	楊嘉樂
編　輯	許郁翎
出　版	花木蘭文化出版社
社　長	高小娟
聯絡地址	235 新北市中和區中安街七二號十三樓
	電話：02-2923-1455／傳眞：02-2923-1452
網　址	http://www.huamulan.tw 信箱 hml 810518@gmail.com
印　刷	普羅文化出版廣告事業
初　版	2015 年 5 月
定　價	四編 15 冊（精裝）新台幣 25,000 元

《洛陽伽藍記》研究

吳　晶　著

作者簡介

吳晶，生於 1980 年，浙江台州人。2006 年畢業於南京師範大學文學院，師從王青教授，獲碩士學位。2009 年畢業於南京大學文學院，師從曹虹教授，獲博士學位。本書是博士論文《洛陽伽藍記研究》基礎上修訂完成。現任職於台州學院教師教育學院，承擔《中國古代文學》等課程教學，主要從事魏晉南北朝文學、思想、佛教研究。在《文學遺產》、《西域研究》、《浙江學刊》等刊物發表論文多篇。

提　　要

　　《洛陽伽藍記》作為北朝文學名著，與《水經注》、《顏氏家訓》並稱「北朝三書」。本書的研究在明清以後逐漸興起，本書主要從文獻、佛教、史學、文學四方面展開討論。

　　第一章考論此書體例與版本。通過對陳寅恪「合本子注」說的辨正，指出這個概念實等同於「合本」，《洛陽伽藍記》僅第五卷符合「合本」體例。重新分析《史通・補注篇》，並以《法苑珠林》所引《洛陽伽藍記》為例，說明本書並非子注體，文風具有枝蔓的特點。版本方面，通過發掘汲古閣本《說郛》，指出《說郛》本《洛陽伽藍記》是本書兩大系統分離前更早版本，《說郛》應在《洛陽伽藍記》版本譜系中佔有獨特地位。

　　第二章觀照佛教史視野中的《洛陽伽藍記》。通過對崇真寺條惠凝冥遊故事的分析，指出北朝義學並未衰落，該故事是佛教內部人士所發出的整肅聲音。楊衒之並不反佛，但他主張沙門拜俗觀點，使持相反立場的道宣將他列入反佛陣營。本書所記佛教志怪與「釋氏輔教之書」有近似的寫作意圖，但在形式和結構上打破了後者的固有模式。楊衒之的宗教情感是與其家國之思緊密結合的，書中對洛陽寺廟保存之念多過批判之意。

　　第三章追究此書的史學價值。《洛陽伽藍記》的歷史記錄可補正史之不足，其記北魏社會生活畫卷，尤為研究中古民間社會生活的重要史料。以青齊士風為例，說明其俗難治的形成原因。史學思想上，楊衒之以曲折之筆批評莊帝的權力欲望，以記錄元徽、劉宣明事跡表達對正史歪曲事實的不滿。楊氏慣引《周易》評史，與當時史學風氣一致。第五卷之《宋雲惠生行紀》向為中外學者所關注，筆者重點討論了《行紀》的文本構成，指出余太山認為《惠生行紀》在文中不存在的觀點並不可靠，《惠生行記》才是《行紀》的構成主體。

　　第四章衡定此書的文學成就。將「穠麗秀逸」分作「穠麗」和「秀逸」分別加以探討，楊衒之通過對漢大賦的吸收和揚棄，最終將兩種風格成功統一。本書常以「京師遷鄴」作結，造成語意結構的對立，曲折表達故國之思。推測楊氏寫作情境，指出其在寫作中多取資於地志、辭賦、雜史等作品，非皆由實地考察。京都賦在語言、地理、虛實安排等方面都對《洛陽伽藍記》產生了深遠影響。北朝文人多學南方，楊衒之也不例外。楊氏對南人的貶斥，與其對北朝文學的寬容相表裏。書中對北朝文學各種史料兼收並蓄，堪稱一部北朝文學的微型資料庫。

目次

緒　論

　　《洛陽伽藍記》作爲一部北朝名著，其研究在明清以後逐漸升溫。與南朝別集多有傳世不同，北魏流傳至今的私家著述極爲稀少，《洛陽伽藍記》與《水經注》、《顏氏家訓》、《齊民要術》堪稱翹楚。《洛陽伽藍記》的特出之點，在其內容的豐富性，有關城市地理、宗教景觀、政治變遷、人文風俗均在載筆之列。故本書在北朝佛教史、政治史、文學史上均享有特別的地位。

　　不過，相比於同時代的地理名著《水經注》，《洛陽伽藍記》的研究並不繁榮。此書在明代以前的佛教經錄、公私書目中皆有著錄，一些學者如劉知幾、黃伯思、毛晉等對此書做過零散評論。清代以來，重分文注工作展開後，整理本流傳漸廣，學界逐漸意識到此書的價值，在《中國文學史》中，本書常有專門介紹。目前學界對本書的研究，以文獻整理和文學、語言學研究爲主。本選題試圖以問題爲導向，在閱讀相關文獻、掌握歷史背景的基礎上，從文本形態、佛教、史學、文學、文人心態等角度展開探討。

　　專書研究的開展，須以文獻研究爲基礎。自唐代劉知幾《史通》提出《洛陽伽藍記》有子注以來，本書文本形態一直是學者關注的焦點。文獻研究可分兩條線索，一是古籍整理與校勘，清代顧廣圻承劉知幾之說，並進一步認爲本書在傳抄中注文混入正文，其後吳若準、唐晏等學者開始分理文注，以期恢復本書原貌。此項工作一直持續到二十世紀，產生了吳若準《洛陽伽藍記集證》、唐晏《洛陽伽藍記鉤沉》、周祖謨《洛陽伽藍記校釋》、范祥雍《洛陽伽藍記校注》、徐高阮《重刊洛陽伽藍記》、楊勇《洛陽伽藍記校箋》等著作；二是子注淵源研究，陳寅恪先生以深厚的佛學素養和敏銳的眼光，創造性地提出本書爲「合本子注」體。標誌著本書研究進入多視角、跨學科階段，

同時也深深影響了現代學者如徐高阮、周祖謨、楊勇等的文獻整理。從這個角度講，兩條線索在交彙中前進。可以說，二十世紀《洛陽伽藍記》研究的主要成果，即表現爲「合本子注」說指導下的文獻整理。

本書文獻領域的研究，前代學者積纍的成果已相當豐富，似已題無剩義。不過，筆者讀徐高阮、周祖謨、楊勇等學者分理文注後的《洛陽伽藍記》，頗覺支離，讀不分文注之明清刻本，反覺文氣通貫，不免產生疑問。要重新討論本書體例，首先便要檢討「合本子注」。陳寅恪先生治學，能以宏通之視野研究具體之問題，結論新穎而具啓發性。以中古史研究而言，陳先生的論著在本領域產生廣泛影響力的同時，也引來不少商榷。不過世人對「合本子注」說似少有質疑。這可能是因《洛陽伽藍記》處於佛教史和文學史的交彙邊緣，學者偶有涉獵，多爲取資旁證，少有專門措意者。經過對陳先生相關論文的研讀，筆者發現所謂「合本子注」實即「合本」，即將幾個譯本加以裁合擬配，與注釋（即「子注」）無關。僅因其形式近似於「子注」，故稱「合本子注」。實際上，「合本子注」的提法容易使人產生誤解，徑稱「合本」即可。陳寅恪先生之標舉「合本子注」，與其切身經歷和治學理路相關，這是一個帶有陳先生個人及其時代印記的概念。

在釐清「合本子注」概念後，我們發現，《洛陽伽藍記》中僅有第五卷《宋雲惠生行記》是符合「合本」體式的，全書並非「合本」體。不過，《洛陽伽藍記》是否通篇施注的問題，還未得到解決。筆者對比徐高阮、周祖謨、楊勇三家之分理，發現他們所持條例近似，但實際分理卻頗多歧異。可見以「寺廟（正文）——人事（注文）」爲條例是有問題的。楊衒之的文筆千變萬化，隨物賦形，怎可能畫地爲牢自縛手腳？因此，筆者對本書是否通篇施注產生了懷疑。追本溯源，須重讀《史通·補注篇》。歷代學者多注意到劉知幾所言「子注」，極少留意《補注篇》以「瑣雜」、「鄙碎」來評《洛陽伽藍記》、《關東風俗傳》等四部作品。細讀上下文可知，劉知幾對《洛陽伽藍記》等書枝蔓瑣碎的寫法頗有微辭。可見清人所言本書在宋代文注混淆後方導致文風枝蔓之說並不可信。唐代《法苑珠林》所引三則《洛陽伽藍記》與今本並無區別，爲本書文本並未錯亂提供了直接證據。同被《史通》評爲「瑣雜」的《關東風俗傳》，幸有佚文存於《通典》，文風亦有蕪雜的特點，爲本書風格提供了旁證。

在質疑前人之說的同時，《洛陽伽藍記》體例的淵源也是筆者試圖討論的

問題。本書雖在魏晉南北朝地志繁榮的背景下產生，但其文本面貌卻有別於一般地志，歷史人事內容在書中佔據了主導地位。楊衒之受高僧行記的啓發，借鑒其移步換景的寫法，每到一處先寫地理環境，次敘人文風俗，故文風難免枝蔓，但繁而不亂。

　　《洛陽伽藍記》的版本，以明代如隱堂本和古今逸史本爲兩大系統。元末陶宗儀《說郛》收有《洛陽伽藍記》，雖係節本，但年代上早於兩大系統。因《說郛》版本源流複雜，目前通行的涵芬樓本《說郛》爲張宗祥據六個殘本理校而成，頗有不完善之處，故《說郛》本《洛陽伽藍記》甚少受到學者重視。筆者有幸得見汲古閣六十卷本《說郛》，其年代早於存世諸本，並有不少文字可校涵芬樓本之訛，汲古閣本的出現，一定程度上廓清了《說郛》本《洛陽伽藍記》的面貌。《說郛》本不僅年代更早，其文字對《洛陽伽藍記》明代兩大系統之本均有校正之功。從《說郛》本的特徵可以推知，在《洛陽伽藍記》兩大版本系統分離之前，尚有一共同之祖本。故《說郛》本亦應在《洛陽伽藍記》版本譜系中佔有獨特的地位。

　　北魏佛教興盛，佛教史視野中的《洛陽伽藍記》是何種面貌，是筆者關心的問題之一。北魏末期，已有不少有識之士對佛教畸形發展提出批評。筆者以崇眞寺條惠凝冥府遊記故事爲分析對象，同時也注意到，該故事不可作直接史料使用，而應關注其產生背後的創作動機。對比惠凝故事與釋氏輔教小說敘事質素的不同，可以發現該故事並非宣教小說，而是佛門內部人士發出的整肅聲音。湯用彤先生認爲其反映了北方義學的衰落，嚴耕望先生則持相反觀點，體現出兩位學者對小說史料解讀思路的不同。通過鉤稽北魏時期義解僧的活動，說明其時義解僧人甚受帝王重視，其對上層的巨大影響力，是北魏佛教畸形發展的推助力之一。曇謨最在故事中受到批判，可從這個角度予以解釋。

　　關於楊衒之是否反佛，歷來有正反兩種觀點。反佛說的重要依據，除書中常有對上層佞佛的譏刺外，是《廣弘明集》之《敘歷代王臣滯惑解》所載楊氏的一份奏摺。通過分析道宣寫作《敘歷代王臣滯惑解》的意圖及所錄崇佛人士之言論，可知楊氏的觀點與崇佛者近似。楊衒之雖不反佛，但他主張沙門拜俗觀點，引得持相反立場的道宣反感，故將他列入反佛陣營。正是道宣的歸類，加深了人們對楊氏的誤解。以《洛陽伽藍記》本身而言，其所記佛教靈徵故事，實與當時的「釋氏輔教之書」有近似的宣佛理念。不同的是，

本書拒絕將佛教故事模式化，爲南北朝佛教小說提供了不同的敘事質素。因此，要全面理解楊氏的佛教觀，須將《廣弘明集》與《洛陽伽藍記》合觀。值得一提的是，楊氏貫穿全書的宗教情感，與其家國之情密切相關。佛教寺觀的興衰，象徵著北魏王朝的興亡，故楊氏在敘及佛教靈徵時，往往筆帶情感，行文亦低回哀婉，悲愴之情躍然紙上。單看本書對佛宇華麗的鋪揚，可能有漢大賦肯否兩可之感，但筆者認爲，作者之故國感思與宗教情感，要遠大於批判之意。

《洛陽伽藍記》的史學價值，向爲世所公認，有「拓跋之別史」之譽。楊氏曾任秘書監，對有關漢代史籍尤爲熟悉。本書不僅可與紙上之文獻相核對，且可與地下之考古發掘相印證，還可補正史之不足。所錄北魏洛陽城生活畫卷，生動形象，是珍貴的社會生活史料。通過對秦太上君寺條青齊士風的重點剖析，可看出《洛陽伽藍記》的這則記載已漸成經典敘述，成爲方志編纂者需要留意的歷史記錄。

本書所記史事常詳正史所略，略正史所詳。這在莊帝誅殺尒朱榮事件上尤爲明顯。這種寫法更爲自由開放，其對人物心理、事件細節的記錄，頗有《史記》敘事遺風。在史識上，楊衒之也有獨到之處。書中所記尒朱榮入洛前莊帝之種種行爲，揭示其內心之權力欲望。更通過元恭形象的塑造，反襯莊帝此一特點。書中對元徽、劉宣明的記載迥異於《魏書》，可見楊氏對正史敘事的不滿，及保存史料的良苦用心。書中的論贊雖然不多，但均能表達一種強烈的善惡觀念。通過考察同時代史著的特點，可知楊氏論中多引《周易》，與當時主流史學思潮同趣。《洛陽伽藍記》的史學成就，爲北朝史學的發展貢獻了一份力量。

地志是《洛陽伽藍記》賴以產生的深厚土壤，地志中的異物志、寺塔記、高僧行記等門類對本書均有影響，筆者要重點討論的是第五卷之宋雲、惠生《行記》。前代學者在研究中甚少涉及宋雲與惠生的差別，筆者試圖以「分」的思路，探討這篇以「合本」形式編纂的《行記》。希圖說明兩個問題：一是二人原本各自爲使團首領，出使任務有所不同；二是第五卷以《惠生行記》爲底本，偶引《宋雲行記》，名之爲《惠生行記》更恰當。細讀《魏書·釋老志》和《北史·西域傳》，可知二人原有各爲使團領袖的迹象。通過名字可知，宋雲爲俗、惠生爲僧。史書對於二人西行年代的不同記載，也說明二者可能不同時奉詔，只是因技術原因（如沙漠考察需選擇季節）而一同出發。通過

分析《行記》中二人行爲的差異，可知宋雲具有外交使節身份，而惠生的佛教色彩更重。

近代以來，學者慣以《宋雲行記》指稱第五卷，實際上並不不確切。楊氏自云以《宋雲行記》、《道藥傳》補《惠生行記》未記之處，實已表明其底本爲《惠生行記》。李延壽以《惠生行記》爲其《北史・西域傳》之史料來源，可知《宋雲行記》地理內容之不足。另外，第五卷篇幅的不均衡以及用語習慣的變化，也爲分辨兩本《行記》的內容提供了線索。

本書的文學成就，前人已有不少論述。《四庫全書總目》之「穠麗秀逸」是對其風格最爲精當的評點。「穠麗」與「秀逸」實爲相反相成的風格。所謂「穠麗」，多指其繼承漢賦鋪張揚厲、精細刻畫的特點；「秀逸」則可理解爲對漢賦的揚棄和改造，如篇製更爲短小，用詞更趨清麗，注意句式變化和描寫對象的轉換，整體上更富流動感等。本書極少用直接抒情的方式，而擅用結構對比來傳達情感。常以場面的熱鬧與衰敗、人物的鼎盛與消逝、塔寺的炫麗與破滅，來凸現蒼涼之感。書中屢屢在前文鋪敘塔寺之偉、人物之盛，而文末則常以「京師遷鄴」作結，達到一種對比反諷的效果，將讀者從幻境拉回現實，作者之故國之情亦展露無遺。

從《洛陽伽藍記・序》可以推知，本書寫作在楊氏離開洛陽之後。分析報德寺條可知，該部分內容襲自戴延之《西征記》，因未作實地考察，楊氏還增加了一些錯誤。地志、辭賦、雜史所記之地理，常爲楊氏所取資。除地志外，本書另一個重要源頭爲漢大賦。本書寫景之語，大多可上溯漢賦。京都大賦的正統帝都意識，是本書對賦具認同感的原因之一。如果說賦的創作緣由、方位意識、地理記載對本書的影響更多體現在表層上，那麼賦的虛實安排則在深層次影響了本書寫作。魏晉南北朝地理學的發展，特別是製圖技術的提高和圖經類地志的擴充，使京都大賦創作更趨於徵實。不過，這種徵實更多地體現在山川、宮殿、動植物等客體上，賦中所記人物主體的活動，常帶有想像成分。在《洛陽伽藍記》中，既可看出地理學發展對其地理書寫的影響，亦可見到京都賦想像人物活動的章節。其徵實與虛構的手法，基本上秉承了漢晉辭賦的創作理念。

將《洛陽伽藍記》放在南北文學背景中考察，才可能準確把握其文學特質。南北朝文學交流頻繁，其中尤以北人學南居多。因正統之爭的關係，北朝文人不願承認此點，楊衒之亦是如此。本書一方面接受南方文學影響，另

一方面又對南人深懷偏見，存在一種自大而又自卑的心理。與貶低南方作品形成鮮明對比的是，《洛陽伽藍記》中對北朝文學作品懷有兼容並包的態度，不僅全文收錄了姜質《庭山賦》這類不成熟的作品，還注意收錄當時的民謠隱語、幽默故事、志怪傳聞，使本書包含豐富的北朝文學史料。其中正覺寺條之次韻和詩與凝玄寺條之雙聲問答，均爲北朝文學史上之重要史料。《洛陽伽藍記》的這種記錄意識和兼容態度，是本書能在一定程度上堪稱北朝文學微型資料庫的重要原因。

第一章　體例與版本考論

　　《洛陽伽藍記》作爲北朝史學與文學兼擅的傑作之一，其著述體例歷來是學者關注的焦點。自唐劉知幾《史通》首次指出《洛陽伽藍記》有「子注」以來，顧廣圻、吳若準、唐晏、張宗祥、陳寅恪、徐高阮、周祖謨、楊勇等學者均受其說影響。顧廣圻指出，《洛陽伽藍記》在宋代以後注文混入正文，此後有不少學者致力於釐定注文，至二十世紀產生了多部整理本。論者多認爲楊書舊貌已得到很大程度的復原。但筆者認爲，此書體例有不少疑點值得重新探討。

第一節　「合本子注」新探

　　《史通・補注篇》最早提出《洛陽伽藍記》有注文（即「子注」），陳寅恪先生在《史通》「子注」說基礎上，進一步指出本書爲「合本子注」體，在《洛陽伽藍記》研究中影響甚大，也是學者對《洛陽伽藍記》進行重分文注的重要依據。我們知道，陳寅恪先生善於創造新詞以提供新的研究視角，如「關隴集團」、「關中本位政策」等。這些概念都產生了巨大影響。「合本子注」也是由他最先提出，並廣爲學界接受的概念。但由於陳先生未作明確界定，學界對於哪類著作可歸爲「合本子注」體，「合本子注」與「集注」有何區別等問題仍有爭論。如周一良、胡寶國等學者就認爲《三國志注》等書與「合本子注」並無關係。〔註1〕另外，只有弄清「合本子注」的含義，才能對學者

〔註 1〕　參周一良：《魏晉南北朝史學著作的幾個問題》，《魏晉南北朝史論集》，北京大學出版社，1997 年版，第 409 頁；胡寶國：《〈三國志〉裴注》，《漢唐間史

重分文注的成果作出正確評估。因此有必要先對「合本子注」的來龍去脈作一番考察。

一、「合本」的定義

佛經中未見「合本子注」一詞。分析這個概念，我們可分別考察「合本」與「子注」。「合本」是一個源於佛教典籍的概念，意思是將眾多佛經譯本合成一本。佛教傳入中國後，一部經典往往有多個中文譯本，爲使佛徒能參照各家譯本，於是有僧人編輯「合本」。《出三藏記集》中的東晉曇無蘭《大比丘二百六十戒三部合異序》，保留了佛經中唯一的一段「合本」。曇無蘭在《序》中說，他二十年前從盧山竺僧舒那裏得到一部二百五十條的律典，後來又看到曇摩侍所譯的二百六十條律典，於是他將兩個本子合編在一起：〔註2〕

> 余因閒暇，爲之三部合異，粗斷起盡，以二百六十戒爲本，二百五十者爲子，以前出常行戒全句繫之於事末。而亦有永乖不相似者，有以一爲二者，有以三爲一者，餘復分合，令事相從。〔註4〕

因兩個本子條數不同，曇無蘭略作編輯，將少者合併，多者析出。《序》中保留的這段「合本」面貌如下：

> 說戒者乃曰：「僧和集會，未受大戒者出。僧何等作爲？」眾僧和聚會，悉受無戒，於僧有何事。答：「說戒。」僧答言，布薩。「不來者囑授清淨說。」諸人者當說當來之淨，答言說淨。〔註4〕

爲便於閱讀，曇無蘭將二百六十條律典作爲「本」，即「母本」，二百五十條律典作爲「子」，即「子本」，並將相同內容的「子本」文句繫於「母本」之下（文中分別用大小字表示）。這種「合本」體式在當時相當流行。《出三藏記集》卷二云：

> 《合維摩詰經》五卷（合支謙、竺法護、竺叔蘭所出《維摩》三本合爲一部）

學的發展》，商務印書館，2005 年版，第 80～81 頁。

〔註2〕 筆者細讀了《大比丘二百六十戒三部合異序》全文，只提到兩個本子，稱「三部合異」可能是傳抄訛誤，陳寅恪先生引此文時亦未作辨。

〔註3〕 僧祐撰，蘇晉仁、蕭鏈子點校：《出三藏記集》卷第十一，中華書局，1995 年版，第 415 頁。

〔註4〕 《出三藏記集》卷第十一，第 416 頁。

《合首楞嚴經》八卷（合支讖、支謙、竺法護、竺叔蘭所出《首楞
嚴》四本合爲一部或爲五卷）〔註5〕

支愍度《合首楞嚴經記》云：

> 拔尋三部，勞而難兼，欲令學者即得其對，今以越所定者爲母，護
> 所出爲子，蘭所譯者繫之，其所無者輒於其位記而別之，或有文義
> 皆同，或有義同而文有小小增減，不足重書者，亦混以爲同。雖無
> 益於大趣，分部章句，差見可耳。〔註6〕

支愍度所言之「母」，即相當於曇無蘭所言之「本」，他們都以「子本」附
繫於「母本」的方式編輯「合本」。根據以上材料我們可以歸納出佛家「合
本」的特徵──「事類相從」，將同一佛典的各家譯本分章斷句、裁合擬配。
以「母本」爲主，「子本」爲輔，使讀者可以「瞻上視下，案彼讀此」。需
特別強調的是，「子本」雖被擬配於「母本」之下，形式上有些類似於注疏，
但本質上二者都是獨立的原典，敘述內容處於同一層次，如支愍度所言「或
有文義皆同，或有義同而文有小小增減」，「子本」並不是「母本」的注釋。
編輯者除技術處理外，亦不作主觀評論。「合本」體式最初在佛經翻譯領域
使用，後來逐漸影響到史學領域，如裴松之《三國志・武帝紀》注中屢引
《曹瞞傳》，即類似於「合本」寫法。《世說新語注》、《水經注》也有類似
特點。

二、「子注經」與「子注」

陳寅恪先生之所以將「合本」與「子注」組合成一個概念，是因「子注」
與「合本」之「子本」中均有一「子」字。因此他推斷，佛經中諸如《法鏡
經解子注》、《大般涅槃子注經》、《維摩詰子注經》等以「子注」命名的典籍，
是以「合本」方式編纂的。〔註7〕陳先生的推斷是否合理？我們不妨對這些「子
注經」作一番考察。這些佛經大多不存，從經錄中的相關材料看，未必與「合
本」有關（注意表中之加點字）：

〔註5〕《出三藏記集》卷第二，第44頁。

〔註6〕《出三藏記集》卷第七，第270～271頁。

〔註7〕參陳寅恪：《支愍度學說考》，《金明館叢稿初編》，上海古籍出版社，1980年
版，第163頁。

子 注 經	經 錄 資 料
《法鏡經解子注》	（康僧會）於建初寺譯出前件眾經並自注，序製並妙得體，文義允洽。其所注經《安般》、《守意》、《法鏡》、《道樹》等，備見於錄。（《歷代三寶記》卷五）
	復有《法鏡經注解》二卷、《道樹經注解》一卷、《安般經注解》一卷，已上三經會兼製序。三經會雖注解，本非僧會所翻，故亦不爲會譯之數。（《開元釋教錄》卷二）
《大般涅槃子注經》	沙門釋法朗　一部　七十二卷注經
	《大般涅槃子注經》七十二卷　右一部七十二卷。天監年敕建元寺沙門釋法朗注。見寶唱錄。（《歷代三寶記》卷十一）
《遺教子注經》	沙門釋慧基　一部　一卷注經
	《遺教子注經》一卷　右一部一卷。山陰法華山沙門釋慧基述注解。（《歷代三寶記》卷十一）
《勝鬘子注經》	沙門釋法瑗　一部　三卷注經
	《勝鬘子注經》三卷　右一部三卷。揚州靈根寺沙門釋法瑗述注解。（《歷代三寶記》卷十一）
《維摩詰子注經》	沙門釋曇詵　二部　六卷注論
	《維摩詰子注經》五卷　《窮通論》一卷　右二部合六卷。廬山東林寺沙門釋曇詵撰。（《歷代三寶記》卷七）
	詵亦清雅有風則，注《維摩》及著《窮通論》等。（《高僧傳》卷六）
《大品經子注》	梁武帝注（《法苑珠林》卷一百）
《摩訶般若波羅蜜子注經》	武皇帝蕭衍　一部　五十卷注經
	武帝蕭衍……以八部般若是十方三世諸佛之母，能消除災障蕩滌煩勞。故採眾經窮述注解。（《歷代三寶記》卷十一）
《大乘經子注目錄》	魏世眾經錄目　永熙年敕舍人李廓撰 大乘經目錄一　二百一十四部 大乘論目錄二　二十九部 大乘經子注目錄三　一十二部 大乘未譯經論目錄四　三十三部（《歷代三寶記》卷十五）

從上表可知，經錄將「子注經」均視爲普通的「注經」，無一提到其編纂方式與「合本」有關。從《魏世眾經錄目》的分類可以推知，「大乘經子注目錄」意爲大乘經注疏目錄，並非專收名爲「子注」的佛經。從《法鏡經解子注》又稱《法鏡經注解》可知，「子注」也可稱「注解」，並非專有名稱。《出三藏記集》所收之《法鏡經序》，是康僧會爲《法鏡經解子注》所作，文曰：

> 大道陵遲，內學者寡。會睹其景化，可以拯塗炭之尤嶮，然義壅而不達。因閒竭愚，爲之注義。喪師歷載，莫由重質。心憒口悱，停

筆愴如。〔註8〕

從現存史料看，「合本」是一種新興體例，其編纂者大多在序中說明編纂緣起與體例，如支愍度《合維摩詰經序》、《合首楞嚴經記》，曇無蘭《大比丘二百六十戒三部合異序》等。若《法鏡經解子注》與「合本」有關，康僧會在《序》中似不應無一語道及，其僅云「爲之注義」，亦未提及綜合各家之意，也說明「子注」實爲一般之注解。檢《大藏經》中的「子注」一詞，意思也是注解，如《阿毗達磨俱舍論法義》卷八云（黑體小字爲注文，下同）：

> 一善住法堂天，二住峰天，三住山頂天。四善見城天，五缽私陀天，
> 六善俱吒天，子注雲：俱吒者山谷也，七雜殿天，八住歡喜園天。

《阿毗達磨俱舍論指要鈔》卷一云：

> 若唯無記無色無學，異熟生心，不現在前。不成就故應名爲佛。以
> 此而言，故亦通善。頌疏冠注云：若通於善，無色無學。異熟生善，心恒現在。
> 故恒成就，不染無知，故可不名佛等者。此等子注皆非光意。

《成唯論述記開講說要》云：

> 次釋撰號，總安撰號。二種不同，一作者自頓，二後人代立。初作
> 者自立意在簡別，上卷事鈔題子注云，作者無標名顯別。

《華嚴演義鈔纂釋》卷三十五云：

> 注云因其所大。問：今云注者，何注乎？答：魏王弼注也。其故者，
> 前漢河上公加注釋來至於唐朝，總有六十二家之子注。

佛經注疏名稱繁多，如注、疏、注解、義疏、論疏、會釋、義記、義述等，子注亦是其中一。陳寅恪先生因一「子」字而斷定「子注」和「子本」有關，進而推斷名帶「子注」的佛經爲「合本」體式，證據並不充分。梁啟超先生談到「合本」時就未言及子注。〔註9〕實際上，若以經名言，「合本」往往會標一「合」字，如《大比丘二百六十戒三部合異》、《合首楞嚴經》、《合維摩詰經》等。但此後不少學者受陳先生影響，認爲「子注」與「合本」屬同種體例，如范子燁先生說：「這些詰經之書（指上表所列「子注經」），也是由於以子從母，以子注母的緣故，其體例形式當然也是一致的。」〔註10〕這

〔註 8〕僧祐撰，蘇晉仁、蕭鏈子點校：《出三藏記集》卷第六，中華書局，1995 年版，第 255 頁。

〔註 9〕梁啟超：《佛學研究十八篇》，上海古籍出版社，2001 年版，第 272 頁。

〔註 10〕范子燁：《〈洛陽伽藍記〉的文體特徵與中古佛學》，《文學遺產》，1998 年第 6期。

說明學界對「子注」存有誤解。

三、「合本子注」實即「合本」

釐清以上兩個概念後，我們可以分析什麼是「合本子注」。陳先生在《讀〈洛陽伽藍記〉書後》中第一次提出「合本子注」一詞，文中未對概念下定義，而以實例說明：

> 至乾陀羅城，東南七里有雀離浮圖。《道榮傳》云：城東四里。
>
> 即竺曇無蘭《大比丘二百六十戒三部合異序》後所附子注之例。其「《道榮傳》云：城東四里。」乃是正文「東南七里有雀離浮圖」之子注也。〔註11〕

陳先生論證《洛陽伽藍記》為「合本子注」體，卻引了「合本」──《大比丘二百六十戒三部合異序》作為標準。這說明「合本子注」實際上就是「合本」，這個概念中的「子注」是多餘的。具體說來，陳先生把「子注」等同於「合本」中的「子本」。文中說「《大比丘二百六十戒三部合異序》後所附子注」，實際上《大比丘二百六十戒三部合異序》所附的是「子本」。《洛陽伽藍記》引《道榮傳》部分與《大比丘二百六十戒三部合異序》均為「合本」體沒有問題，但陳先生將《道榮傳》也看作「子注」，說：「『《道榮傳》云：城東四里。』乃是正文『東南七里有雀離浮圖』之子注也。」說明在他潛意識中，「子注」是「合本」之「子本」。這實際上並不奇怪，正如上節我們已經指出他把「子注經」等同於「合本」，逆推過來就可得出這個結論。

《讀〈洛陽伽藍記〉書後》文中還提到：「寅恪昔年嘗作《支愍度學說考》，載於前歷史語言研究所蔡元培先生六十五歲紀念論文集中，詳考佛書合本子注之體。」〔註12〕此處陳先生記憶有誤，《支愍度學說考》實際上詳細考證的是佛書的「合本」，其時他尚未提出「合本子注」一詞，這是陳先生將「合本子注」與「合本」等同的另一個證據。

需要澄清的是，「合本子注」並不等於「合本」加「子注」，陳先生《徐高阮重刊洛陽伽藍記序》云：

> 凡祚所不載，而事宜存錄者，則罔不畢取，以補其闕。又同說一事，而辭有乖雜，或出事本異，而疑不能判者，則並皆抄內，以補

〔註11〕陳寅恪：《金明館叢稿二編》，上海古籍出版社，1980 年版，第 160 頁。

〔註12〕《金明館叢稿二編》，第 158 頁。

異聞。據此言之，裴氏三國志注實一廣義之合本子注也。劉孝標世說新書注，經後人刪略，非復原本。幸日本猶存殘卷，得藉以窺見劉注之舊，知其書亦廣義之合本子注也。酈善長之水經注，其體裁蓋同裴劉。〔註13〕

陳先生爲何要將《三國志注》視作「廣義合本子注」？這個問題很關鍵。我們知道，裴松之《上〈三國志注〉表》將全書內容分爲「備異」、「補闕」、「懲妄」、「論辯」四類。上引陳先生評論裴注文字也是依據裴氏《上〈三國志注〉表》，但僅僅提到「備異」（以補異聞）、「補闕」（以補其闕），不提「懲妄」、「論辯」。其原因就在於「備異」、「補闕」是抄納眾家異辭異聞，與「合本」特點一致；「懲妄」、「論辯」是注者的論斷，與「合本」特點不符。「懲妄」、「論辯」屬於「子注」，但「合本子注」中的「子注」實際上是指「子本」，所以這部分內容不能歸入「合本子注」，整部裴注只能稱爲「廣義合本子注」。同樣，《世說新語注》、《水經注》也因類似特點而被冠以「廣義」二字。

四、「合本」與「集注」的分野

還有一點需要澄清，「合本子注」不可理解爲「集注」或「子注的集合」。如果這樣等同，不僅這個概念的特質將會喪失，陳先生標舉「合本」背後的學術動因亦難以探知（爲明晰概念，除引文外，以下討論將不再使用「合本子注」，而稱「合本」）。

首先應當承認，被陳先生稱作「廣義合本子注」的三部名注《三國志注》、《水經注》、《世說新語注》，在內容構成上更符合「集注」的體例特點。因爲這三家不僅廣引各家解說，且有注者的評論和考辨，「集注」正是如此。但爲何陳先生要舍近求遠，強調這三家的「合本」特點呢？筆者認爲，這與陳先生個人的治史體悟有關，他在《陳述遼史補注序》中說：

裴世期之注三國志，深受當時內典合本子注之薰習。此吾國學術史之一大事，而後代評史者，局於所見，不知古今學術系統之有別流，著述體裁之有變例，以喜聚異同，坐長煩蕪爲言，其實非也。趙宋史家著述，如續資治通鑑長編，三朝北盟會編，建炎以來繫年要錄，最能得昔人合本子注之遺意。豈庸妄子之書矜詡筆削，自比夏五郭

公斷爛朝報者，所可企及乎？寅恪僑寓香港，值太平洋之戰，扶疾入國，歸正首丘，途中得陳玉書先生述寄示所撰遼史補注序例，急取讀之，見其所論寧詳毋略之旨，甚與鄙見符合，……回憶前在孤島，蒼黃逃死之際，取一巾箱坊本建炎以來繫年要錄，抱持頌讀。其汴京圍困屈降諸卷，所述人事利害之迴環，國論是非之紛錯，殆極世態詭變之至奇。然其中頗復有不甚可解者，乃取當日身歷目睹之事，以相印證，則忽豁然心通意會。平生讀史凡四十餘年，從無似此親切有味之快感，而死亡飢餓之苦，遂亦置之量外矣。由今思之，倘非其書喜聚異同，取材詳備，曷足以臻是耶？〔註14〕

《三國志注》之「喜聚異同」，原最為劉知幾《史通》所詬病，但在陳先生看來，卻是裴松之最大的功勞。陳先生太平洋戰爭中在香港的經歷遭際，使他對《建炎以來繫年要錄》中原未理解的「極世態詭變之至奇」之記載豁然心通意會，深切體會到史書喜聚異同的價值，直言平生讀史四十餘年，從未有此親切有味之感。其間得見《遼史補注序例》，陳述所持「寧詳毋略」之旨更使陳先生深具同感，無怪乎他要大力標舉「合本」。

陳寅恪先生一輩學者治學眼界開闊，注重多種材料的運用。王國維先生的二重證據法，陳寅恪先生以詩歌、小說等材料證唐史，均與前代史家迥異，而與「合本」之思路異曲同工，所以說他對史料有一種特別的敏感。另一方面，古人「集注」中的懲妄論辯，帶有注者主觀色彩，可能已將史料作了剪裁甄別，非復原貌。《陳述遼史補注序》中批評的「庸妄子之書矜詡筆削，自比夏五郭公斷爛朝報者」，正與此類似。可見陳先生對「合本」的特質始終有準確把握，未將其與「集注」混淆。

「合本」與「集注」的分野，也是史學與經學的分界。陳先生在《楊樹達論語疏證序》中說：

寅恪嘗謂裴松之三國志注，劉孝標世說新書注，酈道元水經注，楊衒之洛陽伽藍記等，頗似當日佛典中之合本子注。然此諸書皆乙部，至經部之著作，其體例則未見有受釋氏之影響者。〔註15〕

陳先生特意點明經部著作未見釋氏影響，實帶有標舉史學獨立的意圖。「集注」產生之初，即有濃重的經學烙印，經學集注綜合各家之說，辨析義理，

〔註14〕《金明館叢稿二編》，第234頁。
〔註15〕《金明館叢稿二編》，第233頁。

其目的是經義的彰顯，多元歸一，而非史料的保存。史學研究則不同，近代以來，史家之眼光已大大擴展，重視材料的多元互證。但傳統史學多注重史官之筆，輕視別史筆記之類的材料。不過，佛教的傳入，提供了一個契機，其擅用類比故事宣揚教義的特點，孕育出事類相從之「合本」。陳寅恪先生特別表彰《三國志注》、《續資治通鑑長編》、《三朝北盟會編》、《建炎以來繫年要錄》等喜聚異同之書，將其源頭追溯至中古外來佛教學術，有意區分其與經學集注的分界，體現了一種近代史家立場。因此我們說，「合本子注」不僅僅是一個純學理提法，且是一個帶有陳寅恪先生個人及其時代印記的概念。

第二節　《洛陽伽藍記》體例質疑

一、《洛陽伽藍記》非「合本」體

第一節中，我們已將「合本子注」概念作了辨析，指出「合本子注」實即「合本」，與「子注」無關。據此，我們不難發現陳寅恪先生提出的《洛陽伽藍記》為「合本」體的說法，有以偏概全之嫌。陳先生討論《洛陽伽藍記》體例的論文——《讀洛陽伽藍記書後》、《徐高阮重刊洛陽伽藍記序》中所舉證的材料僅限於第五卷惠生使西域一節，沒有論證《洛陽伽藍記》全書均為「合本」體。〔註16〕也就是說，本書只有惠生使西域一節是符合「合本」體的。但此節體例明顯有別於其他章節，可視為全書的變例。楊衒之在節末云：「衒之按，《惠生行記》事多不盡錄，今依《道榮傳》、《宋雲家記》，故並載之，以備缺文。」這是楊衒之在《洛陽伽藍記・序》之外對體例的惟一說明，若「合本」為全書通例，作者不必另作說明。周一良先生指出：「《洛陽伽藍記》此類例子（指惠生使西域一節——引者）確是比較符合『瞻上視下，讀彼案此』的要求，猶之同本異譯的佛經，同一內容而各家譯文表達有別，並列起來易於比對。」〔註17〕周先生的論斷非常嚴謹，其所言「此類例子」，實際上表達了只承認第五卷為「合本」體的意見。徐高阮先生為顯明其師陳寅恪先生之說而作《重刊洛陽伽藍記》，他也注意到了這個問題：

〔註16〕陳寅恪：《讀洛陽伽藍記書後》，《金明館館叢稿二編》；《徐高阮重刊洛陽伽藍記序》，《寒柳堂集》，上海古籍出版社，1980 年版。

〔註17〕周一良：《魏晉南北朝史論集》，北京大學出版社，1997 年版，第 409 頁。

> 詳案文理，知其卷五惠生求法一節最肖佛徒合本而外，其全書注體
> 則與《三國志》、《世說新語》一流至爲近似。惟衍之既係手自刊補，
> 故其列舉故籍，參照異同之處，就全書論，已不多見。而其牽連附
> 合，枝蔓橫生。亦較裴、劉之作俱爲遠過。〔註18〕

徐先生意識到《洛陽伽藍記》其他章節並無「合本」列舉故籍、參照異同的
特點，但未敢懷疑師說，而以全書具有「牽連附合、枝蔓橫生」的特點予以
解釋，認爲這也是「合本」的某種體現。這個解釋其實是很牽強的，牽連枝
蔓與「合本」並無實質關聯，「合本」之「合」表明這種體式的本質特徵是綜
合各家，這也決定了此體最適合在裁合眾家譯（著）作時使用。遵循此體的
內典如《合維摩詰經》、《大比丘二百六十戒三部合異》等，受「合本」影響
的外典如《三國志注》、《世說新語注》等，均爲通篇引用眾家譯（著）作。《洛
陽伽藍記》作爲原創性著作，並未頻繁引用別家著述，類似第五卷的寫法占
全書比例不大，故其爲全書變例應無疑義。

二、文獻整理條例商兌

　　《洛陽伽藍記》雖非「合本」體，但不可否認書中有注文。自《史通》
提出本書有注，顧廣圻認爲注文混入正文以來，重分文注一直是學者整理此
書的重點。實際上，整理者之間並未取得一致意見，釐定注文分歧不斷。吳
若準《洛陽伽藍記集證》是最早重分文注的著作，唐晏評其「限域未清，
混淆不免」。〔註19〕唐晏《洛陽伽藍記鉤沉》則被范祥雍評爲「以意定之」，
〔註20〕周祖謨也指出其「界域不明」。〔註21〕徐高阮作《重刊洛陽伽藍記》
（以下簡稱「重刊」），批評吳、唐所分之不足。〔註22〕楊勇《洛陽伽藍記
校箋》（以下簡稱「校箋」）則認爲《重刊》所定條例「前後頗有牴牾」，並批
評周祖謨《洛陽伽藍記校釋》（以下簡稱「校釋」）「只顧條例，不顧實情」。
〔註23〕另外，張宗祥、范祥雍主張維持現狀，不分文注。

〔註18〕徐高阮：《重刊洛陽伽藍記序》，歷史語言研究所專刊之四十二《重刊洛陽伽
　　　　藍記》，1960年版，第2頁。

〔註19〕唐晏：《洛陽伽藍記鉤沉・序》，見張宗祥《景洛陽伽藍記合校稿本》，世界書
　　　　局，1974年版，第175頁。

〔註20〕范祥雍：《洛陽伽藍記校注・例言》，上海古籍出版社，1978年版。

〔註21〕周祖謨：《洛陽伽藍記校釋・敘例》，上海書店出版社，2000年版。

〔註22〕徐高阮：《洛陽伽藍記補注體例辨》，《重刊洛陽伽藍記》附錄二。

〔註23〕楊勇：《洛陽伽藍記之旨趣與體例》，《洛陽伽藍記校箋》，中華書局，2006年

　　徐高阮、周祖謨、楊勇的整理是目前學界釐定注文的代表，三家所持條例基本一致，周祖謨先生說：

> 以予考之，此書凡記伽藍者爲正文，涉及官署者爲注文。其所載時
> 人之事迹與民間故事，及有銜之案語者，亦爲注文。〔註24〕

楊勇《洛陽伽藍記之旨趣與體例》亦云：

> 一、此書凡記伽藍者爲正文，涉及官署者爲子注。
>
> 二、正文簡要，但及某人某事而止，後不重舉；注則多旁涉，又必
> 　　重舉。
>
> 三、有銜之案語者爲注文。

徐高阮先生亦贊同記伽藍者爲正文，記官署、人事者爲注文。但在實際分理中，三家卻出現不少歧異，略舉幾例如下：

表一

內　容	文　　　本	性　質		
		重刊	校釋	校箋
例1. 官　署	建春門內御道南有句盾、典農、籍田三署。（建春門）	注文	正文	正文
	東陽門內道北有太倉導觀二署。東南治粟里，倉司官屬住其內。（昭儀尼寺）	注文	注文	注文
	建陽里東有綏民里，里內有洛陽縣。（景興尼寺）	正文	正文	正文
例2. 太后秉權	太后臨朝，閹寺專寵，宦者之家，積金滿堂。是以蕭忻云：「高軒斗升者，盡是閹官之釐婦；胡馬鳴珂者，莫非黃門之養息也。」（昭儀尼寺）	正文	正文	正文
	當時太后，正號崇訓，母儀天下，號父爲「秦太上公」，母爲「秦太上君」。爲母追福，因以名焉。（秦太上君寺）	正文	注文	注文
例3. 佛像靈徵	永安三年七月，此像悲泣如初。每經神驗，朝野惶懼，禁人不聽觀之。至十二月，尒朱兆入洛陽，擒莊帝，帝崩於晉陽。（平等寺）	正文	注文	注文
	普泰元年，此寺金象生毛，眉髮悉皆具足。尚書左丞魏季景謂人曰：「張天錫有此事，其國遂滅，此亦不祥之征。」至明年而廣陵被廢死。（景寧寺）	正文	正文	正文

版，第257頁。

〔註24〕三家凡例見周祖謨：《洛陽伽藍記校釋・敘例》；楊勇：《洛陽伽藍記校箋》附錄《洛陽伽藍記之旨趣與體例》；徐高阮：《重刊洛陽伽藍記》附錄二《洛陽伽藍記補注體例辨》。

例4. 創寺緣由	地下常聞有鐘聲。時見五色光明，照於堂宇。暉甚異之。遂掘光所，得金像一軀，可高三尺，並有二菩薩。趺坐上銘云：「晉泰始二年五月十五日侍中中書監荀勖造。」暉遂捨宅爲光明寺。（昭儀尼寺）	正文	注文	注文
	時有隱士趙逸，……指子休園中曰：「此是故處。」子休掘而驗之，果得磚數萬。並有石銘云：「晉太康六年歲次乙巳九月甲戌朔八日辛巳，儀同三司襄陽侯王濬敬造。」時園中果茮豐蔚，林木扶疏，乃服逸言，號爲聖人。子休遂捨宅爲靈應寺。（景興尼寺）	正文	注文	注文
	（阜財里内有開善寺，京兆人韋英宅也。）英早卒，其妻梁氏不治喪而嫁，更納河内人向子集爲夫，雖云改嫁，仍居英宅。英聞梁氏嫁，白日來歸，乘馬將數人至於庭前，呼曰：「阿梁！卿忘我也？」子集驚怖，張弓射之，應弦而倒，即變爲桃人。所騎之馬亦變爲茅馬，從者數人盡化爲蒲人。梁氏惶懼，捨宅爲寺。（開善寺）	正文	正文	注文
例5. 引　用	是以常景碑云：「須彌寶殿，兜率淨宮，莫尚於斯也」。（永寧寺）	正文	注文	正文
	是以蕭忻云：「高軒斗升者，盡是閹官之釐婦；胡馬鳴珂者，莫不黃門之養息也。」（昭儀尼寺）	正文	正文	正文
	是以邢子才碑文云「俯聞激電，旁屬奔星」是也。（景明寺）	正文	注文	正文

表一顯示，三家分理常有不同，且各自常有前後矛盾的情況。《重刊》矛盾之處最少，遵守條例最爲嚴格，其缺點亦在拘泥條例。例1中，《重刊》因建春門條不涉及寺廟而將其列爲子注，但此條在如隱堂本中高起一格另立一段，與寺廟爲同等地位，不可能是注文，〔註25〕《校釋》、《校箋》均作出變通列作正文。昭儀尼寺條與景興尼寺條兩段均寫官署，但因後者位於段首，三家都破例列作正文。

例2寫太后秉權，依例應爲注文，三家將昭儀尼寺條該段列作正文，是因其下文有「忻，陽平人也」云云，更似注文。

例3、4分別寫佛像異動預示人事興廢，人事變遷引出寺廟創建。伽藍與人事有因果關係，密不可分，機械地套用條例，勢必導致文章支離。當作整體處理，則面臨定性的困難，各家難免出現分歧。

除各家之間不同外，表一縱向所示，每家前後不一之處也有不少。再舉一例，《洛陽伽藍記》中多次出現「爲某人追福而建寺（塔）」的內容，檢《校釋》，相關內容在建中寺條、沖覺寺條爲正文，秦太上君寺條、大統寺條、報德寺條則爲注文。這實際上也是定性困難的表現。

〔註25〕如隱堂本《洛陽伽藍記》，《四部叢刊三編》本。

應該指出，三家代表的是相對成熟的整理，若對比草創時期的《洛陽伽藍記集證》和《洛陽伽藍記鉤沉》，歧異將會更多。

筆者認爲，條例貫徹的不暢，源於整理者爲此書預設的「寺廟（正文）——人事（注文）」兩分的寫作模式。實際上，楊氏在寫作中力避程序化，或單寫寺廟、或單寫人事、或以寺廟爲歷史舞臺，或僅以寺廟爲敘述引子，或以人事興廢聯繫寺廟沿革，或以佛像異動暗示人事變遷，另有不少筆墨純寫坊里民俗，無關佛事。〔註26〕隨物賦形，難用條例揣度。楊衒之在《序》中說：「今之所錄，止大伽藍，其中小者，取其祥異，世諦俗事，因而出之」。表明其記敘內容隨對象而變化——人事是中小伽藍的記敘重心。〔註27〕若人事皆爲注文，部分中小伽藍將可能沒有正文。如此重要的凡例《序》中不予說明，是難以理解的。〔註28〕

楊勇先生在列舉條例後說：「然則文章天成，高下由心，又不能硬性機械一概而言，要視文體文理神氣而定，順理成章，脈絡自然而已矣。」〔註29〕說明他已意識到條例的相對性及其對文章脈絡帶來的破壞。書中很多章節文意緊扣，難覓注文痕迹，如卷二崇眞寺條開頭云：「崇眞寺比丘慧凝，死經七日還活，經閻羅王檢閱，以錯召放免……」全文敘述一個冥府遊記故事，只有「崇眞寺」三語涉及寺廟。嚴格地說，僅是作爲「比丘慧凝」的定語，若按條例，本段將面臨沒有正文的窘境。《校釋》、《校箋》均將第一句割作正文，但下文顯然不是此句的注解。直接證據是，成書於唐代的《法苑珠林》卷九十二所引本條，第一句與下文是一體的，說明本條實際上沒有注文。表一例4開善寺條也是類似情況，《重刊》、《校釋》從文章脈絡考慮，全作正文；《校箋》則依崇眞寺條先例，只列首句爲正文。

除自定條例外，整理者還從前代引用文獻中尋找文注分界的依據。周祖

〔註26〕 案：《洛陽伽藍記》並非所有章節都圍繞寺廟展開，如卷一建春門條從三官署寫起，依次寫到太倉、翟泉、河南尹府、華林園、藏冰室、百果園、苗茨堂等，即與寺廟無關，《校箋》列「建春門」爲獨立一條。卷三宣陽門條也是類似情況，以永橋爲起點，依次詳介四夷館、四夷里、白象坊、獅子坊等。《重刊》、《校箋》均獨列一條，《校釋》將之附於龍華寺下，實不恰當。這些篇章內容充實，自成段落，地位實等同於寺廟。

〔註27〕 案：徐高阮雖意識到大小伽藍之間寫法的不同，但他的解決方法是對兩者使用不同的分理標準，亦不可取。

〔註28〕 案：楊衒之在《序》中交代寫作緣起、目的、記錄順序、材料取捨等，說明其極具體例意識。《四庫全書總目》也稱此書「體例絕爲明晰」。

〔註29〕 《洛陽伽藍記校箋》，第262頁。

謨先生從唐代智昇《開元釋教錄》所引永寧寺條得到啓示：

> 智昇所引的文字都是記述伽藍的，其間原文記載官署和歷史人物故
> 事的都一律沒有引。由此可知凡沒有引的應當都是注文。〔註30〕

楊勇也認爲周祖謨「根據《開元釋教錄》分析條例，最爲明智，可謂一大發明。」〔註31〕以官署和人事爲注文之例即來源於此。但這個思路也有問題，佛教典籍節引《洛陽伽藍記》多出於內容選擇，與注文無關。《開元釋教錄》爲經錄，其引永寧寺條是爲介紹寺廟（此寺是菩提留支供持之處），故不引官署和人事；同時代佛典《法苑珠林》引平等寺條的靈異故事，省略的則是寺廟部分（引文詳下）。並無證據顯示佛典中只有《開元釋教錄》所引才是正文。此外，《開元釋教錄》所引寺廟部分，作了不少隱括，可信度不高：

表二

《開元釋教錄》〔註32〕	《洛陽伽藍記》
鐵鎖角張，槃及鎖上皆有金鐸如一石甕。九級諸角皆懸大鐸，上下凡有一百三十枚。	復有鐵鑅四道，引刹向浮圖四角，鑅上亦有金鐸。鐸大小如一石甕子。浮圖有九級，角角皆懸金鐸，合上下有一百三十鐸。
其塔四面九間六窗三戶，皆朱漆扉扇垂諸金鈴，層有五千四百枚。	浮圖有四面，面有三戶六窗，戶皆朱漆。扉上各有五行金鈴，其十二門二十四扇，合五千四百枚。
復施金鐸鋪首。佛事精妙，殫土木之工。	復有金環鋪首，殫土木之功，窮造形之巧，佛事精妙，不可思議。
北有正殿形擬太極。中諸像設金玉珠繡，作工巧綺冠絕當世。	浮圖北有佛殿一所，形如太極殿。中有丈八金像一軀，中長金像十軀，繡珠像三軀，金織成像五軀，玉像二軀。作工奇巧，冠於當世。
院牆周匝皆施椽瓦。正南三門樓開三道三重。去地二百餘尺。狀若天門赫奕華麗。	寺院牆皆施短椽，以瓦覆之，若今宮牆也。四面各開一門。南門樓三重，通三閣道，去地二十丈，形制似今端門。圖以雲氣，畫彩仙靈，列錢青璅，赫奕華麗。
於斯時也，雷雨晦冥，霰雪交注。第八級中平且火起。有二道人不忍焚爇投火而死。	火初從第八級中平旦大發，當時雷雨晦冥，雜下霰雪，百姓道俗，咸來觀火。悲哀之聲，振動京邑。時有三比丘，赴火而死。
其年五月，有人從東萊郡至，云見浮圖在於海中，光明儼然，同睹非一。俄而雲霧亂起失其所在。	其年五月中，有人從東萊郡來云：「見浮圖於海中，光明照耀，儼然如新，海上之民，咸皆見之。俄然霧起，浮圖遂隱。」

〔註30〕 周祖謨：《漫談校注〈洛陽伽藍記〉的經過》，《洛陽伽藍記校釋》，第248頁。
〔註31〕 楊勇：《洛陽伽藍記之旨趣與體例》，《洛陽伽藍記校箋》，第257頁。
〔註32〕 據《大正藏》第55冊，第541頁。

從表中可以看出，《開元釋教錄》減省篇幅的意圖非常明顯（《歷代三寶記》卷九、《大唐內典錄》卷四所引此節均無此現象），引文並不可靠，不可據此斷定其未引者必爲注文。永寧寺條中被徐、楊、周一致定爲正文的記敘永熙之變的三句：「建義元年，太原王尒朱榮總士馬於此寺」；「永安二年五月，北海王元顥復入洛，在此寺聚兵」；「永安三年，逆賊尒朱兆囚莊帝於寺」即因內容無關而未被《開元釋教錄》引用。〔註33〕

另外，《開元釋教錄》多有改動原文處，如「是以常景碑云：『須彌寶殿，兜率淨宮，莫尙於斯也』」句被移至下文「詔中書舍人常景爲寺碑文」後。受其影響，周祖謨先生將此句列作注文（見表一例5）。細繹此句，「是以」表明其緊接上文，作注文處理後大段正文中出現一句注文，頗顯突兀。《歷代三寶記》、《大唐內典錄》均未作改動，徐高阮、楊勇定此句爲正文。故以《開元釋教錄》爲探溯《洛陽伽藍記》體例的依據是值得商榷的，由此歸納的條例也未必可靠。

由此可見，無論歸納條例，或依據引用文獻，都難以作爲釐定注文的依據。我們不妨進一步探討：本書的子注到底是何種形態？歷史上是否確曾出現過文注混淆？

三、「子注」說探源

清代學者顧廣圻（1766～1835）最早提出要重分《洛陽伽藍記》注文。不過，最先注意到《史通》說《洛陽伽藍記》有注的是《四庫全書總目》，四庫館臣認爲注文已刊落，並將錯亂時間定爲宋代：

> 自宋代以來，未聞有引用其注者，則其刊落已久，今不可復考矣。
> 〔註34〕

顧廣圻則認爲注文尙存，且已混入正文：

> 此書原用大小字分別書之。今一概連寫，是混注入正文也。〔註35〕

目前學界一般傾向於顧氏的說法，認爲此書在宋代經歷了一次文注混淆。事實上，本書原用大小字書寫只是顧氏的推測，並無原始文獻依據，顧氏的推測也無法解釋：在文注分明的隋唐，《歷代三寶記》、《大唐內典錄》、《法

〔註33〕案：《開元釋教錄》所引及於永寧寺條結尾，可知其出於內容選擇而不引。
〔註34〕《四庫全書總目》卷七十·史部二十六·地理類三，中華書局，1997年版，第958頁。
〔註35〕顧廣圻：《思適齋書跋》，上海古籍出版社，2007年版，第32頁。

苑珠林》等書所引文字卻與今本基本相同。實際上，顧氏僅據《史通》中提到的「子注」而推斷本書文注混淆是不夠嚴密的。筆者認爲，四庫館臣認爲注文刊落固然也屬猜測，但這實際上表達了另一個觀點：今本並無注文痕迹。

顧氏一生致力於刻書，其對古書傳刻失眞可能帶有某種職業敏感，而未必是從閱讀原始文獻出發。四庫館臣多爲飽學之士，他們意識到此書有子注後當會從文本尋找蛛絲馬迹，故館臣的觀點應該引起我們足夠的重視。

循此線索，筆者發現隋唐佛教經錄、唐宋以來的公私書目及刻書家均不言此書有注，更無文注混淆的記載。包括宋代《通志》、《遂初堂書目》、《郡齋讀書志》、《直齋書錄解題》及此後毛晉父子的跋文。宋人黃伯思曾二校此書，亦未提子注混淆一事，〔註36〕而宋代恰被認爲是《洛陽伽藍記》文本形態發生巨變的時代。最可能說明本書體例的《洛陽伽藍記序》，也不提書中有注。浦起龍《史通通釋》特別指出了這點，曲折地表達了對《史通》「子注說」的質疑。〔註37〕因此，有必要重讀《史通·補注篇》：

> 次有好事之子，思廣異聞，而才短力微，不能自達，庶憑驥尾，千里絕群。遂乃掇衆史之異辭，補前書之所闕。若裴松之《三國志》，陸澄、劉昭《兩漢書》，劉彤《晉紀》，劉孝標《世說》之類是也。

> 亦有躬爲史臣，手自刊補，雖志存該博，而才闕倫敍。除煩則意有所吝，畢載則言有所妨，遂乃定彼榛楛，列爲子注。若蕭大圜《淮海亂離志》，羊衒之《洛陽伽藍記》，宋孝王《關東風俗傳》，王劭《齊志》之類是也。

> 權其得失，求其利害，少期集注《國志》，以廣承祚所遺，而喜聚異同，不加刊定，恣其擊難，坐長煩蕪。……自茲已降，其失逾甚。若蕭、羊之瑣雜，王、宋之鄙碎，言殊揀金，事比雞肋，異體同病，焉可勝言。〔註38〕

論者多關注此處提到的「子注」，較少注意《史通》對蕭、羊、宋、王（以下

〔註36〕參范祥雍：《洛陽伽藍記校注》附編二「歷代著錄及序跋題識」，第358～380頁。

〔註37〕浦起龍：《史通通釋》內篇《補注》，第一冊，上海書店出版社，1988年版，第88頁。

〔註38〕《史通通釋》內篇《補注》，第一冊，第85～86頁。

簡稱「四家」，裴松之、陸澄等簡稱「五家」）的「瑣雜」、「鄙碎」作了尖銳的批評，類似的評論在正史中也出現過，《北齊書・宋孝王傳》云：

> 世良從子孝王……撰《別錄》二十卷，會平齊，改爲《關東風俗傳》，更廣見聞。勒成三十卷以上之。言多妄謬，篇第冗雜，無著述體。〔註39〕

《隋書・王劭傳》云：

> 劭在著作，將二十年，專典國史，撰《隋書》八十卷。多錄口敕，又採迂怪不經之語及委巷之言，以類相從，爲其題目，辭義繁雜，無足稱者。〔註40〕

這類批評提示我們，四家的著述在唐代即公認有拖沓繁瑣之病。而《洛陽伽藍記》的整理者卻一致將敘事繁瑣當作宋代文注混淆後的結果，並以重現正文簡潔之風爲整理目標。楊勇先生的觀點最具代表性：「自趙宋以來，以鈔刻失愼，文注混爲一色，於是文章枝蔓繁衍，殊失風神。」〔註41〕因此，宋代混淆說很可能有問題。

細繹上引《補注篇》可知，文中僅言《洛陽伽藍記》有注，未將其與《三國志注》同列，說明《洛陽伽藍記》與注解體不同，可能僅是偶爾使用子注。此中關鍵是如何理解「異體同病」，從上下文看，非指四家之間，而是指四家與五家之間。「自茲已降」，說明劉知幾將五家與四家歸爲兩類對比。五家是劉知幾批評的重點，四家爲附帶提及，借評五家語來評四家，故言「異體同病」。意爲四家與五家雖體例不同，但都有瑣碎的毛病。所謂體例不同，是指他注和自注的不同。五家爲它書作注，所引材料均入注文，故注文繁瑣。四家是自注，可自由安排正文與注文的比例。自注的常例是以正文爲主體，子注爲補充，未見正文寥寥幾語，注文長篇大論的體式。《隋書》、《北齊書》也不會專門圍繞四家的注文作批評。故所謂「異體同病」當是指五家注文過繁，四家正文過繁。劉知幾所言「雖志存該博，而才闕倫敘」，實即批評四家駕御

〔註39〕　《北齊書》卷四十六，中華書局，1972 年版，第 640 頁。
〔註40〕　《隋書》卷六十九，中華書局，1973 年版，第 1609 頁。
〔註41〕　《洛陽伽藍記校箋》，第 248 頁。另外，翁同文爲《校箋》作序云：「所定正文，遂無枝蔓蕪雜之病，於是文章之美頓顯，衒之本來面目可復」（《洛陽伽藍記校箋》，第 10 頁）。陳寅恪《讀洛陽伽藍記書後》也說：「楊書原本子注亦必甚多。」徐高阮解釋官署部分劃作注文時說：「如入正文，則殊嫌冗贅」（《重刊洛陽伽藍記》，第 88 頁）。可見學者普遍認爲本書正文簡潔。

材料能力的不足，其注文使用並不成功，未起到分流「瑣雜」內容的作用。因此，筆者認爲《洛陽伽藍記》的本來面貌應是正文多且文風枝蔓，注文僅偶爾出現，處於邊緣地位。因注文少，楊衒之在《序》中未予說明，公私目錄也不提，浦起龍的質疑也可得到解釋。

現存史料也反映出四家著述正文繁瑣的特點。《史通》對於王劭《齊志》的敘事成就評價很高，《雜說篇》云：

> 王劭國史，至於論戰爭，述紛擾，賈其餘勇，彌見所長。至如敘文宣逼孝靖以受魏禪，二王殺楊、燕以廢乾明，雖《左氏》載季氏逐昭公，秦伯納重耳，欒盈起於曲沃，楚靈敗於乾溪，殆可連類也。又敘高祖破宇文於邙山，周武自晉陽而平鄴，雖《左氏》書城濮之役，鄢陵之戰，齊敗於鞌，吳師入郢，亦不是過也。

《模擬篇》云：

> 至王劭《齊志》，述高季式破敵於韓陵，追奔逐北，而云「夜半方歸，槊血滿袖。」夫不言奮槊深入，擊刺甚多，而但稱「槊血滿袖」，則聞者亦知其義矣。以此而擬《左氏》，又所謂貌異而心同也。

《雜說篇》認爲《齊志》的文章可與《左傳》媲美，從《模擬篇》可知，《齊志》主要吸取了《左傳》擅長以細節傳神的特點。這個特點實際上正是《補注篇》批評的對象，因爲細膩的刻畫難免使文章顯得瑣碎，給人「辭義繁雜」、「記錄無限，規檢不存」之感。這也從側面說明了《齊志》正文篇幅不會太少。

上引《北齊書》載《關東風俗傳》從二十卷增廣到三十卷，並言「篇第冗雜，無著述體」，當是添加正文所致，倘若添加注文，文注分明，反可能遵循了某種體例。另外，添加注文不一定增加卷數，如裴松之爲《三國志》作注，篇幅大大擴充，亦無卷次的增加。

除《洛陽伽藍記》外，四家僅《關東風俗傳》在《通典》中存有佚文：

> 其時強弱相淩，恃勢侵奪，富有連畛互陌，貧無立錐之地。昔漢氏募人徙田，恐遺墾課，令就良美。而齊氏全無斟酌，雖有當年權格，時暫施行，爭地文案有三十年不了者，此由授受無法者也。其賜田者，謂公田，及諸橫賜之田，不問貴賤，一人一頃，以共芻秣。自宣武出獵以來，始以永賜得聽買賣，遷鄴之始，濫職眾多，所得公田，悉從貿易。又天保之代，曾遙壓首人田，以充公簿。比武平以

後，橫賜諸貴及外戚佞寵之家，亦以盡矣。又河渚山澤有可耕墾肥饒之處，悉是豪勢。或借或請，編户之人，不得一壟，糾賞者依令，口分之外，知有買匿，聽相糾列，還以此地賞之。至有貧人，實非剩長，買匿者苟貪錢貨，詐吐壯丁口分以與糾人，亦既無田，即使逃走帖賣者，帖荒田七年，熟田五年。錢還地還，依令聽許。露田雖復不聽賣買，賣買亦無重責。貧户因王課不濟，率多貨賣田業，至春困急輕致藏走。亦（有）懶惰之人，雖存田地，不肯肆力，在外浮遊，三正賣其口田以供租課。比來頻有還人之格，欲以招慰逃散，假便暫還，即賣所得之地，地盡還走，雖有還名，終不肯住，正由縣聽其賣帖園田故也。廣占者依令，奴婢請田亦與良人相似，以無田之良口比有地之奴牛。宋世良天保中獻書，請以富家牛地先給貧人，其時朝列稱其合理。〔註42〕

這段文字不似注文，敘事確顯「冗雜」。《法苑珠林》的引文，爲《洛陽伽藍記》正文多注文少提供了最直接的證據，如卷三十九所引平等寺條：

漢平等寺，廣平武穆王懷捨宅所立也。寺門外有金像一軀，高二丈八尺，相好端嚴，常有神驗。國之吉凶先炳祥異。孝昌三年十二月，此像面有悲容垂淚遍體皆濕，時人號曰「佛汗」，京師士女空市而觀。有一比丘，以淨綿拭其淚，須臾之間綿濕都盡，更以他綿換拭，俄然復濕，如此三日乃止。至明年四月，介朱榮入洛陽誅戮百官，死亡塗地。至永安二年三月，此像復汗，京邑仕庶復往觀視。五月，北海入洛，莊帝北巡。七月，北海大敗，所將江淮子弟五千餘人，盡被俘虜無一得還。永安三年七月，此像悲泣復如初汗。每經神驗，朝野惶懼，禁人不聽觀視。至十二月，介朱兆入洛擒莊帝，帝崩於晉陽。宮殿空虛百日無主。唯尚書令司州牧樂平王介朱世隆鎮京師，商旅四通盜賊不作。〔註43〕

這段引文第一句後省略了「在青陽門外二里御道北，所謂孝敬里也。堂宇宏美，林木蕭森，平臺複道，獨顯當世」，而這段文字恰恰是有關寺廟的。這個例子說明《珠林》所引文字原爲一體，只因內容需要而有所去取，與注文無關。《校釋》、《校箋》以「孝昌三年」以下爲注文，脈絡一貫的敘事變成了怪

〔註42〕　《通典》卷二，中華書局，1984 年版，第 15 頁。
〔註43〕　《大正藏》第 53 冊，第 594 頁。

異的注解體。此外,《法苑珠林》卷九十二引崇眞寺條,卷九十七引菩提寺條,均未省略原文,足以證明其中並無注文,文長不引。〔註44〕這說明今本《洛陽伽藍記》自唐以來基本維持原貌,並未發生過文注混淆。

從文章本身也能看出本書正文浩繁枝蔓的特點,舉兩個最明顯的例子。卷四開善寺條「當時四海晏清」句下,濃墨重探刻畫元琛奢侈誇富、百官任力取絹二事,描繪出全盛時期北魏統治者的奢華生活,接著筆鋒一轉,云:

> 經河陰之役,諸元殲盡,王侯第宅,多題爲寺。壽丘里閭,列刹相望,祇洹郁起,寶塔高凌。四月初八日,京師士女多至河間寺。觀其廊廡綺麗,無不歎息,以爲蓬萊仙室亦不是過。入其後園,見溝瀆蹇產,石磴嶕嶢,朱荷出池,綠萍浮水,飛梁跨閣,高樹出雲,咸皆唧唧,雖梁王兔苑想之不如也。

「當時四海晏清」與「經河陰之役」兩句,分領兩個轉折關係的句群,前段寫統治者的奢侈,正爲河陰之役後已爲寺廟的王侯宅第仍有「蓬萊仙室」、「梁王兔苑」之氣象作鋪墊,兩者上下文關係至爲明顯。《校釋》、《校箋》未審此點,均以前者爲注文,後者爲正文,破壞了文章脈絡。

沖覺寺條也是如此。若依《校釋》、《校箋》所分,本條正文只有開頭「沖覺寺,太傅清河王懌捨宅所立也,在西明門外一里御道北」和結尾「爲文獻追福,建五級浮圖一所,工作與瑤光寺相似也」兩句,中間部分均被列作注文。這樣一來就出現了文意斷裂,不知「文獻」即元懌諡號的讀者會問:「文獻」是誰?爲何爲他追福?知道的讀者也會問:元懌怎可能生前爲自己追福?再看中間部分,介紹了元懌的出眾的才華、尊崇的地位及死後被諡「文獻王」等事,與上下文顯然處於同一敘述層次,不可能是注文。

我們知道,正文與注文的關係如同骨架與血肉,前者固然需要後者來充實,但並不依賴於後者。楊衒之若將枝蔓部分列作注文,其初衷是爲正文簡潔流暢,但事實是分理後正文反而不通,只能說明枝蔓部分併非注文,文風枝蔓是本書原有的特點。楊氏的高明之處在於,枝蔓的敘事中仍能貫穿一條清晰的線索。整理者以內容類別來釐分注文是個誤區,分出子注固然可使正文篇幅變少,實際上卻改變了本書原貌。

那麼,《史通》所謂「子注」到底何指?陳寅恪先生認爲是指惠生使西域一節:「劉子玄蓋特指其書第伍卷惠生宋雲道榮等西行求法一節,以立說舉

〔註44〕見《大正藏》第53冊,第970、1002～1003頁。

例」。〔註45〕筆者贊同陳先生的看法，劉知幾不解「合本」體，故將此節看作子注。另外，文中不時出現的「銜之按」、「銜之曰」也應當是以注文形式寫出。按語承自史書讚語，非爲自創，故《序》中不作交代。構成本書主體的關於寺廟沿革、建築形制、歷史人文、民俗志怪等的內容，並未按照子注體來寫。

四、體例淵源

　　筆者認爲，《洛陽伽藍記》敘事枝蔓的特點，與楊氏的史家意識有關。《洛陽伽藍記序》中所言「恐後世無聞」，是楊氏存史意識的證明，本書多引文章的特點亦可由此解釋。如永寧寺條引北海王給莊帝的信，正始寺條引姜質《亭山賦》，平等寺條引長廣王禪位文等。此類引用固然導致文章冗長拖沓，但我們知道，楊氏雖謙言「才非著述，多有遺漏」，實以史家自任，這種寫法可追溯至《漢書》多錄重要之文的特點，而《漢書》雖有自注，卻並未將所引文章列爲注文。

　　《洛陽伽藍記》屬寺塔記，其寫寺廟而兼採歷史人文、俗謠志怪的特點，與魏晉南北朝時期地志寫作特點一致，如陸機《洛陽記》云：

　　　　洛陽有銅駝街。漢鑄銅駝二枚，在宮南四會道相對。俗語曰：「金馬門外集眾賢，銅駝陌上集少年。」言人物之盛也。〔註46〕

晉・張僧監《潯陽記》云：

　　　　溢口城，漢高祖六年灌嬰所築。建安中，孫權經住此城，自標作井地，遂得故井。井中有銘石云：「漢六年，潁陰侯開此井。卜云，三百年當塞，塞後不度百年，當爲應運者所開。」權見銘欣悅，以爲己瑞。人咸異之。〔註47〕

除此之外，地志中眾多的「異物志」、「草物狀」，刺激了《洛陽伽藍記》對博物的興趣，如瑤光寺條、報德寺條對奇珍異果的描寫等。不同的是，歷史人文在地志中多爲地理的附庸，在《洛陽伽藍記》中則上升爲敘事主體。表面上看，歷史人文依託於寺廟而存在，實際上這個關係是相反的。本書寫作的目的，在寄寓一種亡國之思，故《序》中明言中小伽藍選取的標準是「世諦俗事」。作者以「銜之曰」對歷史發表評論，表明其對寺塔記的超越，而完全

〔註45〕《金明館叢稿二編》，第 158 頁。
〔註46〕劉緯毅：《漢唐方志輯佚》，北京圖書館出版社，1997 年版，第 70 頁。
〔註47〕《漢唐方志輯佚》，第 109 頁。

是史家意識的體現。楊勇先生認爲「銜之曰」如同「君子曰」，深得《左傳》遺法。〔註48〕本書被後人譽爲「拓跋之別史」（吳若準語），絕非偶然。整理者以歷史人文爲寺廟的附注，實際上低估了楊氏的史家意識。

需特別指出的是，魏晉南北朝高僧行記對《洛陽伽藍記》的寫作影響至深。楊衒之精通佛典，書中所引《惠生行記》等文，可見其對高僧行記的特別關注。下表以東晉法顯《佛國記》爲例作簡要對比：

表三

	《佛國記》〔註49〕	《洛陽伽藍記》
介紹句式	值其國王作般遮越師。般遮越師，漢言五年大會也。	北海王元顥復入洛，在此寺聚兵。顥，莊帝從兄也。
地點轉換	出城南門千二百步，道西，長者須達起精舍。精舍東向開門，門戶兩廂有二石柱，左柱上作輪形，右柱上作牛形。池流清淨，林木尚茂，眾華異色，蔚然可觀，即所謂祇洹精舍也。	出建春門外一里余至東石橋南，北而行，晉太康元年造。橋南有魏朝時馬市，刑嵇康之所也。
地理變遷	佛即成道，與諸弟子游行，語云：「此本是吾割肉貿鴿處」。	後隱士趙逸云：「此地是晉侍中石崇家池，池南有綠珠樓。」
類似描述	其城西七八里有僧伽藍，名王新寺。作來八十年，經三王方成。可高二十五丈，雕文刻鏤，金銀覆上，眾寶合成。塔後作佛堂，莊嚴妙好，梁柱、戶扇、窗牖，皆以金薄。別作僧房，亦嚴麗整飾，非言可盡。	殫土木之功，窮造形之巧，佛事精妙，不可思議，繡柱金鋪，駭人心目。至於高風永夜，寶鐸和鳴，鏗鏘之聲十餘里。浮圖北有佛殿一所，形如太極殿。……作功奇巧，冠於當世。僧房樓觀一千餘間，雕梁粉壁，青璅綺疏，難得而言。
作者現身	眾僧問法顯：「佛法東過，其始可知耶？」顯云：「訪問彼土人，皆云古老相傳……」法顯等三人南度小雪山。雪山多夏積雪，山北陰中遇寒風暴起，人皆噤戰。慧景一人不堪復進，口出白沫，語法顯云：「我亦不復活，便可時去，勿得俱死。」於是遂終。法顯撫之悲號：「本圖不果，命也奈何。」	衒之故時爲奉朝請，因即釋曰：「以蒿覆之誤。故言苗茨，何誤之有？」眾咸稱善，以爲得其旨歸。衒之嘗與河南尹胡孝世共登之，下臨雲雨，信哉不虛。

《佛國記》又名《佛遊天竺國記》，《洛陽伽藍記》移步換景的寫法實際上有些類似於行記。再加上記錄對象的佛教色彩，其受高僧行記的影響是很自然的。從表三第一例可知，《洛陽伽藍記》中常被看作注文的介紹句式「某某，

〔註48〕　《洛陽伽藍記校箋》，第255～256頁。
〔註49〕　據章巽：《法顯傳校注》，上海古籍出版社，1985年版。

某某也」，實際上是高僧行記常用的句法。除表中所列的類似表達外，筆者認爲兩者在結構上也非常相似，即均呈現一種「串連平行段落」特點：以行蹤爲主線，將一個個並行的段落（佛國、寺廟）串連而成，如同一個主干上生出的多個分枝。每到一處先寫地理環境，次敘人文風俗，故文風雖顯枝蔓，但繁而不亂。結構與體例密切相關，而體例具有一定的慣性，故楊衒之另創新體的可能性並不大。

遺憾的是，清代以來對《洛陽伽藍記》子注的理解，一開始即以《水經注》等他注之書爲參照。顧廣圻說：

> 意欲如全謝山治《水經注》之例，改定一本，旋因袁壽皆取手校者去，未得施功。〔註50〕

顧氏雖未施功，但希望朱紫貴依此分理，後由朱氏的外甥吳若準完成《洛陽伽藍記集證》，第一次分理出注文，顧氏的影響不可忽視。陳寅恪先生認爲《洛陽伽藍記》與《水經注》、《三國志注》、《世說新語注》均爲「合本」體影響的產物，並表達過「楊衒之自注之體可參照其同時注書通習以考定」〔註51〕的觀點，徐高阮先生也認爲「全書注體則與《三國志》、《世說新語》一流至爲近似」。這些看法爲《水經注》等書影響《洛陽伽藍記》文注分理提供了可能。

《水經注》研究是清代顯學，全祖望七校《水經注》在當時影響很大，全氏《水經注五校本題辭》列舉經注區別云：

> 經文與注文頗相似，故能相淆，而不知孰玩之，則固判然不同也。
> 經文簡，注文繁；簡者必審擇於地望，繁者必詳及於淵源。一爲綱，一爲目，以此思之蓋過半矣。若其所以相淆者，其始特鈔胥之屬耳。〔註52〕

不難看出，全氏所舉兩大區分要素：繁簡之別與內容之別，無形中對《洛陽伽藍記》的文注分理條例產生了深遠影響。張宗祥先生曾指出以《水經注》爲參照存在的問題：

> 楊氏舊文果如吳氏（吳若準——引者）所述，則記文寥寥，注文繁重，作注而非作記矣。……此書子注之難分，實非水經注之比。《水

〔註50〕 顧廣圻：《思適齋書跋》，第 32 頁。
〔註51〕 徐高阮：《重刊洛陽伽藍記序》，《重刊洛陽伽藍記》，第 1 頁。
〔註52〕 全祖望：《全校水經注》，《四庫未收書輯刊》，貳輯 24～10。

經》經注出自兩人，文筆絕異；此書則自撰自注，文筆相同。〔註53〕
張先生固然是從分理角度討論，但畢竟意識到了他注與自注的不同，並採取了審慎的態度。但張先生維持原狀的觀點在時人看來偏於保守，在研究史上也不占主流，而整理者以《水經注》等書爲參照對象，其結果難免枘鑿方圓。

因此，筆者在本書中，將不再把所引《洛陽伽藍記》的文本分爲正文和子注。

第三節　《說郛》本《洛陽伽藍記》的版本價值

《洛陽伽藍記》版本以如隱堂本和吳琯《古今逸史》本爲兩大系統，這兩個版本出現於明代中後期。現代學者整理《洛陽伽藍記》多以如隱堂爲底本，參校《古今逸史》系統各本、唐宋佛典及《永樂大典》、《元河南志》等。〔註54〕元末明初陶宗儀《說郛》亦收《洛陽伽藍記》，且年代早於上述兩大系統。但由於《說郛》版本源流複雜，通行的涵芬樓本爲民國重校本。《洛陽伽藍記》研究者如周祖謨、王伊同等先生對《說郛》未予重視，楊勇《洛陽伽藍記校箋》、范祥雍《洛陽伽藍記校注》雖偶以《說郛》作校勘參考，但均未在凡例的參校書目中列出，未意識到其版本價值。究其原因，一是《說郛》本《洛陽伽藍記》爲節錄本，且有部分訛奪錯簡；二是涵芬樓本《說郛》爲近人張宗祥先生在幾個殘本基礎上重輯而成，已非原貌。但即便如此，涵芬樓本《說郛》仍頗具校勘價值。筆者有幸得見浙江台州臨海市博物館所藏明汲古閣六十卷本《說郛》，此本張宗祥先生未曾寓目，是現存《說郛》最早的古本。〔註55〕將汲古閣本《說郛》之《洛陽伽藍記》與涵芬樓本對校，發現汲古閣本確有不少文字更優。因此筆者認爲，汲古閣本的出現，將提升《說郛》在《洛陽伽藍記》版本譜系中的地位，且對《洛陽伽藍記》版本研究也有裨益。茲舉涵芬樓本、汲古閣本校例如下：〔註56〕

〔註53〕張宗祥：《景洛陽伽藍記合校稿本》，第 242 頁。

〔註54〕關於《洛陽伽藍記》版本的研究，可參羅晃潮：《〈洛陽伽藍記〉版本述考》，《文獻》，1986 年第 1 期；林晉士：《〈洛陽伽藍記〉之版本考述》，《大陸雜誌》第 92 卷第 3 期。

〔註55〕這個版本的詳細情況可參徐三見：《汲古閣藏明抄六十卷本〈說郛〉考述》，《東南文化》，1994 年第 6 期。

〔註56〕以下所引《洛陽伽藍記》例文，除特別說明，均爲涵芬樓本《說郛》。爲行文

一、各本皆誤，僅《說郛》本正確的文字

1. 永寧寺條：其年五月，有人從東蒙（萊）郡來，云見浮圖於海中。（汲古閣本，以下未特別注明的均爲涵芬樓本）

　　「東萊郡」，各本《洛陽伽藍記》和涵芬樓本均誤作「象郡」，范祥雍、楊勇、周祖謨先生據《魏書》、《太平御覽》、《續高僧傳》、《開元釋教錄》，均以「東萊郡」爲是。僅汲古閣本提供了直接文本證據。按，汲古閣本原作「東蒙郡」，係抄工誤「萊」爲「蒙」，其所依底本爲「東萊」無疑。

2. 建中寺條：（劉）騰已物故，太后追思騰罪，發墓殘屍，以宅賜高陽王雍。雍薨，太原王尒朱榮停憩其上，榮被誅。尙書令樂平王尒朱世隆爲榮追福，以爲寺。

　　「雍薨」至「榮被誅」句，各本皆脫。范祥雍先生校云：「按下文云：『尒朱世隆爲榮追福』，與此義正相應。有之當是，今據以補。」〔註57〕楊勇、周祖謨未參考《說郛》，均未補出。

3. 長秋寺，劉騰所立也。騰初爲長秋卿，因以爲名。

　　各本誤作「長秋令卿」。按，《魏書・劉騰傳》：「後爲大長秋卿」。

4. 願會寺條：願會寺，中書侍郎王翊捨宅立也。

　　各本誤作「中書舍人」，《魏書》、《太平御覽》、《大典》、《元河南志》作「中書侍郎」。

5. 龍華寺條：尙莊帝姊壽陽長公主字莒犛……及京師傾覆，綜棄州北走，世隆追取公主，主至洛陽，逼之，公主罵曰：「胡狗，敢辱天王女乎，我寧受劍而死，終不爲逆胡所污也！」世隆怒縊殺之。

　　「壽陽長公主」各本作「壽陽公主」，脫「長」。《魏書・蕭贊傳》：「尙帝姊壽陽長公主。」《漢書・昭帝紀》注：「帝之姊妹則稱長公主，儀比諸王。」「我寧受劍而死，終不爲逆胡所污也」句，各本除《津逮》均脫。

6. 崇眞寺條：曇謨最曰：「立身以來，唯好講經，實不闇誦。」……以直

方便，《洛陽伽藍記》各版本簡稱「各本」、如隱堂本稱「如本」、古今逸史本稱「逸史」、津逮秘書本稱「津逮」、漢魏叢書本稱「漢魏」、永樂大典本稱「大典」。

〔註57〕范祥雍：《洛陽伽藍記校注》，上海古籍出版社，1978年版，第39頁。

諫忤時，斬於都市，斬訖，目不瞑，屍行百步，時人談以枉死。

各本作「斬於都市訖，目不瞑」，「訖」前脫「斬」。各本「曡」前均衍一「其」字。

7. 景興尼寺條：苻生雖好勇嗜酒，亦仁而不殺。

各本誤作「符生」。

8. 秦太上君寺條：秦太上君寺，胡太后之所立也。太后正號崇訓，母儀天下，號父爲秦太上君，母爲秦太上后，爲母追福，因以名寺。……假令家道惡，腸中不懷愁。

「太后正號崇訓」句，各本均接於「司空張華宅」後，吳若準說：「各本俱在下文司空張華宅句下，今移於此作子注。」周祖謨先生也認爲「依文意應爲『胡太后所立也』之注文」，〔註58〕與《說郛》同。「腸」，各本誤作「腹」，前者爲是，《太平廣記》與《說郛》同。漢魏六朝時期形容哀情多與「腸」相聯繫。曹操《薤露行》：生民百遺一，念之絕人腸。《周書·晉蕩公護傳》：遙奉顏色，崩動肝腸。《北史·魏長賢傳》：腸一夕而九回，心終朝而百慮。

9. 追先寺、禪靈寺

各本誤作「追光寺」、「禪虛寺」。《元河南志》作「追先寺」、《大典》作「禪靈寺」。

二、《說郛》本出於兩大系統共同的祖本

成書於元末的《說郛》本《洛陽伽藍記》雖係節錄本，但所依底本早於明代的如隱、逸史兩大系統，兩大系統各本不少異文可在《說郛》中得到校正。

1. 瑤光寺條：亦有名族處女，性愛道場，落髮辭親，來儀此寺，尒朱兆入洛陽，縱兵大掠，時有秀容胡騎入寺姪穢。自後頗獲譏訕。京師語曰：「洛陽女兒急作髻，瑤光寺尼奪作壻。」

「來儀」，《逸史》、《漢魏》、《津逮》誤作「來依」，《如本》不誤。按，《尚書·益稷》：「鳳凰來儀」。《方言》「儀，來也」。「入寺姪穢」，《如本》「寺」前衍「瑤光」二字，文意多餘，《逸史》、《漢魏》不誤。「姪穢」，《如本》，《大典》誤作「嬬穢」，《逸史》、《漢魏》作「淫穢」。「姪」

〔註58〕轉引自周祖謨《洛陽伽藍記校釋》，第83頁。

同「淫」，「媱」爲「姪」之訛，《說郛》本文字更古。「洛陽女兒」句，意爲洛陽的女子急急地梳鬢打扮，生怕被瑤光寺女尼奪去了夫婿。《如本》誤作「男兒」，義不可通，《逸史》、《漢魏》、《大典》不誤。

2. 景樂寺條：至於六齋，常設女樂。

「六齋」，《如本》誤作「大齋」，范祥雍、周祖謨、楊勇均有詳校。《逸史》、《漢魏》不誤。

3. 昭儀尼寺條：胡馬鳴珂者，莫非黃門之養息也。

「莫非」，《如本》誤作「莫不」，前者義長，《逸史》，《漢魏》不誤。

4. 瓔珞寺條：瓔珞寺，在建春門外，即中朝時白社地。

「社」，《逸史》、《漢魏》誤作「杜」；「地」，《如本》誤作「池」。

5. 崇眞寺：以誦四十卷涅槃，亦升天堂。

《如本》「四」下脫「十卷」。《逸史》、《漢魏》、《津逮》不脫。

6. 景興尼寺條：苻堅自是賢主，賊臣取位，妄書君惡。

「君」，《如本》誤作「生」，《逸史》、《漢魏》不誤。

7. 秦太上君寺條：太后正號崇訓，母儀天下。

「儀」字各本均脫，僅《津逮》不脫。

8. 報德寺：又贊學碑一所，並在堂前，魏文帝作典論六碑，至太和十七年猶有四。高祖題爲勸學里，里內有大覺、三寶、寧遠三寺。武定四年，大將軍遷石經於鄴。

「贊學碑」，《如本》誤作「讀書碑」，《逸史》、《漢魏》不誤。「六」，《如本》誤作「云」，《逸史》、《漢魏》、《元河南志》不誤。「大覺」，《如本》誤作「文覺」，各本作「大覺」。「鄴」，《如本》誤作「穎」。

由此可見，《說郛》本《洛陽伽藍記》當是從如隱堂、古今逸史兩大系統共同的祖本錄出，《洛陽伽藍記》版本至明代後才分爲兩大系統。

三、汲古閣本的價值

目前通行的涵芬樓本《說郛》，是張宗祥先生在六個殘本基礎上理校而成，其中仍有不少訛誤難解之處，這也是《洛陽伽藍記》研究者低估《說郛》本的原因。但張先生當年若能參校汲古閣本，不少訛誤是可以避免的。

1. 建中寺條：榮被誅，尙書令樂平王尒朱世隆爲榮追福，以爲寺。

涵芬樓本「以爲寺」前脫「題」。汲古閣本作「題以爲寺」，與各本同。

2. 光明寺條：苞信縣令段暉宅也，段暉宅下常聞鐘磬聲。

此條涵芬樓本列於明懸尼寺後，因與《洛陽伽藍記》原本順序不同，整理者出雙行小字校記云有錯簡。汲古閣本在願會寺條後，與各本同。

「段暉宅下」應作「地下」，汲古閣本與各本同。

3. 龍華寺條：後除徐州刺史。

據《魏書・蕭贊傳》、《魏書・莊帝紀》，「徐州」應作「齊州」。涵芬樓本與《如本》皆誤，汲古閣本、《逸史》、《漢魏》不誤。

4. 景興尼寺條：苻堅自是賢主，賊臣取位，妄書君惡。

「賊臣」爲「賊君」之誤，汲古閣本與各本同。

5. 秦太上君寺條：號父爲秦太上君，母爲秦太上后。

據《魏書》、各本、汲古閣本，父應爲「秦太上公」，母爲「秦太上君」。

6. 報德寺條：表裏隸書寫《周易》、《尙書》、《公羊》、《論語》四部。

據各本與汲古閣本，「《論語》」應作「《禮記》」。

7. 王覺寺條

據各本與汲古閣本，應作「正覺寺」。

因此筆者認爲，《說郛》本是《洛陽伽藍記》明前的一個重要的版本，其時《洛陽伽藍記》尙未分爲如隱、逸史兩個系統。汲古閣本的出現，無疑將加重《說郛》本的分量，其在《洛陽伽藍記》版本譜系中應佔有獨特地位。

第二章　佛教史視野中的《洛陽伽藍記》

楊衒之在《洛陽伽藍記・序》中，對北魏佛教的興盛有生動概括：

> 逮皇魏受圖，光宅嵩洛，篤信彌繁，法教愈盛。王侯貴臣，棄象馬
> 如脫屣，庶士豪家，捨資財若遺迹。於是招提櫛比，寶塔駢羅，爭
> 寫天上之姿，競摹山中之影；金剎與靈臺比高，廣殿共阿房等壯。
> 豈直木衣綈繡，土被朱紫而已哉！

可以說，《洛陽伽藍記》的出現，本身即是北魏佛教發達的產物。而現存的大量北朝信眾造像遺存，則從另一個方面記錄了當時社會的崇佛風氣。傳世文獻和石刻史料使我們逐漸形成了北朝佛教重信仰實踐、輕義理探討的印象。與此同時，楊衒之對北魏佛教繁榮的記錄，雖出於對故國的感念，但書中常流露出對王公貴族奢侈佞佛的批評。因此，歷來頗有學者將楊氏歸於反佛陣營。筆者認為，這些問題仍有繼續探討的餘地。

第一節　北朝佛教的一個側面——崇眞寺條解讀

一、北方義學是否衰落？

《洛陽伽藍記》卷二崇眞寺條記載了這樣一則故事：

> 崇眞寺比丘惠凝，死經七日還活，經閻羅王檢閱，以錯名放免。惠
> 凝具說過去之時，有五比丘同閱。一比丘云是寶明寺智聖，坐禪苦
> 行得升天堂。有一比丘是般若寺道品，以誦四十卷涅槃，亦升天堂。
> 有一比丘云是融覺寺曇謨最，講《涅槃》、《華嚴》，領眾千人。閻羅
> 王曰：「講經者心懷彼我，以驕淩物，比丘中第一粗行。今唯試坐禪、

誦經，不問講經。」其曇謨最曰：「貧道立身已來，唯好講經，實不
閒誦。」閻羅王勅付司。即有青衣十人送曇謨最向西北門。屋舍皆
黑，似非好處。有一比丘云是禪林寺道弘，自云：「教化四輩檀越，
造一切經，人中金像十軀。」閻羅王曰：「沙門之體，必須攝心守道，
志在禪誦，不干世事，不作有爲。雖造作經像，正欲得它人財物；
既得它物，貪心即起；既懷貪心，便是三毒不除，具足煩惱。」亦
付司，仍與曇謨最同入黑門。有一比丘云是靈覺寺寶眞，自云出家
之前，嘗作隴西太守，造靈覺寺。寺成，即棄官入道。雖不禪誦，
禮拜不缺。閻羅王曰：「卿作太守之日，曲理枉法，劫奪民財，假作
此寺，非卿之力，何勞説此。」亦付司，青衣送入黑門。時太后聞
之，遣黃門侍郎徐紇依惠凝所説即訪寶明等寺。城東有寶明寺，城
內有般若寺，城西有融覺、禪林、靈覺等三寺。問智聖、道品、曇
謨最、道弘、寶眞等，皆實有之。議曰：「人死有罪福。即請坐禪僧
一百人常在殿內供養之。」詔不聽持經像沿路乞索。若私有財物，
造經像者任意。凝亦入白鹿山，隱居修道。自此以後，京邑比丘皆
事禪誦，不復以講經爲意。

故事中受到攻擊的曇謨最是北朝義學大師，但《續高僧傳》卷二十三《曇謨
最傳》中並無這則故事，可能道宣以其語怪不經而不取。不過這則故事向爲
研究北朝佛教史的學者所關注，對於這則故事的意義，有兩種不同路向的解
讀。湯用彤先生《漢魏兩晉南北朝佛教史》認爲，該故事反映了北方義學的
衰落：

> 此故事或雖僞傳，然頗可反映當時普通僧人之態度。後魏佛法本重
> 修行。自姚秦顛覆以來，北方義學衰落。一般沙門自悉皆禪誦，不
> 以講經爲意，遂至坐禪者或常不明經義，徒事修持。[註1]

湯先生的觀點很有代表性，呂澂《中國佛學源流略講》第八講也說：

> 概括的講，南方佛學偏重於玄談，北方佛學偏重於實踐。因此義學
> 在南方比較發達，禪法在北方廣爲流行。[註2]

方立天先生也說：「北朝佛教不尙空談義理」。[註3] 范祥雍先生也認爲「它的

[註1] 湯用彤：《漢魏兩晉南北朝佛教史》，中華書局，1983年版，第560頁。
[註2] 呂澂：《中國佛學源流略講》，中華書局，1979年版，第159頁。
[註3] 方立天：《魏晉南北朝佛教的演變》，載《中原文物》，1985年特刊，第7頁。

主題思想反映了北朝佛教重禪誦苦行，不像南朝佛教好講經說理。」〔註4〕問題在於，既然北方義學已經衰落，爲何僧徒還要編造故事加以攻擊？事實上，以講經聞名於世的曇謨最在當時享有很高的聲望，楊衒之在融覺寺條曾記載西域沙門稱曇謨最爲「東方聖人」，〔註5〕這不免使人對湯先生的觀點產生疑問。

嚴耕望先生《魏晉南北朝佛教地理稿》在提及這則故事時，給出了不同的解釋：

> 今之學者多據此謂洛陽佛教以禪誦爲盛。按此語縱屬翔實，然所謂「自此以後」乃胡太后專政之後，已是都洛之後期，其前講經之風必盛，故習禪者造此閻王故事，以詆毀義講耳。按魏都由平城遷到洛陽，平城教風誠以禪誦爲盛，洛陽不免承風。但《孝文紀》云，「善談老莊，尤精釋義。」必亦崇尚義解，故太和之初已留意徵集論師。而於彭城《成實論》師尤深崇重，故道登、法度皆應詔至平城，且待登以師禮。及遷都洛陽，隨都遷洛者，除習禪之佛陀、僧達、僧實三僧外，有道淵與孝文時待以師禮之道登，皆爲義解僧。〔註6〕

嚴先生主要指出了兩點：其一、即便這則故事所言「自此以後，京邑比丘悉皆禪誦，不復以講經爲意」屬實，也僅能反映北魏末年的情況，不能推定姚秦以來北方義學均處衰勢。其二、通過史料鈎稽，說明北魏時期洛陽地區仍活躍著義解僧人。

湯、嚴二位學者觀點不同的背後，是解讀思路的不同。從性質上講，這則故事可歸爲佛教小說。近代以來，學者逐漸重視古代詩歌、小說等材料的史料價值。但正如周勳初先生所指出的：

> 筆記小說的性質介於文史之間，說它是文吧，記的都是史實，說它是史吧，卻又有文的特點，如誇張、渲染，甚至想像、虛構等。這種作品，讀之饒有興味。如果其中某個故事已爲正史所採納，那我還是願意再找原始記錄一讀，因爲這像保持原汁的飲料一樣，從中

〔註4〕　《洛陽伽藍記校注・序》，上海古籍出版社，1978 年版，第 19 頁。

〔註5〕　《續高僧傳》卷第二十三作「東土菩薩」。中土僧人得到西域高僧類似尊稱的除曇謨最外僅有道安，《魏書・釋老志》載鳩摩羅什稱道安爲「東方聖人」。

〔註6〕　嚴耕望：《魏晉南北朝佛教地理稿》，上海古籍出版社，2007 年版，第 200 頁。

往往可以發掘到更多的餘味。至於如何把這類材料運用到科學研究

上，那可就要根據使用材料的特殊要求靈活處理了。〔註7〕

周先生討論對象雖爲唐代筆記小說，對魏晉南北朝小說同樣適用。解讀小說材料的關鍵在「靈活處理」，視其性質而定。湯先生實際上是將崇眞寺條當作普通史料看待，從故事本身引申解釋。嚴先生則看到了該故事流播背後的創作動機，反映了北魏習禪派與講經派之間的矛盾。從邏輯上說，講經者之受習禪者的攻擊，恰恰說明其在佛教界「樹大招風」，影響力並未衰歇，因此，嚴先生的質疑是有力的。〔註8〕

講經派在佛教界的地位與北魏上層統治者有密切關係。如果說南朝的佛教多與士大夫階層相關，那麼北朝佛教則更多受到帝王好尙的影響，日本學者鎌田茂雄指出：「北魏諸帝之中，尊崇義學僧，舉行講經法會和安居等，當以孝文帝爲始。」〔註9〕《魏書》中有不少北魏帝王崇尙義學的記載，《魏書·韋閬傳附韋纘傳》云：

高祖（孝文帝）每與名德沙門，談論往復。

《高僧傳·釋僧宗傳》云：

釋僧宗，……魏主元宏遙挹風德，屢致書並請開講，齊太祖不許外
出。宗講《涅槃》、《維摩》、《勝鬘》等，近盈百遍。

《魏書·世宗紀》云：

己丑，帝於式乾殿爲諸僧、朝臣講《維摩詰經》。

（帝）雅愛經史，尤長釋氏之義，每至講論，連夜忘疲。

《魏書·釋老志》云：

世宗篤好佛理，每年常于禁中，親講經論，廣集名僧，標明義旨。
沙門條錄，爲《內起居》焉。上既崇之，下彌企尙。至延昌中，天
下州郡僧尼寺，積有一萬三千七百二十七所，徒侶逾眾。〔註10〕

在魏初以來「儒生寒宦」的普遍境遇下，惠蔚被認爲是北魏立國以來最爲顯

〔註7〕 周勳初：《唐代筆記小說的整理心得》，《周勳初文集》第5冊，江蘇古籍出版
　　　　社，2000年版，第124頁。
〔註8〕 李啓文：《〈魏晉南北朝佛教地理稿〉整理說明》指出，「（嚴先生）似受湯錫
　　　　予先生《漢魏兩晉南北朝佛教史》影響，而別從地理角度撰述。」
〔註9〕 鎌田茂雄著，關世謙譯，《中國佛教通史》第三冊，佛光出版社，1986年版，
　　　　第307頁。
〔註10〕 《魏書》，中華書局點校本，第3042頁。

達的儒者，得到世宗、肅宗兩代帝王的寵信，《魏書・儒林傳》載其顯赫仕宦歷程，「肅宗初，出爲平東將軍、濟州刺史。還京，除光祿大夫」，並指出他之受寵信，源於「正始中，侍講禁內，夜論佛經，有愜帝旨」。正是其「擅講經」的才能深獲帝心，方有日後的恩寵顯達。於此儒者升遷側面可窺世宗對佛教義學愛尙之深。

《廣弘明集》卷二十四中載有孝文帝的兩道詔書，內容都與講經有關。《帝令諸州眾僧安居講說詔》云：

> 敕諸州令此夏安居清眾。大州三百人，中州二百人，小州一百人。任其數處講說，皆僧祇粟供備。若粟少徒寡，不充此數者。可令昭玄量減還聞。其各欽旌賢匠，良推睿德。勿致濫濁惰茲後進。〔註11〕

《帝聽諸法師一月三入殿詔》云：

> 先朝之世，經營六合，未遑內範。遂令皇庭闕高邈之容，紫闈簡超俗之儀。於欽善之理，福田之資，良爲未足。將欲令懿德法師，時來相見。進可飡稟道味，退可飾光朝廷。其敕殿中聽一月三入，人數法諱別當牒付。〔註12〕

前者將「安居」與「講說」並列，實即認爲「安居」與「講說」爲佛徒宗教生活最重要的兩個部分，研究北方民眾佛教信仰的學者侯旭東先生也認爲：「當時北方民間講經、唱導之類的活動一定很頻繁」。〔註13〕除此現實背景之外，後一詔令則涉及到推崇講經的另一個目的：關注國家儀禮的構建。孝文帝鑒於國家草創時期儀禮未備，特許懿德法師每月三次進宮，希望通過他們的開壇說法增進朝廷的高邈威容，完善宮內的程序禮節。在當朝帝王的重視與推揚下，義學實爲其時北方佛教的重要力量。

《魏書・釋老志》云：「高祖時，沙門道順、惠覺、僧意、惠紀、僧範、道辯、惠度、智誕、僧顯、僧義、僧利，並以義行知重。」〔註14〕這些在北魏平城時期就已得到孝文帝尊崇的僧人，大多具有義學背景，僧意撰有《華嚴經注疏》，道辯曾爲《維摩》、《勝鬘》、《金剛》諸經作注，並撰有《小乘義章》六卷、《大乘義章》五十章。

〔註11〕 《大正藏》第 52 冊，第 272 頁。
〔註12〕 同上注。
〔註13〕 侯旭東：《五、六世紀北方民眾佛教信仰：以造像記爲中心的考察》，中國社會科學出版社，1998 年版，第 52 頁。
〔註14〕 《魏書》，第 3040 頁。

孝文帝以來形成的尊崇義學沙門的傳統，一直延續到北魏後期的明帝時代，以曇謨最爲例，《續高僧傳》載其在邯鄲崇尊寺講說戒律時，曾感動幽靈，從邯鄲四面深山奔赴寺中聽講，更因其高德與精義，奉敕進駐地位崇高的洛陽融覺寺。正光元年（520），明帝元詡實行大赦，並請佛道二教的代表人物入宮辯論教義，以定二教優劣。曇謨最作爲義學大師被選爲佛教的代表，與他辯論的是通道觀道士姜斌。論題是釋迦牟尼與老子時代之先後，《續高僧傳》卷二三《曇謨最傳》中保留了這則重要史料：

> 元魏正光元年，明帝加朝服大赦，請釋李兩宗上殿。齋訖，侍中劉騰宣敕，請諸法師等，與道士論義。時清道館道士姜斌，與最對論。帝問：「佛與老子同時不？」姜斌曰：「老子西入化胡，佛時以爲侍者。文出老子開天經，據此明是同時。」最問曰：「老子周何王而生？何年西入？」斌曰：「當周定王三年，在楚國陳郡苦縣屬鄉曲人里，九月十四日夜生。簡王四年，爲守藏吏。敬王元年，八十五。見周德陵遲，遂與散關令尹喜，西入化胡，約斯明矣。」最曰：「佛當周昭王二十四年四月八日生，穆王五十二年二月十五日滅度。計入涅槃經三百四十五年，始到定王三年。老子方生，生已年八十五。至敬王元年，凡經四百三十年。乃與尹喜西遁。此乃年載懸殊，無乃謬乎？」斌曰：「若如來言出何文紀？」最曰：「《周書》『異記』，漢《法本内傳》，並有明文。」斌曰：「孔子製法聖人，當時於佛向無文志何耶？」最曰：「孔氏三備卜經，佛之文言出在中備，仁者識同管窺，覽不弘遠，何能自達？」帝遣尚書令元乂宣敕：「道士姜斌論無宗旨，宜令下席。」又議，《開天經》是誰所說。中書侍郎魏收，尚書郎祖瑩，就觀取經。太尉蕭綜、太傅李實、衛尉許伯桃、吏部尚書邢鸞、散騎常侍溫子昇等一百七十人，讀訖奏云：「老子止著五千文，餘無言說。臣等所議，姜斌罪當惑眾。」帝時加斌極刑，西國三藏法師菩提留支苦諫，乃止，配徒馬邑。最學優程舉，繼乎魏史；藉甚騰聲，移肆通國。遂使達儒朝士，降階設敬，接足歸依。佛法中興，惟其開務。後不測其終。

從這則史料可知，北魏王室對於佛學義理的興趣，漸乎形成一種傳統。《續高僧傳》讓我們看到，嚴肅的義理討論仍然存在於寺院和宮廷之中。朝廷對言當其理的名僧大德倍加尊崇，對「論無宗旨」者則斥以「惑眾」之罪，嚴懲

不貸。由於王室的尊崇和支持，以曇謨最爲代表的義學高僧在佛教界的地位可想而知。佛教內部教派林立，習禪派編造故事對講經派加以攻擊，恰恰反映了講經派並未失勢，北方義學並未衰落。

二、獨樹一幟的冥府故事

　　崇眞寺條屬佛教冥府遊歷類型故事，冥府故事所宣揚的地獄恐怖是佛教傳教的重要手段之一，道端良秀認爲，中國淨土教的興起和地獄恐怖有密切關係。〔註15〕類型故事間的結構和情節的細小差異，往往能爲我們打開透視創作動機的窗口。據筆者所見，《幽明錄》卷五所載康阿得、石長和故事與崇眞寺條最爲接近：

　　康阿得死三日，還蘇。説初死時，兩人扶腋，有白馬吏驅之。不知行幾里，見北向黑暗門；南入，見東向黑門；西入見南向黑門；北入，見有十餘梁間瓦屋。有人皂服籠冠，邊有三十吏，皆言府君，西南復有四、五十吏。阿得便前趨拜府君。府君問：「何所奉事？」得曰：「家起佛圖塔寺，供養道人。」府君曰：「卿大福得。」問都錄使者：「此人命盡邪？」見持一卷書伏地案之，其字甚細。曰：「餘算三十五年。」府君大怒曰：「小吏何敢頓奪人命！」便縛白馬吏著柱，處罰一百，血出流漫。問得：「欲歸不？」得曰：「爾。」府君曰：「今當送卿歸，欲便遣卿案行地獄。」即給馬一匹，及一從人。東北出，不知幾里，見一地，方數十里，有滿城土屋。因見未事佛時亡伯、伯母、亡叔、叔母，皆著杻械，衣裳破壞，身體膿血。復前行，見一城，其中有臥鐵床上者，燒床正赤。凡見十獄，各有楚毒。獄名「赤沙」、「黃沙」、「白沙」，如此七沙。有刀山劍樹，抱赤銅柱。於是便還。復見七十八梁間瓦屋夾道種槐，名曰「福舍」，諸佛弟子住中。福多者上生天，福少者住此舍。遙見大殿二十餘梁，有二男子、二婦人從殿上來下，是得事佛後亡伯、伯母、亡叔、叔母。須臾，有一道人來，問得：「識我不？」得曰：「不識。」曰：「汝何以不識我？我共汝作佛圖主。」於是遂而憶之。還至府君所，即遣前二人送歸，忽便蘇活也。

〔註15〕道端良秀：《中國佛教思想史の研究》，京都平樂寺書店，1979 年版，第 98 頁。

石長和死，四日穌。說初死時東南行，見二人治道，恒去和五十步，長和疾行亦爾。道兩邊棘刺皆如鷹爪。見人大小群走棘中，如被驅逐，身體破壞，地有凝血。棘中人見長和獨行平道，歎息曰：「佛弟子獨樂，得行大道中。」前行，見七八十梁瓦屋，中有閣十餘梁，上有窗向。有人面闊方三尺，著皂袍，四縱披，憑向坐，唯衣襟以上見。長和即向拜。人曰：「石賢者來也。一別二十餘年。」和曰：「爾。」意中便若憶此時也。有馮翊牧孟承夫婦先死，閣上人曰：「賢者識承不？」長和曰：「識。」閣上人曰：「孟承生時不精進，今恒爲我掃地。承妻精進，晏然無官家事。」舉手指西南一房，曰：「孟承妻今在中。」妻即開窗向，見長和問：「石賢者何時來？」遍問其家中兒女大小名字平安不，「還時過此，當因一封書。」斯須，見承閣西頭來，一手捉掃帚糞箕同手捉把拐，亦問家消息。閣上人曰：「聞魚龍超修精進，爲信爾不？何所修行？」長和曰：「不食魚肉，酒不經口，恒轉尊經，救諸疾痛。」閣上人曰：「所傳莫妄。」閣上問都錄主者：「石賢者命盡耶？枉奪其命邪？」主者報：「按錄餘四十餘年。」閣上人敕主者：「犢車一乘，兩闓車騎，兩吏，送石賢者。」須臾，東向便有車騎人從如所差之數。長和拜辭，上車而歸。前所行道邊，所在有亭傳、吏民、床坐、飲食之具。倏然歸家，前見父母坐屍旁。見屍大如牛，聞屍臭。不欲入其中，繞屍三匝，長和歎息，當屍頭前。見其亡姊從後推之，便踏屍面上，因即穌。

王晶波先生指出，佛教死而復生故事具有其自身特點：

> 與前述巫道信仰下的死而復生故事相比，佛教宣講的此類故事，從故事重心、結構到結局均有不同的特點。這類故事均將復生者的地獄經歷作爲重心，詳細描述死者如何被冥吏帶入地獄，途中所見所聞，閻羅審判、勘問罪福的經過，放還復生的原因（誤拘改判、發願懺悔等），以及閻羅判官的囑咐（行善、寫經，做功德）等等，這些內容占到整個故事的絕大部分。而作爲不可缺少的結局，都要寫到復生者復生後寫經造像，行善積德，康健長壽等。[註16]

[註16] 王晶波：《敦煌文學中的死而復生故事及其內涵》，《甘肅社會科學》，2009年第2期。

從大的結構上說，崇眞寺條與康阿得、石長和故事基本一致，開頭交代主人公被錯召入陰間，復活後訴說冥府見聞，其中均有冥府審判情節。但也有明顯不同，首先，崇眞寺條對地獄的描寫幾乎沒有，康、石故事則相當詳細，不僅有對地獄的概括性描寫，「見一城，其中有臥鐵床上者，燒床正赤。凡見十獄，各有楚毒。獄名『赤沙』、『黃沙』、『白沙』，如此七沙。有刀山劍樹，抱赤銅柱。」且有受難的具體描繪，如康阿得的已故長輩「皆著杻械，衣裳破壞，身體膿血。」石長和的同行者因不信佛「如被驅逐，身體破壞，地有凝血。」此類恫嚇性描寫無不傳達出不奉佛將入地獄的警示。其次，與地獄描寫相表裏，康、石故事對奉佛者得好報作了大力宣揚。故事說二人分別餘有35、40年陽壽，在戰爭頻仍、人命短促的南北朝，無疑是信佛所賜。澄清誤召之後均有僕人車馬相送，與下地獄者確有天壤之別。而在崇眞寺條中，天堂與地獄的差別是簡單的以「入天堂」、「入黑門」之類概念性語句一筆帶過。隱藏在這些差別背後的，是兩類故事創作動機和受眾的不同。

康、石故事的目的在勸人信佛，有明顯的「釋氏輔教」意味。崇眞寺條則進一步提出了「如何奉佛」的問題。最能體現此點差異的情節是受審對象的不同，前者爲俗人，後者是五比丘。前者凡奉佛者均有好報；後者卻出現了佛門弟子被「送入黑門」的情況。審判者的態度也出現分化，同樣是奉佛，府君對康阿得「起佛圖塔寺，供養道人」的做法贊爲：「卿大福得。」崇眞寺條中閻羅王卻對道弘、寶眞的造像、建寺行爲大加呵斥。由此可見，崇眞寺條是對北魏佛教發展路向的反思。

目前學界普遍認爲，崇眞寺條體現了禪誦派對講經派的攻擊。禪誦，意爲坐禪與誦經，屬佛徒個人宗教行爲。講經則是宣揚佛法，擴大社會影響的重要手段。《高僧傳》中雖有「習禪」、「義解」之分，不過在實際上，很多高僧都是兼修的。細究曇謨最的生平，便知不能簡單將其歸入講經派。《續高僧傳》卷二十三《曇謨最傳》曰：

> 釋曇無最，姓董氏，武安人也。靈悟洞微，飡寢玄秘，少稟道化，名垂朝野。爲三寶之良將。即像法之金湯。諷誦經論，堅持律部。偏愛禪那，心虛靜謐。時行汲引，咸所推宗。兼博貫玄儒，尤明論道。

《洛陽伽藍記》卷四融覺寺條云：

> 比丘曇謨最善於禪學，講《涅槃》、《華嚴》，僧徒千人。天竺國胡沙

門菩提流支見而禮之，號爲菩薩。

「禪」是梵文「禪那」的簡稱，也可稱「禪定」，是佛教的一種修持方法。自鳩摩羅什翻譯禪經，禪即傳到中土。以上兩則材料都顯示出曇謨最實際上精於禪學，〔註17〕《續高僧傳》言其「堅持律部」，可見他不廢戒持修行。至於誦經，則更是佛徒日常功課，高僧大德定慧雙修是普遍現象，道安、慧遠均是如此。另一方面，即使偏重禪誦的僧人，也不廢宣講佛理，帶領信眾造像，從事修路、造井等公益事業。〔註18〕禪誦與講經、造作經像的界線實際上並不那麼涇渭分明。因此，崇眞寺條中曇謨最自言「唯好講經，實不闇誦」多半是故事撰作者編造的不實之詞。編造的目的，無非是將曇謨最樹立爲講經派的代表。筆者認爲，這並非源於禪誦與講經不可調和的矛盾，而是講經所帶來的社會影響，可能使佛教發展偏離教義，失去控制，這已經引起了佛門內部有識之士的警覺和反思。

崇眞寺條除譏諷講經派外，實際上還批判了僧人勸募造像、曲理枉法、劫奪民財等行爲，這些絕非講經派所能涵蓋，而是佛教發展日趨「猥濫」的表現。僧徒熱衷於俗務，失卻了出家修行的本旨。閻羅王所言「沙門之體，必須攝心守道，志在禪誦，不干世事，不作有爲」是這則故事傳達的核心思想。《佛說摩訶刹頭經》中明確規定僧徒可以在造像中得到財物：

> 灌佛形象所得多少，當作三分分之。一者爲佛錢。二者爲法錢。三者爲比丘僧錢。佛錢繕作佛形象，若金若銅若木若泥若墡若畫，以佛錢修治之。法錢者，架立樓塔精舍籬落牆壁內外屋，是爲法錢。比丘僧有萬錢。千比丘當共分之。〔註19〕

〔註17〕 詹秀惠：《楊衒之與禪》（《孔孟月刊》第30卷第9期）一文認爲，曇謨最所精爲如來禪（重修行），而當時京師比丘已傾向於達摩禪（重頓悟）了。這個說法有待商榷，正如向世山《如來禪與祖師禪的分立與融合》（《中華文化論壇》，1995年第4期）一文指出：「祖師禪作爲與如來禪對立的提法，比禪南北宗派的提法更晚，禪南北宗的提法是作爲宗派的禪宗第一次分化，而祖師禪與如來禪的提法標誌著禪宗風行全國後所出現的差異。」禪至慧能、神秀始有南北之別。在楊衒之的年代，習禪、禪學仍爲一較籠統的概念。釋來聖《略論南北宗禪的對立》（《戒幢佛學研究所2002級學員文集》http://www.jcedu.org/dispfile.phpid=4087）也認爲：公元5世紀末以前，習禪者多奉行傳統的禪法，以念佛、冥想、苦行爲手段，與持戒、誦經並無區別。

〔註18〕 參劉淑芬：《五至六世紀華北鄉村的佛教信仰》，《歷史語言研究所集刊》第63本第3分，第514頁。

〔註19〕 《大正藏》第16冊，第798頁。

僧徒中有識之士對此現象極爲憂慮，借佛之口予以批評，《佛說像法決疑經》曰：

> 善男子我滅度已千年後，惡法漸興。千一百年後，諸惡比丘、比丘尼遍閻浮提，處處充滿，不修道德，多求財物，專行非法。多畜八種不淨之物，身無十德，畜二沙彌，未滿十臘，已度沙彌。以是因緣一切俗人輕賤三寶，從是已後，一切道俗競造塔寺，遍滿世間，塔廟形象，處處皆有，或在山林曠野，或在道邊，或在巷路臭穢惡處，頹落毀壞無人治理。爾時道俗雖造塔寺供養三寶，而於三寶不生敬重。〔註20〕

北朝造像繁盛，石刻遺存眾多，〔註21〕僧徒難免良莠不齊，佛門風氣之敗壞可想而知，這部分人受到批判是理所當然的。而講經者之受詬病，則需聯繫北朝帝王對義學僧的禮遇、宮廷講經的盛行來理解。客觀地說，講經者引導了上層統治者的崇佛及佞佛，而後者在很大程度上推動了佛教的畸形繁榮，王公貴族過度地捨資財以造寺廟，使大量社會資財流入佛門，激化社會矛盾，編民逃役勢所難免；同時寺院所特享的種種優遇客觀上爲託庇佛門以逃避徭役者提供了便利，由此造成了佛門的猥濫。

以「猥濫」一詞形諸佛門，尚有與《洛陽伽藍記》同時代的《魏書・釋老志》：

> 正光已後，天下多虞，王役尤甚，於是所在編民，相與入道，假慕沙門，實避調役，猥濫之極，自中國之有佛法，未之有也。略而計之，僧尼大眾二百萬矣，其寺三萬有餘。流弊不歸，一至於此，識者所以歎息也。

楊衒之、魏收不約而同地以「猥濫」來形容北魏正光以後的佛教，說明佛門確已達整頓的臨界點。《廣弘明集》卷六《敘列代王臣滯惑解》提到楊衒之曾上書稱：「讀佛經者，尊同帝王，寫佛畫師，全無恭敬。請沙門等同孔老拜俗，班之國史。行多浮險者，乞立嚴敕，知其眞僞。然後佛法可遵，師徒無濫。則逃兵之徒，還歸本役，國富兵多，天下幸甚。」正是鑒於其時佛門之污穢雜亂，已漸形成禍國殃民之勢，楊、魏以國家秩序爲出發點提出批判，而義

〔註20〕《大正藏》第85冊，第1337頁。
〔註21〕劉淑芬：《五至六世紀華北鄉村的佛教信仰》，侯旭東：《五、六世紀北方民眾佛教信仰》均有詳細討論。

學僧由於對上層統治者之佞佛負有一定的責任，故成批判對象。如果說，上述批評還是來自佛教外部；那麼，崇眞寺條所記冥府故事則是佛門內部有識之士有感於佛門現狀而發出的整肅聲音。

中古高僧大德對佛門末流的弊端常有警覺，如曹虹教授指出慧遠曾「痛心於佛門內的積弊不幸而成爲桓玄指責的事實，爲之『憤慨盈懷』」。〔註22〕佛教徒通過典籍編纂來表達對佛門風氣的看法，在中古時期也不鮮見，方廣錩先生認爲慧皎將其著作命名爲《高僧傳》，是有深意的：

> 當時佛教界的情況比較複雜，部分僧人貌似棲託高遠，實質業尚鄙近。乃至鑽營權門，戒律蕩廢。慧皎所謂的「寡德適時」之徒，實際是對這部分僧人的批評。所以，慧皎撰寫《高僧傳》這件事本身就隱含著以佛教的標準對釋門的種種不良作風進行整肅的意思。
>
> 〔註23〕

惠凝入冥故事的創作動機也可用方先生的分析來解釋，這個故事後來被唐代懷信編入《釋門自鏡錄》，也很能說明問題。崇眞寺條與《佛說像法決疑經》關注的問題是一致的，但它通過對佛教慣用的布道方式——冥府遊記故事——的巧妙改編來體現，因而具有獨特的趣味和意義。

第二節　楊衒之反佛問題再探討

一、從《高識傳》到《敍歷代王臣滯惑解》

關於《洛陽伽藍記》是否屬於反佛文獻，已有不少學者作了探討。隨著研究的深入，學界基本傾向於楊氏並不反佛，其反對的是佛教末流的猥濫和上層統治者的「不恤眾庶」。〔註24〕但也有學者持不同意見，如侯外廬《中國思想通史》認爲：「楊衒之的《洛陽伽藍記》，爲公認的反佛的激烈文獻。」〔註25〕黃公渚《洛陽伽藍記的現實意義》、范祥雍《洛陽伽藍記校注·序》均贊同侯說。湯用彤、范子燁也認爲楊氏反佛。他們所據材料爲唐道宣《廣弘

〔註22〕曹虹：《慧遠評傳》，南京大學出版社，2002 年版，第 212 頁。

〔註23〕方廣錩：《道安評傳》，崑崙出版社，2004 年版，第 36 頁。

〔註24〕曹道衡、曹虹的研究是這方面的代表。參曹道衡：《〈洛陽伽藍記〉的幾個問題》，《文學遺產》，2001 年第 3 期。曹虹：《〈洛陽伽藍記〉新探》，《文學遺產》，1995 年第 4 期。

〔註25〕侯外廬：《中國思想通史》第 3 卷，人民出版社，1957 年版，第 361 頁。

明集》卷六《敘歷代王臣滯惑解》中的相關文字。

分析《敘歷代王臣滯惑解》，不能不提與之密切相關的傅奕《高識傳》。傅奕，唐高祖武德初年爲太史令，曾屢次上疏請廢佛法，但終未能實行。《新唐書》卷一〇七《傅奕傳》載其武德七年上疏極詆佛法曰：

> 西域之法，無君臣父子，以三塗六道嚇愚欺庸。追既往之罪，窺將來之福，至有身陷惡逆，獄中禮佛，口誦梵言，以圖偷免。且生死壽夭，本諸自然；刑德威福，繫之人主。今其徒矯託，皆云由佛，攘天理，竊主權。《書》曰：「惟辟作福，惟辟作威，惟辟玉食。臣有作福作威玉食，害于而家，凶于而國。」

在上疏反佛的同時，《新唐書》本傳還言其「集晉、魏以來與佛議駁者爲《高識篇》。」可知《高識傳》集中了歷代排佛人士的言論。此書亡佚已久，宋以後書目中未見收錄。其佚文多保留在《敘歷代王臣滯惑解》中，《敘歷代王臣滯惑解》是道宣爲駁《高識傳》而作，其《序》云：

> 有唐太史傅奕者，本宗李老，猜忌釋門。潛圖芟剪，用達其鄙。武德之始，上書具述。既非經國，當時遂寢。奕不勝其憤。乃引古來王臣訕謗佛法者二十五人，撰次品目，名爲《高識傳》，一帙十卷。抄於市賣，欲廣其塵。又加潤飾，增其罪狀。……若夫城高必頽，木秀斯拔。惟我清峻，故有異道嫉之。……故因其立言，仍隨開喻。……傅氏寡識，才用寄人。集敘時事廢興，太半坑殘焚蕩之事，可號非政，所須沙汰括撿之條，斯實王化之本。故僧條俗格，代代滋彰，此乃禁非，豈成除毀？傅氏通入廢限，是謂披毛之夫，終淪塗炭，可悲之甚矣。〔註26〕

道宣認爲，《高識傳》把那些主張完善僧條俗格以整肅佛門之人也說成反佛是沒有道理的。爲便於反駁，道宣將《高識傳》列舉的 25 位排佛者重新分成了兩類：

> 搜揚列代論佛法者，莫委存廢。通疏二十五人，大略有二：初則崇敬佛法，恐有淫穢，故須沙汰，務得住持；二則憎嫉昌顯，危身挾怨，故須除蕩，以暢胸襟。初列住持王臣二十四人，傅奕《高識傳》通列爲廢除者，今簡則是興隆之人：
>
> 　宋世祖、唐高祖、王度、顏延之、蕭摹之、周朗、虞願、張普惠、

〔註26〕 《大正藏》第 52 冊，第 123 頁。

> 李瑒、衛元嵩、顧歡、邢子才、高道讓、盧思道。

二列毀滅王臣一十一人，傅奕《高識傳》列爲高識之人，今尋乃是
廢滅者：

> 魏太武、周高祖、蔡謨、劉晝、陽炫之、荀濟、章仇子陀、劉惠
> 琳、范縝、李緒、傅奕。〔註27〕

道宣承認第二類的十一人確屬反佛者，但認爲第一類的十四人，即被傅奕列
作「廢除者」的，實際上是興隆佛教之人。他們只是主張「禁非」、「沙汰」，
目的是爲了「住持」，即保留與弘揚佛教。道宣的反駁方式，是通過對《高識
傳》傳文的重新分析，指出其人對佛教所持的眞正態度。以顏延之爲例，《敍
歷代王臣滯惑解》云：

> 顏延之，琅琊人。有文章，好飲酒，放逸不護細行。宋元嘉中，遷
> 太常。沙門慧琳以才學迥拔，爲太祖所賞，每升獨榻之禮。延之嫉
> 焉，曰：「此三臺之座，豈可使刑餘居之。」帝變色。……然顏公著
> 論，褒贊極多。至如《通佛影迹》、《通佛頂齒爪》、《通佛衣鉢杖》、
> 《通佛二甄》。不然，皆置言。高拔群英之所模楷者，「刑餘」之言，
> 一時之貶琳耳。〔註28〕

這段文字上半部分引用《高識傳》，後半部分是道宣的反駁，這是《敍歷代王
臣滯惑解》的寫作通例。正如道宣所言，顏延之對於慧琳的譏貶只是出於一
時的妒忌，不能由此證明其反佛立場。傅奕爲顯示「得道多助」，將標準定得
過於寬泛。顏延之確實不反佛，反而是位崇佛者。除道宣上舉顏氏佛學著述
外，當時何承天著《達性論》，提出「形弊神散」，對佛教神不滅之旨提出挑
戰。顏氏作《釋達性論》，專以護教，二人曾展開激烈爭論，往復書信載於《弘
明集》卷四。顏氏佛學修養精深，常可與高僧探討佛理，《高僧傳》卷七《慧
嚴傳》曰：

> 時顏延之著《離識觀》及《論檢》，帝命嚴辯其同異，往復終日，帝
> 笑曰：「公等今日，無愧支許。」〔註29〕

足證顏氏的佛學修爲及向佛之心，可見道宣的反駁是有力的，傅奕將顏延之
列作廢除者確顯牽強。另外，《高識傳》所列「廢除者」中，有相當一部分人

〔註27〕同上注。
〔註28〕《大正藏》第52冊，第127頁。
〔註29〕梁·慧皎撰，湯用彤校注：《高僧傳》，中華書局，1992年版，第262頁。

是從國家治理角度出發，主張對佛教積弊進行整治，道宣認為他們的目的反而是興隆佛教。如唐高祖，《敘歷代王臣滯惑解》云：

　　大唐高祖太武皇帝沙汰釋李二宗詔。帝以武德末年，僧徒多僻，下詔澄簡，肅清遺法，非謂除滅，尤為失旨。故詔云：「朕膺期馭宇，興隆教法，深思利益，情在護持，使玉石區分，薰猶有辯，長存妙道，永固福田，正本澄源，宜從沙汰。」斯正詔也，而奕敘為滅法，則誣君罪惘，值容養寬政，網漏吞舟，故存其首領耳。〔註30〕

據《舊唐書‧高祖紀》，詔令中還有以下文字：

　　諸僧、尼、道士、女冠等，有精勤練行、守戒律者，並令大寺觀居住，給衣食，勿令乏短。其不能精進、戒行者有缺、不堪供養者，並令罷遣，各還桑梓。所司明為條式，務依法教，違制之事，悉宜停斷。

唐高祖雖對僧徒出家動機不純、僧眾良莠不齊的現象予以嚴斥，但並未從根本上否定佛教，而是仍然標榜「興隆教法」、「情在護持」，承認精修守戒者應有的地位，並主張予以供養。道宣所言「沙汰括揀之條，斯實王化之本。故僧條俗格，代代滋彰，此乃禁非，豈成除毀？」也確實擊中要害，僧條俗格的累積意在禁斥姦佞，並不代表佛教該被除毀。前秦苻堅、後趙石虎都是奉佛之帝王，他們都曾針對沙門真偽混淆的狀況下令沙汰。

　　道宣將《高識傳》「廢除者」解釋為「興隆者」最關鍵的理由，是他們雖然主張整頓佛教，但主要是針對佛教末流的「奢競」，寺院經濟侵奪民財，影響國計民生，對教義本身則頗存敬意。如蕭摹之云：「敬情浮末，不以精誠為至。更以奢競為重，違中越制，宜加檢裁。」張普惠云：「道由化深，故諸漏可盡。法隨禮積，故彼岸可登。」高道讓云：「苟有其誠，則蘋藻侔於百品。明德匪馨，則烹牛下於礿祭。而況鷲山之術，彼岸之奇，而可以虛求乎？」說明他們對於精誠信佛者仍持肯定態度，與申明華夷之辨或攻擊佛教教義，如否定輪迴、主張形隨神滅的排佛者有本質區別。從長遠上說，這些主張是有利於佛教正常發展的，所以道宣會視高道讓為「護法之純臣」。實際上，《敘歷代王臣滯惑解》所載楊衒之的觀點與蕭摹之等人是非常接近的：

　　陽衒之，北平人。元魏末為秘書監。見寺宇壯麗，損費金碧，王公相競，侵漁百姓。乃撰《洛陽伽藍記》，言不恤眾庶也。後上書述釋

教虛誕，有爲徒費，無執戈以衛國，有飢寒於色養。逃役之流，僕
隸之類，避苦就樂，非修道者。又佛言有爲虛妄，皆是妄想。道人
深知佛理，故違虛其罪。故又廣引財事乞貸，貪積無厭。又云讀佛
經者，尊同帝王，寫佛畫師，全無恭敬。請沙門等同孔老拜俗，班
之國史。行多浮險者，乞立嚴敕，知其眞僞。然後佛法可遵，師徒
無濫。則逃兵之徒，還歸本役，國富兵多，天下幸甚。

銜之此奏，大同劉晝之詞。言多庸猥，不經周孔。故雖上事，終委
而不施行。而奕美之徹於府俞，致使浮游浪宕之語備寫不遺，斯仍
曲士之沉鬱，非通人之留意也。〔註31〕

楊氏雖言「釋教虛誕」，但從上下文看，應爲特指佛教末流之弊。楊氏主要批
評了兩點，一是佛門已成爲庶民逃避徭役、避苦就樂的場所。二是僧徒雖然
標榜高格，實際上對佛教儀式與教義並無恭敬之心。造成這種情況的原因，
是上層統治者的佞佛和「不恤眾庶」，而非佛教本身。只有當此類情形得到
改善之後，方能使「佛法可遵，師徒無濫」。可見楊氏亦在強調對佛教的精誠
信仰，這與其在《洛陽伽藍記》中所表達的思想是一致的。士大夫對佛教有
過某些具體的批評，未必就屬於反佛陣營。以侍中崔光爲例，一方面他曾上
表勸阻靈太后登永寧寺九層佛圖，似對佛教頗有微辭。另一方面又曾施錢四
十萬造正始寺，「崇信佛法，禮拜讀誦，老而逾甚，終日怡怡，未曾恚忿」
（《魏書・崔光傳》），深受佛教慈悲爲懷、戒殺仁愛觀念浸染。當時有孕婦李
氏因犯「妖惑扇亂」罪當處死刑，崔光因其懷有身孕，建議世宗待其分娩百
日後執行死刑，開孕婦分娩百日後執行死刑先例。其行爲與佛教影響有密切
關係。

既然楊氏的基本觀點是對佛門末流進行沙汰，依道宣的邏輯，楊衒之即
便不入「護法之純臣」，也不至於列入「廢滅者」。實際上，道宣將楊衒之列
入「廢滅者」的原因，可能與楊氏主張沙門禮敬王者有關。楊氏所言「請沙
門等同孔老拜俗，班之國史」，即建議朝廷頒佈詔令，讓沙門與儒、道一樣禮
敬王者，而道宣恰恰是最反對這點的。他在《序佛教隆替事簡諸宰輔等狀一
首》中說：

昊天上帝，嶽瀆靈祇，君人之主，莫不祭饗而下拜。今僧受佛戒，
形具佛儀。天龍八部奉其道而伏其容。莫不拜伏於僧者也。故得冥

〔註31〕《大正藏》第 52 冊，第 128 頁。

祐顯徵，祥瑞雜沓。聞之前傳，豈復同符老氏均王侯於三大者哉。
故沙門之宅生也，財色弗顧，榮祿弗縻。觀時俗若浮雲，達形命如
陽焰，是故號為出家人也。故出家不存家人之禮，出俗無沾處俗之
儀。其道顯然，百代不易之令典者也。〔註32〕

曹虹教授認為，道宣在這段文字中「以天龍八部禮佛之狀來推翻『老氏均王
侯於三大』的邏輯」，對王侯恃天為尊的王權秩序表達一種嘲弄之意。道宣反
對沙門拜俗的立場承自慧遠，並且他將理論依據追溯到儒家經典，從《周易》、
《禮記》中找到證據，可見其立場之堅定。〔註33〕道宣的這種思想傾向，是
他將楊衒之列入「廢滅者」的重要原因。鞏本棟先生在對比《弘明集》與《廣
弘明集》異同時指出：

《弘明集》所收之文一般都不作刪節，然道宣對所選文章則有增刪，
且在所選之文前後，時時附記數筆，或交代文章的寫作背景，或提
示文章內容，或作一作者小傳，或對原文略作補充說明和論述，無
一不鮮明地表現出其弘教護法的思想傾向。〔註34〕

可見道宣為弘教護法，不惜增刪文獻。《敘歷代王臣滯惑解》屬《廣弘明集》
中道宣自撰部分，雖以前代資料為基礎，其中增刪之處仍有不少。據臺灣學
者張蓓蓓先生考證，《敘歷代王臣滯惑解》的「唐高祖」、「周朗」、「蕭摹之」
條對原始材料有刪改。〔註35〕我們細讀楊衒之的奏摺，文中的「又」、「故又
廣引」、「又云」等語，說明道宣對楊氏奏摺是擇錄而非全錄，道宣錄其主張
沙門拜俗的觀點，可見他對此的反感。因此，我們對楊氏反佛應作具體分析，
首先他是被道宣列入反佛陣營而得此名聲，其次是與道宣個人的反對沙門拜
俗立場有關。〔註36〕

〔註32〕《大正藏》第52冊，第457頁。
〔註33〕參《慧遠評傳》，第353～355頁。
〔註34〕鞏本棟：《〈廣弘明集〉在中國佛教史上的價值、地位及其現代意義》，《中國
典籍與文化》，1998年第4期。
〔註35〕張蓓蓓：《〈高識傳〉與中古排佛人物》，《中古學術論略》，大安出版社，1991
年版。
〔註36〕需要說明的是，宋世祖劉駿曾令沙門致敬王者，但仍被道宣列為興隆者。原
因在於道宣所列興隆者之標準為「崇敬佛法，恐有婬穢，故須沙汰，務得住
持」，劉俊曾針對佛法訛替，沙門混雜下詔，令「付所在精加沙汰」。道宣指
出：「宋唐兩帝王顏等賢，鑒物性之昏明，曉時緣之淳薄。……毀藏積之僧淬，
存高尚之道德。」可見道宣將他與唐高祖並論，取其沙汰之舉，故列為興隆
者。另外，出於護法需要，道宣對於帝王放寬標準，不計較劉駿的沙門拜俗

二、別具一格的「釋氏輔教之書」

　　「釋氏輔教之書」這一概念是由魯迅先生最先提出，他在《中國小說史略》中說：

> 釋氏輔教之書，《隋志》著錄九家，在子部及史部，今惟顏之推《冤魂志》存，引經史以證報應，已開混合儒釋之端矣，而餘則俱失。遺文之可考見者，又宋劉義慶《宣驗記》，齊王琰《冥祥記》，隋顏之推《集靈記》，侯白《旌異記》四種，大抵記經像之顯效，明應驗之實有，以震聳世俗，使生敬信之心，顧後世則或視爲小說。
> 〔註37〕

魏晉南北朝時期的釋氏輔教之書除《冥祥記》、《冤魂志》保留尚多外，其他大多亡佚，見於史志著錄和諸書稱引者有以下幾種：〔註38〕

	書　　名	朝　　代	作　　者
1	《觀世音應驗記》	晉	謝　敷
2	《徵應傳》	宋	朱君臺
3	《觀世音應驗記》	宋	傅　亮
4	《續觀世音應驗記》	宋	張　演
5	《宣驗記》	宋	劉義慶
6	《感應傳》	宋	王延秀
7	《冥祥記》	齊	王　琰
8	《系觀世音應驗記》	齊	陸　杲
9	《冥驗記》	齊	蕭子良
10	《補續冥祥記》	梁	王曼穎
11	《搜神論》	北魏	曇　永
12	《驗善知識傳》	北周	無名氏
13	《冤魂志》	北齊	顏之推

主張，也是可能的。

〔註37〕魯迅：《中國小說史略》，人民文學出版社，1975年版，第39頁。

〔註38〕本表參考了王國良：《〈冥祥記〉研究》上編：壹、引言，文史哲出版社，1999年版。李劍國：《論南北朝的「釋氏輔教之書」》，《天津師大學報》，1985年第3期。

14	《集靈記》	北齊	顏之推
15	《旌異記》	隋	侯　白
16	《舍利感應記》	隋	王　劭
17	《感應傳》	隋	靜　辯
18	《鬼神錄》	隋	彥　琮
19	《觀世音感應傳》	隋	撰人不詳
20	《益部集異記》	隋	撰人不詳
21	《因果記》	年代不明	劉　泳

以「記經像之顯效，明應驗之實有」爲標準，《洛陽伽藍記》顯然也有濃重的「釋氏輔教之書」色彩。慧皎《高僧傳》卷十四《序錄》云：

> 宋臨川康王義慶《宣驗記》及《幽明錄》、大原王琰《冥祥記》、彭城劉俊《益部寺記》、沙門曇宗《京師寺記》、太原王延秀《感應傳》、朱君臺《徵應傳》、陶淵明《搜神錄》，並傍出諸僧，敘其風素。〔註39〕

唐・道世《法苑珠林》卷五云：

> 古今善惡禍福徵祥，廣如《宣驗》、《冥祥》、《報應》、《感通》、《冤魂》、《幽明》、《搜神》、《旌異》、《法苑》、《弘明》、《經律異相》、《三寶》、《徵應》、《聖迹》、《歸心》、《西國行傳》、《名僧》、《高僧》、《冥報》、《拾遺》等。卷盈數百，不可備列。傳之典謨，懸諸日月。足使目睹，當猜來惑。〔註40〕

慧皎將《宣驗記》、《幽明錄》、《冥祥記》等志怪之書與《益部寺記》、《京師寺記》並列討論，道世將《宣驗記》等書與《弘明集》、《高僧傳》、《名僧傳》等重要佛典相提並論，可見中古佛教界的普遍觀念：在佛教弘法的大前提下，「釋氏輔教之書」的範圍並不限於宣佛小說，以上文字所涉及的「寺塔記」（《京師寺記》）、「高僧行記」（《西國行傳》）、「高僧傳記」（《高僧傳》）、「佛學論集」（《弘明集》）均可歸入。慧皎生於齊明帝建武四年（497），卒於梁元帝承聖三年（554），與楊衒之處於同一時代。楊氏於東魏武定五年（547）重覽洛陽，有感於故都破敗而作《洛陽伽藍記》，《高僧傳》紀事止於梁天監十

〔註39〕　《高僧傳》，第523～524頁。
〔註40〕　《大正藏》第53冊，第303頁。

八年（519）。〔註41〕《洛陽伽藍記》成書時間晚於《高僧傳》，這是可能後者未提前者的原因。以《洛陽伽藍記》爲代表的「寺塔記」與「釋氏輔教之書」（這裏指狹義的佛教志怪小說，下同）確實有不少相同之處，雖然文學史慣於將《洛陽伽藍記》歸入散文類，釋氏輔教之書歸入志怪小說類，我們也完全有理由參照慧皎、道世的看法，並依據《洛陽伽藍記》自身的特點，將《洛陽伽藍記》與「釋氏輔教之書」做一比較研究。

魏晉南北朝時期佛法大昌，虔誠的佛教信徒除自身信奉之外，也從事教義的宣傳和推廣，上層貴族熱衷於廣建寺廟，結交高僧，下層庶民致力於尊經禮佛，造像祈福。士大夫階層則以其獨特的文化優勢，「深切瞭解鬼神志怪書在普通社會的潛勢力」，〔註42〕致力於佛理的探討與佛教靈異事件的書寫。文學與宗教向來密不可分，但必須指出，我們今天視作文學作品的佛教志怪小說，原是作爲歷史來書寫的。「釋氏輔教之書」尤其強調無徵不信，作者常在故事末尾強調其來源的可靠。傅亮《觀世音應驗記》竇傳條說：「道山後過江，爲謝慶緒具說此事」。徐榮條更是列舉了多位證人：

> （謝）榮後爲會稽府都護，謝慶緒聞其自說如此。與榮同舟者，
> 有沙門支道蘊，謹篤士也，具見其事。後爲余說之，與榮同說。
> 〔註43〕

同樣，張演《續觀世音應驗記·序》云：「即撰所聞，繼其篇末，傳諸同好。」陸杲《系觀世音應驗記·序》也說：「此中詳略，皆即所聞知。」王琰《冥祥記》釋僧瑜條云：

> 吳郡張辯時爲平南長史，親睹其事，具爲傳贊云。〔註44〕

同書王胡遊冥條云：

> 元嘉末，有長安僧釋曇爽來遊江南，具說如此也。」〔註45〕

這種強調徵實的特點與《洛陽伽藍記》的書寫方式是一致的，在《洛陽伽藍記》爲數不多的「衙之按」中，就多次強調了作者的親身見聞。永寧寺條中，

〔註41〕 慧皎自言：「博咨古老，廣訪先達，校其有無，取其同異。始於漢明帝永平十年（76），終於梁天監十八年（519）。」《高僧傳》，第524頁。

〔註42〕 秦孟瀟：《中國小說史初稿》，收於《佛教對中國小說之影響》（上冊），《中國古典小說研究資料彙編》，天一出版社，臺北，1982年版，第50頁。

〔註43〕 董志翹：《〈觀世音應驗記〉三種譯注》，江蘇古籍出版社，2002年版，第22頁。

〔註44〕 《〈冥祥記〉研究》，本書下編爲《冥祥記》輯本，第199頁。

〔註45〕 《〈冥祥記〉研究》，第213頁。

為給讀者永寧寺塔高大雄偉的直觀印象，作者寫道：「衒之嘗與河南尹胡孝世共登之，下臨雲雨，信哉不虛！」明懸尼寺條則以實地考察反駁了劉澄之和戴延之的觀點：

> 穀水周圍繞城，至建春門外，東入陽渠石橋。橋有四柱，在道南，銘云：「漢陽嘉四年將作大匠馬憲造。」逮我孝昌三年大雨頹橋，南柱始埋沒，道北二柱，至今猶存。衒之案，劉澄之《山川古今記》、戴延之《西征記》並云晉太康元年造，此則失之遠矣。按澄之等並生在江表，未遊中土，假因徵役，暫來經過，至於舊事，多非親覽，聞諸道路，便為穿鑿，誤我後學，日月已甚。

正如逯耀東所指出的，魏晉時期的志怪作家往往同時又是「才堪國史」的史學家，如張華、干寶、郭璞、葛洪等。美國學者 Robert Campany 也指出志怪小說作家如劉義慶、任昉、陸杲、劉之遴、殷芸等都曾任秘書監。〔註 46〕我們知道，道宣《敘歷代王臣滯惑解》明言楊氏「元魏末為秘書監」。秘書監掌管皇家歷史記錄，其所持著述理念便是徵實。由此可見，無論是志怪小說，還是被譽為「拓跋之別史」的《洛陽伽藍記》，均具有嚴謹徵實的創作態度。雖然後世小說與歷史截然分途，但在魏晉南北朝時期卻是互相滲透的。裴松之作《三國志注》，引用了干寶《搜神記》、葛洪《神仙傳》及《列異》、《陸氏異林》等志異作品。正史如陳壽《三國志》、唐修《晉書》也不乏虛誕怪妄的記載，《晉書》卷一一《符丕載記》云：

> 徐義為慕容永所獲，械埋其足，將殺之。義誦《觀世音經》，至夜中，土開械脫，於重禁之中若有人導之者，遂奔楊佺期，佺期以為洛陽令。

類似的記載還有不少。〔註 47〕正史的寫作態度自然無可質疑，但我們也不應否認佛教志怪也具有嚴肅的創作態度，〔註 48〕類似頌念觀音得以脫難在志怪

〔註 46〕 Robert Ford Campany,「*Strange Writing: Anomaly Accounts in Early Medieval China.*」State University of New York press, 1996. pp.177~178。轉引自《魏晉南北朝文學論集》，南京大學出版社，1997 年版，第 778 頁。

〔註 47〕 參周一良：《魏晉南北朝史札記》「觀世音經」條，中華書局，1985 年版，第114~115 頁。

〔註 48〕 參逯耀東：《志異小說與魏晉史學》，《魏晉史學的社會基礎》，中華書局，2006年版。曹道衡：《論王琰和他的〈冥祥記〉》（《文學遺產》，1992 年第 1 期）也指出《冥祥記》記事與當時歷史事件頗多吻合。石昌渝也指出：「魏晉南北朝的志怪小說和志人小說，並不是文學意義的小說，他們只是文學意義的小說

中非常常見（詳下文）。曹丕在《與王朗書》中說：「唯立德揚名，可以不朽，其次莫如著篇籍。」筆者認爲，當時士大夫無論創作正史或記錄野史逸聞，均是以著之篇籍，傳之後世的「立言」的態度進行的。所以楊衒之在《序》中的夫子自道：「余才非著述，多有遺漏，後之君子，詳其闕焉。」實表明他對於本書的自信和自我期許。

《洛陽伽藍記》在內容上也與釋氏輔教之書有很多相似之處。崇眞寺條的冥府遊記，宣忠寺條的元徽冤魂報仇，開善寺條的佛像顯靈，均可在佛教志怪中找到類似文本。我們以佛像顯靈故事爲討論重點。佛像顯靈是佛教志怪的常見母題，此類母題一般有兩種模式，第一種是盛行於南朝的觀音靈驗故事，常見敘事結構是「遭遇危險——誦念觀世音——脫離險境」。《冥祥記》張崇條云：

> 晉張崇，京兆杜陵人也。少奉法。晉太元中，符堅既敗，長安百姓有千餘家，南走歸晉。爲鎮戍所拘，謂爲遊寇，殺其男丁，虜其子女。崇與同等五人，手腳杻械。銜身掘坑，埋築至腰，各相去二十步。明日將馳馬射之，以爲娛樂。崇慮望窮盡，唯潔心專念觀世音。夜中，械忽自破，土得離身！因是便走，遂得免脫。〔註49〕

另一種故事模式是主人公因有輕慢佛教的言行而招致懲罰，後經悔悟而中止處罰。《宣驗記》史雋條云：

> 史雋有學識，奉道而慢佛。常語人云：「佛是小神，不足事也。」每見尊像，恒輕誚之。後因病腳攣，種種祈福，都無效驗。其友人趙文謂曰：「經道福中第一。可試造觀音像。」雋以病急，如言鑄像。像成，夢觀音，果得差。〔註50〕

向以取材嚴謹著稱的《高僧傳》也有類似記載，卷一《康僧會傳》云：

> 皓雖聞正法，而昏暴之性不勝其虐，後使宿衛兵入後宮治園，於地得一金像，高數尺呈皓，皓使著不淨處，以穢汁灌之，共諸臣笑以爲樂。俄爾之間，舉身大腫，陰會尤通，叫呼徹天。……遣使至寺，問訊道人。請會說法，會即隨入。皓具問罪福之由，會爲敷析，辭

的胚胎形態，他們是屬於子部或史部的一類文體。」《中國小說源流論》，三聯書店，1993 年版，第 7 頁。

〔註49〕 《《冥祥記》研究》，第 130 頁。

〔註50〕 魯迅輯：《古小說鉤沉》，《魯迅全集》第八卷，人民文學出版社，1973 年版，第 552 頁。

甚精要。〔註51〕

《洛陽伽藍記》開善寺條載：

> 南陽人侯慶有銅像一軀，可高丈餘。慶有牛一頭，擬貨爲金色，遇
> 急事，遂以牛他用之。經二年，慶妻馬氏忽夢此像謂之曰：「卿夫婦
> 負我金色久而不償，今取卿兒醜多以償金色焉。」馬氏悟覺，心不
> 遑安。至曉，醜多得病而亡。慶年五十，唯有一子，悲哀之聲，感
> 於行路。醜多亡日，像自然金色，光照四鄰。一里之內，咸聞香氣。
> 僧俗長幼，皆來觀？尚書右僕射元積聞里內頻有怪異，遂改阜財里
> 爲齊諧里也。

相比之下，《宣驗記》與《高僧傳》的故事更爲類似，開善寺條則比二者更不
近人情。史雋出言輕慢，孫皓褻瀆佛像，均有過錯在先，其遇懲戒理所當然，
懲戒的方式也僅限於肉體有驚無險的苦痛。而侯慶平時奉佛，僅因急事而未
兌現諾言，卻遭遇亡子之痛，且連補救的機會也沒有。由此可見，開善寺條
確有獨特之處。正如李劍國先生指出的，「釋氏輔教之書」因其先天的主題先
行缺陷，比較容易陷入僵化：

> 《宣驗記》故事一般不大生動，少有情味，遠不及《幽明錄》。釋氏
> 輔教之作，大率如此。〔註52〕

今存篇幅較多的《冥祥記》、《冤魂志》等輔教之書，都有類似缺點。這種主
題先行的特點也體現在《高僧傳》上，《高僧傳》有不少高僧弘法起信的故事，
不僅方式可被歸納爲有限的幾種，且均能達到「望風成化」、「道俗歸依」的
結果。〔註53〕生動性難免打了折扣。這也許是《法苑珠林》將《高僧傳》與
《宣驗記》等書放在一起的原因之一。《洛陽伽藍記》爲漸趨模式化的「釋氏
輔教之書」提供了頗爲另類的敘事因子，打破寫作定勢，巧妙轉換重心，足
見構撰之精心。

三、故國之思與宗教情感

《洛陽伽藍記》與「釋氏輔教之書」比較所顯現的共性和個性，說明了
楊衒之獨特的佛教理念。作爲一部通過記敘寺廟來表達故國之思的歷史作

〔註51〕《高僧傳》，第17頁。

〔註52〕李劍國：《唐前志怪小說史》，南開大學出版社，1984年版，第372頁。

〔註53〕參孔祥軍：《〈高僧傳〉弘法起信考》相關統計，《南京曉莊學院學報》，2005
年第3期。

品，楊氏之於佛教，並不僅限於對佛教義理的接受或靈異的宣揚。實際上，他對佛教複雜的情感，是與其麥秀之感，黍離之悲緊密結合的。

佛教是北魏的國教，其榮辱興衰與北魏國祚密切相關，佛教的興衰是故國興衰的象徵，這在《序》中交代得很明確：

> 逮皇魏受圖，光宅嵩洛，篤信彌繁，法教愈盛。王侯貴臣，棄象馬如脫屣，庶士豪家，捨資財若遺迹。於是招提櫛比，寶塔駢羅，爭寫天上之姿，競摹山中之影；金刹與靈臺比高，廣殿共阿房等壯。豈直木衣綈繡，土被朱紫而已哉！

而經歷了北魏末年頻繁的戰亂與政治變遷後，洛陽卻成了另一番景象：

> 暨永熙多難，皇輿遷鄴，諸寺僧尼，亦與時徙。至武定五年，歲在丁卯，余因行役，重覽洛陽。城郭崩毀，宮室傾覆，寺觀灰燼，廟塔丘墟。牆被蒿艾，巷羅荊棘。野獸穴於荒階，山鳥巢於庭樹。遊兒牧豎，躑躅於九逵；農夫耕老，藝黍於雙闕。麥秀之感，非獨殷墟；黍離之悲，信哉周室！

在武定五年（547）楊衒之重覽洛陽之前的十年，洛陽先後經歷了兩次重要戰爭。一是天平四年（537）西魏進攻洛陽，被東魏打敗後，又派獨孤信攻入洛陽金墉城。次年，東魏大將侯景、高敖曹圍攻金墉城，侯景放火焚燒了洛陽城。二是武定元年（543），東魏和北周在洛陽北邙山展開激戰，東魏最後取得勝利。但楊衒之在書中並未提到兩次戰爭，即便是直接導致洛陽殘破的侯景燒城。我們注意到，無論對洛陽的繁華或破敗，作者都只在敘述一種結果，而寺觀則是興衰的晴雨錶。

楊衒之為《洛陽伽藍記》所作的自《序》，是研究本書的一把鑰匙。從內容到情感基調，都在《序》中有明確交代。我們發現，作者儘管在記錄關地理空間時保持一種客觀的敘述筆調，但在撫今追昔時經常流露出故國哀思。開善寺條寫到太后令百官任力取絹，曾自豪地說：「于時國家殷富，庫藏盈溢，錢絹露積於廊者，不可較數。」陳留侯李崇負絹過任，蹶倒傷踝，頗見太平盛世的閑情雅趣，緊接著就寫到了河陰之變：

> 經河陰之役，諸元殲盡，王侯第宅，多題為寺。壽丘里閭，列刹相望，祗洹鬱起，寶塔高凌。四月初八日，京師士女多至河間寺。觀其廊廡綺麗，無不歎息，以為蓬萊僊室亦不是過。入其後園，見溝瀆蹇產，石磴嶕嶢，朱荷出池，綠萍浮水，飛梁跨閣，高樹出雲，

咸皆唧唧，雖梁王兔苑想之不如也。

楊衒之在廢墟上游覽故都，其筆下壯觀華麗的伽藍，實際上是記憶中的幻境。不過本條所寫卻是眼前之景。劫後遺存的河間寺，雖然依舊富麗秀美，但京師士女的歡息卻提醒我們，當年的梁王兔苑、金谷雅集早已不復存在，筆底隱隱傳達出一種痛惜、無奈之情。同時，楊氏在書中提及國之衰亡，也每每與佛教靈徵聯繫在一起，平等寺條云：

> 寺門外有金像一軀，高二丈八尺，相好端嚴，常有神驗。國之吉凶，先炳祥異。孝昌三年十二月中，此像面有悲容，兩目垂淚，遍體皆濕，時人號曰佛汗。京師士女空市里往而觀之。有一比丘，以淨綿拭其淚，須臾之間，綿濕都盡。更換以它綿，俄然復濕。如此三日乃止。明年四月尒朱榮入洛陽，誅戮百官，死亡塗地。永安二年三月，此像復汗，士庶復往觀之。五月，北海王入洛，莊帝北巡。七月，北海王大敗，所將江淮子弟五千，盡被俘虜，無一得還。永安三年七月，此像悲泣如初。每經神驗，朝野惶懼，禁人不聽觀之。至十二月，尒朱兆入洛陽，擒莊帝，帝崩於晉陽。在京宮殿空虛，百日無主。

一般的「釋氏輔教之書」中，佛像是超越於俗世的主宰。在楊衒之筆下居然「面有悲容，兩目垂淚」，具有了人格化的情感，彷彿成了北魏子民。這類文字已將國家命運與宗教情感融為一體，筆調低回哀婉，悲愴之情躍然紙上。此外如永寧寺條寫三比丘赴火而死，浮屠佛光隱於海；景寧寺條敘及金象生毛，次年廣陵王被廢死；永明寺條寫佛像每繞坐夜行，忽然自去，莫知所之，其年冬京師遷鄴。皆飽含家國深情，非純粹的宗教觀念可以涵攝。《洛陽伽藍記》的這種特點，也使楊衒之的宗教情感顯得更為具體而獨特。因此我們也不難理解，這種由家國之情而產生的佛教認同，會在描繪永寧寺塔之雄壯而自豪的同時，也為胡太后過度營建而擔憂。《廣弘明集》所錄其批評教徒猥濫的奏摺，也應從這個角度理解。

綜上所述，筆者認為楊衒之並不反佛，且其於佛教的態度，是與家國之情渾然一體的。我們從《景德傳燈錄》虛構的楊氏向達摩問禪的故事中，也可看出其在後世佛教徒心中所具有的親和力。這一切，都來自《洛陽伽藍記》字裏行間流露出的獨特宗教情感。

第三章 《洛陽伽藍記》的史學價值

　　《洛陽伽藍記》作爲一部北魏末年的實錄，具有很高的史學價值。最早著錄此書的是隋代費長房所撰佛教經錄《歷代三寶記》。不過，自《隋書·經籍志》將此書列於「史部地理類」以來，歷代公私目錄如《宋史·藝文志》、《郡齋讀書志》、《文獻通考·經籍考》、《百川書志》、《四庫全書總目》等均承襲《隋志》。可見目錄學者多認定《洛陽伽藍記》是一部地志。實際上本書所涉內容遠遠超出了地理的範圍，如果說佛教特徵更多地體現在本書的記敍對象上，那麼史學意識則與本書的寫作理念密切相關。本章將圍繞《洛陽伽藍記》的史學成就展開探討。

第一節　拓跋之別史

一、信史性質

　　清吳若準《洛陽伽藍記集證·序》對《洛陽伽藍記》的史學價值作了很高的評價：

> 撫軍府司馬楊衒之慨念故都，傷心禾黍，假佛寺之名，志帝京之事。
> 凡夫朝家變亂之端，宗藩廢立之由，藝文古迹之所關，苑囿橋梁之
> 所在，以及民間怪異、外夷風土、莫不鉅細畢陳，本末可觀，足以
> 補魏收所未備，爲拓跋之別史。[註1]

吳氏所言之「拓跋之別史」並非虛譽，其中關鍵在「假佛寺之名，志帝京之事」，佛教在北魏社會的特殊地位，爲這部寺塔記將敍述觸角伸向社會各領域

〔註 1〕 張宗祥：《景洛陽伽藍記合校稿本》「序跋」，第 5 頁。

提供了可能。而楊衒之本人的歷史意識，則是本書能超越寺塔記的藩籬，躋身中古經典史籍的關鍵因素。《洛陽伽藍記》保留北魏佛教史料自不待言，其對史書記事也常能起訂補作用。楊衒之在《序》中明言「恐後世無傳，故撰斯記」。楊氏在元魏末曾任秘書監，對編纂國史並不陌生。書中經常流露出史家習慣，如昭儀尼寺條云：

> 昭儀寺有池，京師學徒謂之翟泉也。衒之按，杜預注《春秋》云翟泉在晉太倉西南。按晉太倉在建春門內，今太倉在東陽門內，此地今在太倉西南，明非翟泉也。

可見楊氏熟讀史書，遇到歧異的說法，喜歡通過實地考察辨別正誤。不僅如此，楊氏似乎對有關漢代史籍尤為熟悉，景明寺條云：

> 詔以光祿大夫歸養私庭，所在之處，給事力五人，歲一朝，以備顧問。王侯祖道，若漢朝之送二疏。

法雲寺條云：

> 市南有皇女臺，漢大將軍梁冀所造，猶高五丈餘。景明中比丘道恒立靈仙寺於其上。臺西有河陽縣，臺東有侍中侯剛宅。市西北有土山魚池，亦冀之所造。即《漢書》所謂：「採土築山，十里九阪，以象二崤」者。

從書中也可看出楊氏對漢代洛陽地理尤為熟悉，楊氏在《序》中對城門之名多追溯至漢代。書中也多次提及漢代地名，如崇虛寺條：「崇虛寺，在城西，即漢之濯龍園也」，景林寺條：「華林園中有大海，即漢天淵池」等。《序》中所說的「余才非著述，多有遺漏，後之君子，詳其闕焉」，可看作是他的謙虛之辭，他實以國史自任，本書所錄也堪稱信史。

作為一部實錄，本書可與考古發掘相印證。建國後的考古發現證實，《洛陽伽藍記》所載的城門位置、城郭長度、坊里數量都是可信的。中科院考古所洛陽工作隊考察了永寧寺遺址，測量出塔基東西約 101、南北約 98 米，並指出：「從今殘存遺跡，說明這座九層樓閣式佛塔，確係毀於烈火。」〔註2〕證實了《洛陽伽藍記》所載永熙三年「浮圖為火所燒」之說。

《洛陽伽藍記》的可靠性，還體現在能與其他史料相印證。周一良先生

〔註2〕 《漢魏洛陽城初步勘查》，《考古》，1973 年第 4 期。另外，何炳棣：《北魏洛陽城郭規劃》（《慶祝李濟先生七十歲論文集》上冊，臺北：清華學報社，1965年），周祖謨、范祥雍、楊勇均依據本書繪製出北魏洛陽城圖。

《洛陽伽藍記的幾條補注》指出：

> 卷一修梵寺條，「寺北有永和里，……里中有太傅錄尚書事長孫
> 稚……等六宅。」據北魏長孫稚的四子長孫士亮之妻宋靈妃墓誌（趙
> 萬里先生《漢魏南北朝墓誌集釋》十一），稱「永興二年正月十四日
> 終於洛陽永和里第」，可相參證。卷三「宣陽門外四里，至洛水上，
> 作浮橋，所謂永橋也。……永橋以南，圓丘以北，伊洛之間，夾御
> 道，東有四夷館，……道西有四夷里，一曰歸正，二曰歸德，三曰
> 慕化，四曰慕義。」據北魏鄯乾墓誌（趙氏《集釋》五），鄯乾是「鄯
> 善王臨澤懷侯視之長子。考以去眞君六年歸國。自祖而上，世君西
> 夏。」鄯善王投歸北魏在遷洛以前，而鄯乾之死則在永平五年即延
> 昌元年，已是遷洛之後。墓誌稱鄯乾爲「同州河南洛陽洛濱里人也」，
> 這個洛濱里當即洛水南岸四夷里一帶之地。鄯乾的族姓家世，正與
> 《伽藍記》所述歸化的異族居住在城南永橋以南之地相符合。……
> 墓誌所記，和楊衒之的敘述相一致，證明《洛陽伽藍記》這部書的
> 可靠性。〔註3〕

《洛陽伽藍記》不僅可與墓誌印證，其敘事還可與史書相表裏。關於蠕蠕阿
那瓌投歸北魏事，《魏書·蠕蠕傳》云：

> 正光初，……九月，阿那瓌將至，肅宗遣兼侍中陸希道爲使主，兼
> 散騎常侍孟威爲使副，迎勞近畿，使司空公、京兆王繼至北中，侍
> 中崔光、黃門郎元纂在近郊，並申宴勞，引至門闕下。

《魏書·常景傳》云：

> 是年九月，蠕蠕主阿那瓌歸闕，朝廷疑其位次。高陽王雍訪景，景
> 曰：「昔咸寧中，南單于來朝，晉世處之王公、特進之下。今日爲班，
> 宜在蕃王、儀同三司之間。」雍從之。

《洛陽伽藍記》龍華寺條云：

> 正光元年，蠕蠕主郁久閭阿那肱來朝，執事者莫知所處。中書舍人
> 常景議云：「咸寧中，單于來朝，晉世處之王公特進之下，可班郁肱
> 蕃王儀同之間。」朝廷從其議。又處之燕然館，賜宅歸德里。

「郁久閭」是阿那瓌的姓氏，「郍」即「那」的別體，阿那肱即阿那瓌〔註4〕。

〔註3〕 周一良：《魏晉南北朝史論集續編》，北京大學出版社，1991年版，第169頁。
〔註4〕 周祖謨：《洛陽伽藍記校釋》，第131頁。

《洛陽伽藍記》的記載與《魏書》完全吻合，且交代了阿那瓌賜宅歸德里的信息，可補《魏書》之闕。

《魏書‧靈徵志》金沴條云：

> 永安、普泰、永熙中，京師平等寺定光金像每流汗，國有事變，時咸畏異之。

《洛陽伽藍記》平等寺條中，詳細記敘了三次佛像垂淚分別預示國之變故，可視作金沴條的注腳。永寧寺條敘述浮圖為火所燒，未幾京師遷鄴，《魏書‧靈徵志》中也有類似說法：

> 出帝永熙三年二月，永寧寺九層佛圖災。既而時人咸言，有人見佛圖飛入東海中。永寧佛圖，靈像所在，天意若曰：永寧見災，魏不寧矣。

秦太上公寺條云：

> 孝昌初，妖賊四侵，州郡失據。朝廷設募徵格於堂之北。

據《魏書‧肅宗紀》，孝昌元年先後有徐州刺史元法僧反，齊州郡民房伯和反，齊州清河民崔畜反，廣川民傅堆反，柔玄鎮杜洛周反，山胡劉蠡升反。孝昌二年有五原降戶鮮于修禮反，敕勒斛律洛陽反，朔州鮮于阿胡、庫狄豐樂反，絳蜀陳雙熾反，九月，葛榮自稱天子，號曰齊國，年稱廣安。同卷記孝昌元年十二月壬午詔書曰：

> 其有失律亡軍、兵戌逃叛、盜賊劫掠、伏竄山澤者，免其往咎，錄其後效，別立募格，聽其自新，廣下州郡，令赴軍所。

《北史》卷五、《資治通鑒》卷一百五十九均提到設募格事，《洛陽伽藍記》不僅可與之印證，且交代了設置地點。

《洛陽伽藍記》的信史性質，還有助於出土文獻的釋讀。武漢大學朱雷教授《敦煌藏經洞所出兩種麴氏高昌人寫經題記跋》〔註5〕一文中提到，1963年他曾校讀劉銘恕《斯坦因劫經錄》，對英藏敦煌卷子 S.0524《勝鬘經疏》尾端題記的釋讀存有疑問，劉銘恕先生的錄文是：

> 延昌四年五月二十三日於京承明寺寫勝鬘經疏一部高昌客道人得受所供養許。

朱文指出：「微縮膠捲『明寺』前一雖有模糊之處，卻又不似一『承』字，復

〔註5〕 《魏晉南北朝隋唐史資料》第 9、10 期，武漢大學歷史系魏晉南北朝研究室編，武漢大學學報編輯部出版，1988 年 12 月，第 19～20 頁。

因讀研究生時期，唐師（指唐長孺先生──引者）指示讀《洛陽伽藍記》，有所收穫，故更疑此字非爲『承』字，而有可能是『永』字。」不過藤枝晃、姜亮夫二位先生均釋爲「承」，至 1987 年社科院歷史所張弓教授赴英查閱敦煌文書原件，方確認原書作「永」。朱氏的懷疑緣於《洛陽伽藍記》所記永明寺爲外國僧人集中之地，永明寺條原文如下：

> 永明寺，宣武皇帝所立也，在大覺寺東。時佛法經像盛於洛陽，異
> 國沙門，咸來輻輳，負錫持經，適茲樂土。世宗故立此寺以憩之。
> 房廡連互，一千餘間。庭列修竹，簷拂高松，奇花異草，駢闐階砌。
> 百國沙門，三千餘人。西域遠者，乃至大秦國。

S.0524 題記中的高昌僧人得受，當爲永明寺條所言遠來中土求經之西域沙門。北魏自孝文帝遷洛以來，諸代帝王篤好佛理，「異國沙門，咸來輻輳」，使洛陽逐步成爲區域佛教中心。世宗元恪爲方便求法僧人，也可能爲了便於管理，特立永明寺供養之。《資治通鑒》卷一四七武帝天監八年云：「時佛教盛於洛陽，中國沙門之外，自西域來者三千餘人，魏主別爲之立永明寺千餘間以處之。」這條材料即本於《洛陽伽藍記》。S.0524 題記印證了永明寺在洛陽寺廟中的獨特地位。〔註6〕

二、生動的社會生活畫卷

　　《洛陽伽藍記》雖以記伽藍興廢爲中心，但並不限於寺廟，而是以記寺廟爲契機，廣泛涉及元魏社會的各個方面。上至皇室宗親，下至普通百姓，舉凡宗教、經濟、文化、藝術、建築、園林、風俗都在採錄範圍，精心刻畫了一幅生動的北魏生活畫卷。

　　書中對北魏佛教風俗的記載頗可注意。據《魏書‧釋老志》載，神龜元年（518），洛陽的寺廟數爲五百，到北魏末年洛陽寺廟數達到一千三百六十七所（《洛陽伽藍記》卷五）。釋風昌熾的突出表現之一便是寫經造像的盛行，崇眞寺條道弘、寶眞在回答閻羅王時即以造作經像爲自己辯護。開善寺條云：

> 南陽人侯慶有銅像一軀，可高丈餘。慶有牛一頭，擬貨爲金色，遇
> 急事，遂以牛他用之。經二年，慶妻馬氏忽夢此像謂之曰：「卿夫婦

〔註6〕郝春文：《英藏敦煌社會歷史文獻釋錄》第 3 卷，S.0524 條亦從「永」，社會科學文獻出版社，2003 年版，第 4 頁。

　　負我金色久而不償，今取卿兒醜多以償金色焉。」馬氏悟覺，心不
　　遑安。至曉，醜多得病而亡。慶年五十，唯有一子，悲哀之聲，感
　　於行路。醜多亡日，像自然金色，光照四鄰。一里之內，咸聞香氣。
　　僧俗長幼，皆來觀覩。

可見當時平民慣將富餘資財用以造像，以求得佛祖庇祐。據侯旭東先生不
完全統計，現存北朝造像至少有 1800 種左右。〔註7〕北朝造像記所反映的民
眾佛教信仰問題，學界已有不少研究，〔註8〕試以《尼法慶造像》為例，其銘
文曰：

　　願使來世託生西方妙樂國土，下生人間公王長者，遠離煩惱。又願
　　己身□□□與彌勒俱生蓮花樹下，三會說法，一切眾生遠離三途。

〔註9〕

《洛陽伽藍記》雖未具體記錄造像記，但其記莊帝臨終遺言頗與之類似，永
寧寺條云：

　　（尒朱兆）囚帝還晉陽，縊於三級寺。帝臨崩禮佛，願不為國王。
　　又作五言曰：「權去生道促，憂來死路長。懷恨出國門，含悲入鬼
　　鄉。隧門一時閉，幽庭豈復光？思鳥吟青松，哀風吹白楊。昔來聞
　　死苦，何言身自當！」

在佛教傳入中國前，儒家思想對現世之外的世界關注甚少，道家追求的長生
與成仙，實際上著意於現世生命的延長。印度佛教的傳入，使得人們逐漸接
受輪迴再生觀念，並開始關注來世的幸福。莊帝臨終祈告，願來世不為國王，
與當時的造像風氣是一致的，其區別僅在於形式。

　　眾所周知，以二十四史為代表的正史記錄重點在政治史。近代以來，史
學研究逐漸拓寬至社會各個領域。相應的，正史之外的野史、筆記、石刻、
寫卷就成為重要的信息載體，這些史料往往能更具體而詳實地反映社會生
活。以佛誕日，即四月八日釋迦牟尼生日為例，這一天是北魏民眾日常生活

〔註7〕　侯旭東：《五、六世紀北方民眾佛教信仰》，第23頁。
〔註8〕　相關研究見侯旭東前揭書；劉淑芬：《五至六世紀華北鄉村的佛教信仰》，《歷
　　　　史語言研究所集刊》第63本第3分；李玉昆：《從龍門造像銘看北朝的佛教》，
　　　　《世界宗教研究》，1984年第2期；盧建榮：《從造像銘記論五六世紀北朝鄉
　　　　民社會意識》，《歷史學報》第23期，1995年8月；佐藤智水：《北朝造像銘
　　　　考》，《史學雜誌》第86編第10號，又收入《日本中青年學者論中國史·六
　　　　朝隋唐卷》，上海古籍出版社，1995年版。
〔註9〕　轉引自侯旭東：《五、六世紀北方民眾佛教信仰》，第183頁。

的重要日子。《魏書·釋老志》云：

> 世祖初即位，亦遵太祖、太宗之業，每引高德沙門，與其談論。於四月八日，輿諸佛像，行於廣衢，帝親御門樓，臨觀散花，以致禮敬。

《洛陽伽藍記》的記載要具體得多，景明寺條云：

> 時世好崇福，四月七日京師諸像皆來此寺，尚書祠曹錄像凡有一千餘軀。至八日，以次入宣陽門，向閶闔宮前受皇帝散花。於時金花映日，寶蓋浮雲，幡幢若林，香煙似霧。梵樂法音，聒動天地。百戲騰驤，所在駢比。名僧德眾，負錫爲群，信徒法侶，持花成藪。車騎填咽，繁衍相傾。時有西域胡沙門見此，唱言佛國。

長秋寺有一尊六牙白象負釋迦牟尼像，皆用金玉製成，作工精妙，此像出巡時場面極爲壯觀：

> 四月四日此像常出，辟邪師子導引其前。吞刀吐火，騰驤一面；彩幢上索，詭譎不常。奇伎異服，冠於都市。像停之處，觀者如堵。疊相踐躍，常有死人。

宗聖寺條所記佛像出行也是熱鬧非凡：

> 有像一軀，舉高三丈八尺，端嚴殊特，相好畢備，士庶瞻仰，目不暫瞬。此像一出，市井皆空，炎光輝赫，獨絕世表。妙伎雜樂，亞於劉騰。城東士女，多來此寺觀看也。

如果僅據《釋老志》，佛誕日似乎只有帝王和高僧的活動，普通僧徒和民眾在記錄中是闕失的。實際上，後者才是節日的參與主體。《洛陽伽藍記》保留了更爲詳細的記錄，景明寺條總寫行像的過程、場面和各色人等的表現，長秋寺條、宗聖寺條具體記錄各寺佛像的出行盛況。佛像固然是節日的焦點，不過從楊衒之的記載來看，「妙伎雜樂」，「百戲騰驤」的表演也佔有重要地位，佛誕日實際上類似於一個融合宗教與世俗的狂歡節。值得一提的是節日中充滿異域色彩的百戲表演，即便是平時，也經常在寺廟上演，景樂寺條云：

> 召諸音樂，逞伎寺內。奇禽怪獸，舞抃殿庭。飛空幻惑，世所未睹。異端奇術，總萃其中。剝驢投井，植棗種瓜，須臾之間，皆得食之。士女觀者，目亂精迷。

「剝驢投井」是指肢解驢馬之術，《後漢書·西南夷傳》云：「永寧元年，撣

國王雍由調復遣使者詣闕朝賀，獻樂及幻人，能變化吐火，自支解，易牛馬頭。」「植棗種瓜」是指一種即種即食的魔術，《法苑珠林》卷六十一引孔煒《七引》曰：「弄幻之士，因時而作，殖瓜種菜，立起尋尺。投芳送臭，賣黃售白。麾天興雲霧，畫地成河海」。《隋書‧音樂志》對於「百戲」的種類作了以下列舉：

> 始齊武平中，有魚龍爛漫、俳優、朱儒、山車、巨象、拔井、種瓜、殺馬、剝驢等，奇怪異端，百有餘物，名爲百戲。……及大業二年，突厥染幹來朝，煬帝欲誇之，總追四方散樂，大集東都。

西域是聞名遐邇的歌舞之鄉，傳自西域的百戲已經成爲中古時期國家藝術活動的重要內容。通過《洛陽伽藍記》佛誕日的記載，可知百戲的傳播最初與宗教活動密切相關。周勳初先生在談到《酉陽雜俎》中的兩卷《寺塔記》時也強調「唐代的寺院實爲上至貴族下至平民時常前往的一種娛樂場所」。〔註10〕可見寺廟親近世俗娛樂的傳統在唐代依然盛行。

三、青齊士風

　　魏晉南北朝時期的私家著作，除能補正史之不足外，其記事常能反映當時社會的某些習俗風尚。唐長孺先生《讀〈顏氏家訓‧後娶篇〉論南北士庶身份的差異》、《讀〈抱朴子〉推論南北學風的異同》是這方面研究的典範之作。〔註11〕《洛陽伽藍記》卷二秦太上君寺條也有類似記錄值得深入探討：

> 太傅李延實者，莊帝舅也。永安年中除青州刺史，臨去奉辭。帝謂實曰：「懷磚之俗，世號難治；舅宜好用心，副朝廷所委。」實答曰：「臣年迫桑榆，氣同朝露，人間稍遠，日近松丘。臣已久乞閒退，陛下渭陽興念，寵及老臣，使夜行罪人，裁錦萬里，謹奉明敕，不敢失墜。」時黃門侍郎楊寬在帝側，不曉懷磚之義，私問舍人溫子昇。子昇曰：「聞至尊兄彭城王作青州刺史，問其賓客從至青州者云：『齊土之民，風俗淺薄，虛論高談，專在榮利。太守初欲入境，皆懷磚叩首，以美其意。及其代下還家，以磚擊之。』言其向背速於

〔註10〕周勳初：《談筆記在唐代文史研究中的重要性》，《六朝隋唐學術研討會論文集》，逢甲大學中國文學系主編，文史哲出版社，2004年版，第135頁。

〔註11〕前文刊《歷史研究》，1994年第1期；後文收於《魏晉南北朝史論叢續編》，三聯書店，1959年版。

反掌。是以京師謠語云：『獄中無繫囚，舍內無青州，假令家道惡，腹中不懷愁。』懷磚之義起在於此也。」

潁川荀濟，風流名士，高鑒妙識，獨出當世。清河崔叔仁稱齊士大夫，濟曰：「齊人外矯仁義，內懷鄙吝，輕同羽毛，利等錐刀。好馳虛譽，阿附成名，威勢所在，側肩競入，求其榮利，甜然濃泗，譬於四方，慕勢最甚。」號齊士子為慕勢諸郎。臨淄官徒佈在京邑，聞懷磚慕勢，咸共恥之，唯崔孝忠一人不以為意。問其故，孝忠曰：「營丘風俗，太公餘化；稷下儒林，禮義所出。今雖淩遲，足為天下模楷。荀濟人非許、郭，不識東家，雖復芳言自口，未宜榮辱也。」

這段文字中，李延實僅在前文介紹暉文里四宅時被提及，楊氏卻從其與莊帝的對話寫起，洋洋灑灑記敘了近五百字，可見作者有意保留這段典故。第一段主要講青齊之民多變詐，第二段是講青齊之士貪榮慕利。目前學界對青齊豪族及青齊風俗已有探討，〔註12〕特別是魏斌先生《北魏末年的青齊士風》一文，以豐富的史料對《洛陽伽藍記》這段文字作出解釋。不過筆者要指出的是，變詐慕利只是青齊民風的一方面，《史記・齊太公世家》云：

太史公曰：吾適齊，自泰山屬之琅邪，北被於海，膏壤二千里，其民闊達多匿知，其天性也。以太公之聖，建國本；桓公之盛，修善政，以為諸侯會盟，稱伯，不亦宜乎？洋洋哉，固大國之風也！

《漢書・地理志》云：

初太公治齊，修道術，尊賢智，賞有功，故至今其土多好經術，矜功名，舒緩闊達而足智。其失誇奢朋黨，言與行繆，虛詐不情，師古曰：「不可得其情。」急之則離散，緩之則放縱。

《史記》、《漢書》和崔孝忠都不約而同提到太公姜子牙治齊，開啟齊地民智。齊民「舒緩闊達而足智」，齊魯地區也是公認的禮義之邦。不可否認，民智開

〔註12〕　參唐長孺：《北魏的青齊土民》，《魏晉南北朝史論拾遺》，中華書局，1983年版；楊洪權：《關於北魏青齊土民的幾問題》，《魏晉南北朝隋唐史資料》第16輯，武漢大學出版社，1998年版；魏斌：《北魏末年的青齊士風》，《魏晉南北朝隋唐史資料》第22輯，武漢大學文科學報編輯部，2005年版；羅新：《青徐豪族與宋齊政治》，《原學》第一輯，中國廣播電視出版社，1994年版；韓樹峰：《青齊豪族在南北朝的變遷》，《國學研究》第五卷，北京大學出版社，1998年。

啓的另一面便是齊人好使詐術，司馬遷在《三王世家》中也承認「齊地多變詐，不習於禮義」。足智與變詐的不同，源於評價立場的差異。如齊人鄒陽就被《漢書》評爲「爲人有智略，慷慨不苟合」。漢晉之際青齊地區出了不少才德俱佳的名士，如鄭玄、國淵、邴原、王修、管寧等，當然也不乏將智術用於權變者。一個地區的文化常具多面性，僅以一端定性，難免陷於偏頗。劉躍進先生《釋「齊氣」》一文，從《典論‧論文》「徐干時有齊氣」入手，全面分析了齊地風俗的特點，認爲齊土之民舒緩闊達、好智辯，齊學有不主故常，重貫通的特點。此外，齊人富於幻想，齊地是黃老之術的發源地，道家文化發達，讖緯之風也是由齊地蔓延全國。〔註13〕

但爲什麼《洛陽伽藍記》特別強調青齊之變詐呢？這應結合當時的歷史背景來考察。青齊地區自十六國時期以來經歷了石趙、前燕、後燕、南燕、劉宋、北魏的統治，唐長孺先生指出，慕容德佔據青齊建立南燕政權時，一批河北豪強隨同南渡，他們是慕容德的重要依靠力量。此後從五世紀至六世紀中葉（398～534），一直是該地區極具影響力的團體，故唐先生稱這股結合了宗族、鄉里力量的河北豪強爲「青齊土民」。他們在南燕滅亡後，逐漸在青齊地區紮根。〔註14〕青齊土民在劉宋滅南燕，北魏攻取青齊，北魏末年各鎮起義等政治變遷中是一支重要力量。東晉義熙六年，劉裕滅南燕，《資治通鑒》卷一百一十五云：

> 裕忿廣固久不下，欲盡坑之，以妻女以賞將士。韓範諫曰：「晉室南遷，中原鼎沸，士民無援，強則附之，既爲君臣，必須爲之盡力。彼皆衣冠舊族，先帝遺民；今王師弔伐而盡坑之，使安所歸乎！竊恐西北之人無復來蘇之望矣。」裕改容謝之，然猶斬王公以下三千人，沒入家口萬餘，夷其城隍，送超詣建康，斬之。

韓範所言「衣冠舊族」，即指依附南燕的青齊豪強，劉裕雖然沒有盡坑之，仍斬殺三千餘人，沉重打擊了青齊豪強。直至泰始之前，青齊豪族仍受到壓制。據韓樹峰統計，劉裕滅南燕後所置青州刺史20人，無一當地豪族。〔註15〕這也爲青齊豪強在劉宋末年皇位之爭中依違兩端埋下伏筆。泰始年間，宋明帝劉彧與晉安王劉子勛爲爭奪帝位展開激鬥，《宋書‧崔道固傳》云：

〔註13〕劉躍進：《釋「齊氣」》，《文獻》，2008 年第 1 期。
〔註14〕唐長孺：《北魏的青齊土民》。
〔註15〕韓樹峰：《青齊豪族在南北朝的變遷》。

> 崔道固，清河人也。……景和元年（465），出爲寧朔將軍、冀州刺
> 史，鎮歷城。泰始二年，進號輔國將軍，又進號征虜將軍。時徐州
> 刺史薛安都同逆，上即還道固本號，爲徐州代之。道固不受命，遣
> 子景微、軍主傅靈越率眾赴安都。既而爲土人起義所攻，屢戰失利，
> 閉門自守。會四方平定，上遣使宣慰，道固奉詔歸順。

《魏書・房法壽傳》云：

> 母亡歲餘，遇沈文秀、崔道固起兵應劉子勳。明僧皓、劉乘民起兵
> 應劉彧，攻討文秀。法壽亦與清河太守王玄邈起兵西屯，合討道固。
> 玄邈以法壽爲司馬，累破道固軍，甚爲歷城所憚。

從崔道固的反覆無常可知，青齊豪強對於劉宋政權忠誠度不高，進攻崔道固的所謂「土人」，實際上是另一派青齊豪強。劉宋皇室的內鬥，在青齊地區演化爲豪強間的爭鬥。他們又引北魏勢力進入該地區，魏將慕容白曜進兵青齊，皇興三年（469）北魏佔據青齊，青齊豪族從此處於北魏統治之下。北魏攻佔青州後，爲鞏固政權，消除隱患，擄青齊豪族平民八千餘戶，遷徙到北魏首都平城（今山西大同），稱「平齊戶」。當時，青州東陽城的民戶全部遷走。這些遷走的民戶，待遇也是不同的。最高一等是「客」，其次是一般地主和士族，稱「平齊民」，最底層的是兵士和平民，多被充爲奴婢。這些「平齊戶」的處境是比較淒慘的，他們有的想方設法逃回青州，或者投奔南方政權。〔註16〕

但青齊豪族並沒有一蹶不振，魏孝文帝遷都洛陽，重定姓族，推行漢化。太和年間，「高祖選盡物望，河南人士，才學之徒，咸見申擢」，不僅准許平齊民還鄉、且對才望兼允之人加以陞擢，如房景先、房景伯、房堅、房靈建、劉芳、崔光、崔僧淵、崔亮、崔長文等人均得到提拔。青齊豪族或還居本鄉，或進入朝廷效力，重新獲得士族地位。《魏書・崔僧淵傳》云：

> 僧淵入國，坐兄弟徙於薄骨律鎮，太和初得還。高祖聞其有文學，
> 又問佛經，善談論，敕以白衣賜衲幘，入聽於永樂經武殿。後以僧
> 淵爲尚書儀曹郎。遷洛之後，爲青州中正。尋出爲征東大將軍、廣
> 陵王羽咨議參軍，加顯武將軍，討海戎於黃郭，大破之。

〔註16〕　「平齊民」、「平齊戶」相關研究參見許福謙：《「平齊民」與「平齊戶」試釋》，
　　　　《首都師範大學學報》，1982 年第 4 期；邢丙彥：《〈「平齊民」與「平齊戶」
　　　　試釋〉商榷》，《上海師範大學學報》，1983 年第 4 期；嚴耀中：《平齊民身份
　　　　與青齊士族集團》，《上海師範大學學報》，1983 年第 1 期。

儘管如此，在孝文帝統治的延興元年（471）至太和五年（481）之間的十年中，青齊地區仍出現了青州封辨、齊州司馬小君、光州孫晏、齊州劉舉、青州主簿崔次恩等反叛。青齊豪強向來難以征服，在北魏攻打青齊時，便出現了「沈文靜、高崇仁擁眾不朝，扇擾邊服。崔僧右、蓋次陽、陳顯達連兵淮海，水陸鋒起，揚旌而至，規援青齊。士民洶洶，莫不南顧」（《魏書·慕容白曜傳》）的景象，沈文秀、崔道固均在慕容白曜進兵時頑強堅守，給魏軍製造了巨大困難。到北魏末年六鎮起義，青齊豪強暴動也不斷爆發。《魏書·肅宗紀》云：

> （孝昌元年二月）齊州魏郡民房伯和聚眾反，會赦，乃散。

> （孝昌元年三月）齊州清河民崔畜殺太守董遵，廣川民傅堆執太守劉莽反，青州刺史、安樂王鑒討平之。

> （孝昌二年十二月）齊州平原民劉樹、劉蒼生聚眾反，州軍破走之，劉樹奔蕭衍。

> （孝昌三年三月）齊州廣川民劉鈞執清河太守邵懷，聚眾反，自署大行臺。清河民房須自署大都督，屯據昌國城。

《魏書·莊帝紀》云：

> （建義元年五月）齊州郡民賈皓聚眾反，夜襲州城，會明退走。

> （建義元年五月）光州人劉舉聚眾數千反於濮陽，自稱皇武大將軍。

由此可見，雖然孝文帝採取了懷柔政策，恢復了青齊豪強的政治地位。但作為新附地區，青齊仍是北魏的不安定因素所在，《魏書·曹世表傳》云：「孝昌中，青齊頻年反亂。」建義元年（528），莊帝即位不久即有齊郡民賈皓聚眾反，夜襲州城。說明劉懷珍在新占青齊時所歎「齊之士民，安肯甘心左袵邪」的情況並未改變。〔註17〕故永安年間（528～530），莊帝委派其舅李延實任青州刺史時，表達了「懷磚之俗，世號難治」的憂慮。事實證明莊帝的擔心不無道理，李延實到任不久，普泰元年（531）青州便發生了大暴動，《魏書·前廢帝紀》云：

> （普泰元年三月）鎮遠將軍清河崔祖螭聚青州七郡之眾十餘萬人圍東陽。

〔註17〕《資治通鑒》卷一百三十二，中華書局，1956年版，第4132頁。

這次暴動發動了七郡十萬餘人，可見規模之大。暴動也反映了北魏末年城民（中央委派之世襲兵）與土民（地方豪強）間的矛盾。崔祖螭即崔僧淵之子，其父被高祖擢升，其子旋即反叛，正所謂「向背速於反掌」。

綜上所述，青齊之俗的形成，與該地區在南北朝時期曾隸屬於多個政權，以及青齊豪強自身的政治升降、民族心理認同等因素有著密切關係。莊帝站在最高統治者的立場，特別強調青齊之俗澆薄，也應該從當時青齊豪強的表現來理解。

歷史的敘述往往是累積而成，《洛陽伽藍記》的這段記錄對後世影響頗大，蓋因楊氏的概括，形成了一種敘述話語，爲後世文獻所沿用。元代于欽《齊乘》卷五《風土》云：

> 此亦五胡南北亂離之際，青有此俗，蓋牧守有賢否，民心有好惡，上之黜陟賞罰不足以厭其心，激之使然也。甚則至於孫恩之醢縣令，黃巢之殺官吏，豈特懷磚而已。《書》云：「予視天下愚夫愚婦，一能勝已予。」聖人之畏民如此，寧有怒上之俗哉。〔註18〕

《古今圖書集成》卷二百六十五《青州府部彙考七・青州風俗考》在引述《洛陽伽藍記》後云：

> 正以貪風壞俗，爭民奪施，不可不愼耳，非眞有其事也。太守亦尊重矣，民烏得而擊之！見擊者爲誰乎？無其人，唯虛語耳。而耳食者執以爲口實，深可嗤也。此千古之贗事，故特辨之。〔註19〕

這兩則方志材料專門針對《洛陽伽藍記》而發，《齊乘》文中之「懷磚之俗」直接出自《洛陽伽藍記》。這一方面說明《洛陽伽藍記》此段記錄影響之大，後世方志編者不得不特加辨析。另一方面，從二者反對以「懷磚之俗」概括青齊民風來看，《洛陽伽藍記》「懷磚之俗」僅適用於描述北魏末年之青齊士風。

第二節　史識與史論

一、史料剪裁與傳奇筆法

《洛陽伽藍記》作爲拓跋之別史，可以通過與《魏書》的比較，探究楊

〔註18〕 于欽：《齊乘》卷五，乾隆四十六年（1781）序刻本。
〔註19〕 《古今圖書集成》第84冊，第5頁。

衒之獨特的史學思想和成就。我們知道,「春秋筆法」始終伴隨中國古代史學的發生與發展,純粹客觀的歷史敘述實際上並不存在。史書寫作是對已發生的歷史事件進行剪裁、整理和敘述的過程。敘述者對於事件的認知角度及道德評判,將不可避免地體現在史書寫作中。

《洛陽伽藍記》所記史事主要集中於北魏最後四十年,即太和十九年(495)遷都洛陽至永熙三年(534)京師遷鄴。這是北魏盛極轉衰,並最終走向分裂的時段,其間劇烈的政治變動,因有《洛陽伽藍記》的存在,提供給後人正史之外一份良可寶貴的記錄。當然,《洛陽伽藍記》作為一部地志,限於體例,不可能如正史般作全景式的記錄,也正因如此,使本書獲得了更大的取捨空間和敘述自由,試以莊帝誅殺尒朱榮事件為例,將永寧寺條與《魏書・莊帝紀》作一比較:

	《洛陽伽藍記・永寧寺》	《魏書・莊帝紀》
心理準備	時太原王位極心驕,功高意侈,與奪任情,臧否肆意。帝怒謂左右曰:「朕寧作高貴鄉公死,不作漢獻帝生。」	未記
行事藉口	九月二十五日,詐言產太子,榮、穆併入朝。	未記
誅殺過程	榮、穆併入朝,莊帝手刃榮於明光殿,穆為伏兵魯暹所煞。榮世子部落大人亦死焉。	帝殺榮天穆於明光殿,及榮子儀同三司菩提。
發佈詔書	未記	……既位極宰衡,地逾齊、魯,容養之至,豈復是過?但心如猛火,山林無以供其暴;意等漏巵,江河無以充其溢。既見金革稍寧,方隅漸泰,不推天功,專為己力,與奪任情,臧否肆意,無君之迹,日月以甚。拔髮數罪,蓋不足稱;斬竹書愆,豈云能盡?方復託名朝宗,陰圖釁逆,睥睨天居,窺覘聖曆。乃有裂冠毀冕之心,將為拔本塞源之事。天既厭亂,人亦悔禍,同惡之臣,密來投告。將而必誅,罪無容捨……
安撫榮部	遣主書牛法尚謂(尒朱那律)歸等曰:「……罪止榮身,餘皆不問。卿等何為不降?官爵如故。」 遣侍中朱元龍齎鐵券與(尒朱)世隆,待之不死,官位如故。	未記
交兵過程	詳寫莊帝的抵抗與渡河: 帝即出庫物置城西門外,募敢死之士以討世	記錄雙方交戰過程: 冬十月癸卯朔,封安南將軍、大鴻臚卿元

	隆。一日即得萬人，與歸等戰於郭外，凶勢不摧。歸等屢涉戰場，便引擊刺。京師士眾未習軍旅，雖皆義勇，力不從心。三日頻戰，而遊魂不息。帝更募人斷河橋。有漢中人李苗為水軍，從上流放火燒橋。（尒朱）兆自雷陂涉渡，擒莊帝於式乾殿。帝初以黃河奔急，謂兆得猝濟，不意兆不由舟楫，憑流而渡。是日水淺，不沒馬腹，故及此難。書契所記，未之有也。	寶炬為南陽王，……以討世隆。乙卯，通直散騎常侍、假平西將軍、都督李苗以火船焚河橋，尒朱世隆退走。丙辰……世隆至建州，刺史陸希質拒守，城陷，盡屠之。丁卯，詔以世隆北叛，河內固守，其在城督將文武普加二級，兵士給復三年。壬申，尒朱世隆停建興之都，尒朱兆自晉陽來會之，共推太原太守、行并州刺史長廣王曄為主，大赦所部，號年建明，普泛四級。十有二月壬寅朔，尒朱兆寇丹谷。都督崔伯鳳戰歿，都督羊文義、史五龍降兆，大都督源子恭奔退。甲辰，尒朱兆、尒朱度律自富平津上，率騎涉渡，以襲京城。事出倉卒，禁衛不守。
莊帝之死	遂囚帝還晉陽，縊於三級寺。帝臨崩禮佛，願不為國王。又作五言曰：「權去生道促，憂來死路長。懷恨出國門，含悲入鬼鄉。隧門一時閉，幽庭豈復光？思鳥吟青松，哀風吹白楊。昔來聞死苦，何言身自當！」至太昌元年冬，始迎梓宮赴京師，葬帝靖陵，所作五言詩即為輓歌詞。朝野聞之，莫不悲慟。百姓觀者，悉皆掩涕而已！	甲寅，尒朱兆遷帝於晉陽。甲子，崩於城內三級佛寺，時年二十四。

從上表可知，《魏書》的記載多點到為止，《洛陽伽藍記》則分出詳略，楊衒之捨棄了發佈詔書部分，對交戰過程作有選擇的詳寫，重點突出了莊帝招募敢死之士，盡力抵抗的部分。楊氏對莊帝殺榮前的各項準備，以及殺榮後希圖安撫榮部的記錄，是《魏書》所闕失的，凸顯了莊帝既希望擺脫傀儡地位，又實力不足的尷尬處境。毫無疑問，對莊帝心理狀態的刻畫，使整個事件顯得真實可信，敘事也更為豐滿。故四庫館臣評曰：「敘尒朱榮等變亂之事，委曲詳盡，多足與史傳參證。」〔註20〕相比之下《魏書》的敘述就顯得平板，其羅列尒朱榮及其部下平定葛榮、邢杲、元顥之亂，並多次得到莊帝嘉獎諸事，其間並無尒朱榮和莊帝的矛盾記錄。《洛陽伽藍記》的敘述更具體可讀。至於殺榮的過程，雖然永寧寺條沒有詳寫，但在宣忠寺條中非常詳細：

> 永安末，莊帝謀殺尒朱榮，恐事不果，請計於徽。徽曰：「以生太子為辭，榮必入朝，因以斃之。」莊帝曰：「后懷孕未十月，今始九

〔註20〕《四庫全書總目》卷七十·史部地理類三·《洛陽伽藍記》條。

月,可爾已不?」徽曰:「婦生產子,有延月者,有少月者,不足爲
怪。」帝納其謀,遂唱生太子,遣徽特至太原王第,告云皇儲誕育。
值榮與上黨王天穆博戲,徽脫榮帽,懽舞盤旋。徽素大度量,喜怒
不形於色,繞殿內外懽叫,榮遂信之,與穆併入朝。莊帝聞榮來,
不覺失色。中書舍人溫子昇曰:「陛下色變。」帝連索酒飲之,然後
行事。

表面平和的事態下暗藏殺機,謀事者棋行險招,稍有不慎便可全盤皆輸。這
段驚心動魄的敘述,筆法顯係承自《史記·項羽本紀》之「鴻門宴」。漢代以
後官修史書逐漸佔據主導地位,史筆亦漸趨程式化。以《魏書》爲例,其帝
紀實等同於記事編年,且惜墨如金,極少對事件過程作全面記錄。《史記》所
樹立的重場面與細節,強調史家個性與情感投射,富於傳奇色彩的寫作方式
正逐漸式微。作爲「別史」的《洛陽伽藍記》能很好地繼承這點,確屬難能
可貴。

二、獨立的史識

所謂「史識」,應包括著史者對於歷史事件與人物的理解與評判,以及秉
筆直書、忠於史實的直筆精神。楊衒之作爲北魏末年政治變動的親歷者,對
當時的政治人物自有其評價。楊氏獨特的史識,需要我們在文獻中尋繹。本
文試選幾個代表性人物加以探討。

讀《洛陽伽藍記》者大多對莊帝寄予欽佩和同情,作爲手無實權而又頗
具膽略的帝王,他留給世人印象最深的事件莫過於手刃尒朱榮。尒朱榮是開
啓北魏末年政治動盪和國家覆亡的罪魁禍首,莊帝殺榮是大快人心的事件。
《魏書》卷一〇四《自序》云:「及莊帝殺尒朱榮,遇禍於河陰者,其家率相
弔賀。」楊衒之讚揚莊帝之膽略,對其兵敗被殺亦深表同情。不過,莊帝並
不是一個完美的人物,甚而是一個權力欲望很強的人,楊衒之通過有限的篇
幅,曲折地表達了這點。首先,尒朱榮入洛之初,與尚未即位的莊帝是同盟
關係。永寧寺條云:

（榮）遂於晉陽,人各鑄像不成,唯長樂王子攸像光相具足,端嚴
特妙。是以榮意在長樂。遣蒼頭王豐入洛,約以爲主。長樂即許之,
共克期契。

不僅如此,在尒朱榮進兵洛陽時,莊帝是其內應,永寧寺條云:

四月十一日榮過河內，至高頭驛。長樂王從雷陂北渡，赴榮軍所。

神軌、季明等見長樂王往，遂開門降。

從現有史料看，莊帝確非甘居人下之輩。《魏書·鄭先護傳》：「莊帝之居藩也，先護深自結托。及尒朱榮稱兵向洛，靈太后令先護與鄭季明等固守河梁，先護聞莊帝即位於河北，遂開門納榮。」《魏書·鄭季明傳》：「武泰中，潛通尒朱榮，謀奉莊帝。」《魏書·楊逸傳》：「建義初，莊帝猶在河陽，逸獨往謁。帝特除給事黃門侍郎，領中書舍人。」《魏書·李遁傳》：「尒朱榮稱兵向洛，次其郡境，莊帝潛濟河北相會。遁既聞榮推奉莊帝，遂開門謁侯，仍從駕南渡。」《北齊書·高乾傳》：「魏孝莊之居藩也，乾潛相託付。」可見莊帝居藩之時便已廣結親附，圖謀王祚。而莊帝的態度，對當時洛陽守將開城投降起到了關鍵作用，使尒朱榮一路兵不血刃進入洛陽。作爲回報，尒朱榮將他推上了帝王之位。

好景不長，尒朱榮在控制了北魏朝政後，退居晉陽以遙控洛陽。永安三年九月，莊帝詐言產太子引尒朱榮入朝，手刃尒朱榮、元天穆於光明殿。十月，尒朱世隆、尒朱兆奉長樂王元曄爲王，改元建明。十二月，尒朱兆攻入洛陽，擒莊帝，縊於晉陽三級寺。

我們注意到，莊帝誅殺尒朱榮的理由，從詔書上看，列其「河陰之役，安忍無親。王公卿士，一朝塗地，宗戚靡遺，內外俱盡」（《魏書·莊帝紀》）的罪狀，有爲王室復仇的動因。而永寧寺條記其私下對左右言「朕寧作高貴鄉公死，不作漢獻帝生」，潛意識中仍有權力欲望因素。據陳爽的研究，河陰之變實際上是尒朱榮和莊帝共謀的結果，二者均需清除反對者。〔註21〕因此，誅殺尒朱榮一定程度上可看作是莊帝——尒朱榮集團內部權力傾軋事件。

建明二年，尒朱世隆廢長廣王，立廣陵王元恭，史稱前廢帝，改元普泰。在此之前，廣陵王爲避禍佯啞不語，不預世事，居然遭到莊帝的猜疑，平等寺條云：

莊帝疑恭奸詐，夜遣人盜掠衣物，復拔刀劍欲殺之，恭張口以手指

舌，竟乃不言。莊帝信其眞患，放令歸第。

從這件事可以看出，莊帝對自身的法統地位始終存有疑慮，畢竟他是借助尒朱榮勢力上臺的。最能說明此點的，是他借河陰殺戮之機除掉了長兄彭城王

〔註21〕陳爽：《河陰之變考略》，《中國社會科學院歷史研究所學刊》第 4 集，商務印書館 2007 年版。

劭，《魏書・尒朱榮傳》云：

> 師次河內，重遣王相密來奉迎，帝與兄彭城王劭、弟始平王子正於
> 高渚潛渡以赴之。榮軍將士咸稱萬歲。於時武泰元年四月九日也。

《北史・尒朱榮傳》云：

> （榮）又命二三十人拔刀走行宮，莊帝及彭城王、霸城王俱出帳。
> 榮先遣并州人郭羅察共西部高車叱列殺鬼在帝左右，相與爲應。及
> 見事起，假言防衛，抱帝入帳，餘人即害彭城、霸城二王。

據《魏書・彭城王勰傳》，元劭是彭城王勰嫡嗣，莊帝的長兄，莊帝即位後被
封無上王。莊帝當初潛赴尒朱榮軍中，彭城、霸城兩個兄弟是他的追隨者，
尒朱榮沒有必要將他們也殺掉。細繹《北史》，可知這當是莊帝和尒朱榮合謀
的結果，莊帝與兄弟同出帳，士兵假言防衛，藉故害之。胡三省認爲：

> 劭，彭城嫡嗣，且魏主兄也，封爲無上王，言其尊無上也。有君而
> 言無上，君子是以知魏主之不終也。〔註22〕

考慮到莊帝對元恭的猜忌，莊帝本人希望將這兩個兄弟除掉便不難理解。楊
衒之對於莊帝的批評，是通過其與廣陵王的對比曲折表達的，龍華寺條云：

> 獅子者，波斯國胡王所獻也。爲逆賊万俟醜奴所獲，留於寇中。永
> 安末，醜奴破滅，始達京師。莊帝謂侍中李彧曰：「朕聞虎見獅子必
> 伏，可覓試之。」於是詔近山郡縣捕虎以送。鞏縣、山陽並送二虎
> 一豹。帝在華林園觀之，於是虎豹見獅子，悉皆瞑目，不敢仰視。
> 園中素有一盲熊，性甚馴，帝令取試之。虞人牽盲熊至，聞獅子氣，
> 驚怖跳踉，曳鎖而走。帝大笑。普泰元年，廣陵王即位，詔曰：「禽
> 獸因之，則違其性，宜放還山林。」獅子亦令送歸本國。送獅子者
> 以波斯道遠，不可送達，遂在路殺獅子而返。有司糾劾，罪以違旨
> 論，廣陵王曰：「豈以獅子而罪人也？」遂赦之。

這則故事中，莊帝流露出喜看爭鬥，爭強好勝的性格。相比之下，廣陵王則
顯得寬厚通達，頗有儒風。莊帝與廣陵王都是強臣所立，並無多少實權，但
在關鍵場合，廣陵王卻能夠堅持原則，毫不示弱。平等寺條在寫到評價尒朱
榮功過時，廣陵王不滿邢子才的赦文，並說：「永安手翦強臣，非爲失德；直
以天未厭亂，故逢成濟之禍。」謂左右：「將詔來，朕自作之。」顯示出強硬
的姿態。其後在拒封史仵龍、楊文義，評其「於王有勳，於國無功」。譏刺尒

〔註22〕《資治通鑒》卷一五二，第 4741 頁。

朱世隆任命尒朱仲遠先斬後奏等問題上，均寸步不讓，大義凜然。這與莊帝在河陰之變後評價尒朱榮「世抱忠孝，功格古今」（《魏書·莊帝紀》）的諂媚態度截然不同。《洛陽伽藍記》對於莊帝頻有暗諷，對廣陵王則無一貶詞，體現了作爲史家的楊衒之所持的帝王應以仁德爲本的價值觀念。

　　對照《魏書》，我們發現其與《洛陽伽藍記》所記人物形象常有差異。例如元徽，楊衒之在上引宣忠寺條中詳細記錄了其在莊帝誅殺尒朱榮時所起的重要作用，在諸王各懷二望時對莊帝不離不棄，對元徽的忠誠和智謀極爲讚賞。後來元徽逃難投奔寇祖仁，爲其所害，楊氏對這位忠臣的不幸遭遇深表同情，並言：「崇善之家，必有餘慶；積禍之門，殃所畢集。祖仁負恩反噬，貪貨殺徽，徽即託夢增金馬，假手於兆，還以斃之。使祖仁備經楚撻，窮其塗炭，雖魏侯之笞田蚡，秦主之刺姚萇，以此論之，不能加也。」以報應不爽之說對寇祖仁予以鞭撻，但這位忠烈之士卻被魏收塑造成了另一副形象，《魏書·元徽傳》云：

　　　徽性佞媚，善自取容，挾內外之意，宗室親戚莫與比焉。遂與彧等勸帝圖榮，莊帝亦先有意。榮死，世隆等屯據不解。除徽太保，仍大司馬、宗師、錄尚書事，總統內外。徽本意謂榮死後，枝葉自應散亡。及尒朱宗族，聚結計難，徽算略無出，憂怖而已。

　　　性多嫉妒，不欲人居其前。每入參謀議，獨與帝決。朝臣有上軍國籌策者，並勸帝不納，乃云小賊何慮不除。又吝惜財用，自家及國。於是有所賞錫，咸出薄少，或多而中減，與而復追。徒有廩費，恩不感物。莊帝雅自約狹，尤亦徽所贊成。太府少卿李苗，徽司徒時司馬也，徽待之頗厚。苗每致忠言，徽自得志，多不採納。苗謂人曰：「城陽本自蜂目，而豺聲復將露也。」及尒朱兆之入，禁衛奔散，莊帝步出雲龍門。徽乘馬奔度，帝頻呼之，徽不顧而去。

很難想像一個對莊帝忠肝義膽的臣子，會在危難之際不顧而去，前後相差如此之大。對於《魏書》是否爲「穢史」的問題，本文無法全面探討，但《魏書》的某些記錄確有不實之處，劉頒所評《魏書》「黨齊毀魏」現象也確實存在。〔註23〕元徽形象的不同也可以從這個角度理解，雖然《魏書》完成之時已是齊天保五年（554），但由於高齊的發家與尒朱榮部族有千絲萬縷的聯繫，書中仍多爲尒朱榮諱，《魏書·尒朱榮傳》對榮頗有讚語，元徽形象之被扭曲，

〔註23〕中華書局標點本《魏書》附錄《舊本魏書目錄敍》，第3063頁。

也就不足爲奇了。又如劉宣明，崇眞寺條云：

> 橋北大道西有建陽里，大道東有綏民里，里內有河間劉宣明宅。神
> 龜年中，以直諫忤旨，斬於都市。託目不瞑，屍行百步，時人談以
> 枉死。宣明少有名譽，精通經史，危行及於誅死。

《魏書・肅宗紀》則云：

> 九月庚寅，皇太后幸嵩高山。癸巳，還宮。瀛州民劉宣明謀反，事
> 覺，伏誅。

《魏書・楊昱傳》云：

> 神龜二年，瀛州民劉宣明謀反，事覺逃竄。

關於劉宣明是以「直諫忤旨」獲罪，還是謀反伏誅，因史料不足無法詳考。
范祥雍先生對此有辨析：

> 衒之謂「時人談以枉死」，此可以正史之訛。《北史・肅宗紀》與《資
> 治通鑒》皆不載此事，當亦是疑《魏書》之語爲妄而刪之。又按《魏
> 書》五十八《楊昱傳》云：「神龜二年（519），瀛州民劉宣明謀反，
> 事覺逃竄。（元）義乃使（武昌王元）和及元氏誣告昱藏隱宣明。」
> 此雖出於元義誣告，然宣明必與楊昱素稔，故能構成罪詞。楊昱爲
> 楊椿之子，一門富貴，交往冠冕，宣明如爲其友，必非平民可知。
> 又史稱楊播弟兄「恭德愼行，爲世師範，漢之萬石家風，陳紀門法，
> 所不過也。諸子秀立，青紫盈庭」。由此而論，宣明爲人略可推知。
> 魏收書多誣，劉宣明一事幸賴此文爲之雪冤，亦可見楊氏之具有史
> 才也。〔註24〕

元徽與劉宣明在當時應該都是頗爲知名的人物，他們的共同點在於都是政治
鬥爭的失敗者，楊衒之曾借趙逸之口說「國滅之後，觀其史書，皆非實錄，
莫不推過於人，引善自向」。《魏書・靈徵志》在敘及永寧寺九層浮圖火災時
曾言：「永寧見災，魏不寧矣。勃海，齊獻武王之本封也。神靈歸海，則齊室
將興之驗也。」暴露出其對高齊的諂佞。《洛陽伽藍記》永寧寺條則僅云「俄
然霧起，浮圖遂隱」，並未發揮祥異。〔註25〕楊衒之在平等寺條提到：「永熙
元年，平陽王入纂大業，始造五層塔一所。平陽王，武穆王少子。詔中書侍

〔註24〕 范祥雍：《洛陽伽藍記校注》，上海古籍出版社，1978 年版，第 87 頁。
〔註25〕 王伊同先生認爲永寧寺條這段文字「詭造異說，以符天命」，但筆者不認爲有
　　　　這種意圖。見王伊同：《詮譯「洛陽伽藍記」志餘》，《清華學報》第 15 卷，
　　　　1983 年 12 月。

郎魏收等爲寺碑文。」平陽王是在廣陵王之被廢死後即位的，故招致楊氏譏刺，對魏收的碑文也省去不錄。我們知道，楊氏對永寧寺條之常景碑文，景明寺條之邢子才碑文，大覺寺條之溫子昇碑文均有引用，此處不引，可能是出於對魏收的不滿。因此，不排除楊氏不滿於當時的官方定論，而特地爲這兩個失敗者保存一點史料，以供後人憑弔的可能。

三、史學思想

周一良先生指出，史書中的「序」或「論贊」，常常最能體現作史者的史學思想。〔註 26〕從《左傳》開始，史家便以「君子曰」的形式對史事加以評論，後被太史公《史記》所繼承，成爲史書中不可或缺的部分。不過在《左傳》中，「君子」並不是作者或某個特定人物的稱謂，而是才德之士的通稱。司馬遷將它改造爲史傳文末論贊，以「太史公曰」的形式出現，對人事興廢加以品評，「序」、「論贊」遂成爲探究史家史學思想的重要窗口。

《洛陽伽藍記》中的按語是作者現身評論的部分，雖然不多，但頗能從側面反映楊氏的史學思想，以下將此類文字作一統計：

章　節	內　　　容
永寧寺條	銜之曰：「昔光武受命，冰橋凝於滹水；昭烈中起，的盧踴於泥溝。皆理合於天，神祇所福，故能功濟宇宙，大庇生民。若兆者蜂目豺聲，行窮梟獍，阻兵安忍，賊害君親，皇靈有知，鑒其凶德！反使孟津由膝，贊其逆心。《易》稱天道禍淫，鬼神福謙，以此驗之，信爲虛說。」
昭儀尼寺條	銜之按，杜預注《春秋》云翟泉在晉太倉西南。按晉太倉在建春門內，今太倉在東陽門內，此地今在太倉西南，明非翟泉也。後隱士趙逸云：「此地是晉侍中石崇家池，池南有綠珠樓。」於是學徒始寤，經過者，想見綠珠之容也。
明懸尼寺條	銜之按，劉澄之《山川古今記》、戴延之《西征記》並云晉太康元年造，此則失之遠矣。按澄之等並生在江表，未遊中土，假因徵役，暫來經過，至於舊事，多非親覽，聞諸道路，便爲穿鑿，誤我後學，日月已甚。
大統寺條	銜之按，蘇秦時未有佛法，功德者不必是寺，應是碑銘之類，頌其聲迹也。
宣忠寺條	楊銜之云：「崇善之家，必有餘慶；積禍之門，殃所畢集。祖仁負恩反噬，貪貨殺徽，徽即託夢增金馬，假手尒兆，還以斃之。使祖仁備經楚撻，窮其塗炭，雖魏侯之笞田蚡，秦主之刺姚萇，以此論之，不能加也。」
凝玄寺條	銜之按，惠生《行紀》事多不盡錄，今依《道藥傳》、《宋雲家記》，故並載之，以備缺文。

〔註 26〕 周一良：《略論南朝北朝史學之異同》，《魏晉南北朝史論集續編》，北京大學出版社，1991 年版，第 100 頁。

景寧寺條〔註27〕	元慎解夢，義出萬途，隨意會情，皆有神驗。雖令與後小乖，按令今百里，即是古諸侯。以此論之，亦爲妙著，時人譬之周宣。
凝玄寺條	按嚈噠國去京師二萬餘里。 案于闐國境，東西不過三千餘里。

從上表可知，「銜之按」或「按」基本上是考證史料，這是本書地志性質使然。永寧寺條的「銜之曰」、宣忠寺條的「銜之云」則與史書論贊頗爲類似。我們發現這兩處均引用了《周易》，前者出自《周易・謙卦》：「天道虧盈而益謙，地道變盈而流謙。鬼神害盈而福謙，人道惡盈而好謙。」後者出自《周易・坤卦・文言》：「積善之家，必有餘慶，積不善之家，必有餘殃。」都是對於天道人事的哲理言說，永寧寺條對鬼神福謙說予以激烈的否定，宣忠寺條則對善惡報應之說加以肯定。我們知道，《洛陽伽藍記》的記事基本附於寺廟之下，雖然史事佔有相當的篇幅，但從性質上說本書是一部地志。〔註28〕魏晉南北朝時期地志創作繁榮，從《漢唐方志輯佚》所輯殘存地志來看，地志中兼敘史事是通行的寫法，各家記敘只有詳略之別。〔註29〕以《洛陽伽藍記》而言，如果說側重記事仍不出地志範疇，那麼史論則完全突破了地志的限制。我們注意到，這兩條史論所對應的史事一反一正，其中永寧寺條尒朱兆得天助而擒莊帝，對《周易》歷史哲學提出了嚴峻挑戰。魏晉南北朝時期的史書寫作，尤其重視對社會風化、世道人心的引導作用。《晉書・陳壽傳》云：

> 故治書侍御史陳壽作《三國志》，辭多勸誡，明乎得失，有益風化，雖文豔不若相如，而質直過之，願垂採錄。

《晉書・司馬彪傳》云：

> 先王立史官以書時事，載善惡以爲沮勸，撮教世之要也。

《魏書・崔鴻傳》載崔鴻《上〈十六國春秋〉表》云：

> 自晉永寧以後，雖所在稱兵，競自尊樹，而能建邦命氏，成爲戰國者，十有六家。善惡興滅之形，用兵乖會之勢，亦足以垂之將來，

〔註27〕 最後兩條沒有「銜之」二字，可能因小考證而省略。

〔註28〕 高敏先生在《試論魏晉南北朝時期史學的興盛及其特徵和原因》一文中提出「方志體史書」爲當時史著之一類，良爲有見，不過他把《洛陽伽藍記》歸入佛教經典傳記，似對本書的「拓跋之別史」性質估計不足。參高敏：《魏晉南北朝史發微》，中華書局，2005 年版。

〔註29〕 劉緯毅：《漢唐方志輯佚》。

昭明勸誡。

《周書‧柳虯傳》載柳虯上疏曰：

> 古者人君立史官，非但記事而已，蓋所以為監誡也。

《文心雕龍‧史傳篇‧贊》云：

> 史肇軒黃，體備周孔。世歷斯編，善惡偕總。騰褒裁貶，萬古魂動。
> 辭宗邱明，直歸南董。

上引《晉書‧陳壽傳》文，是陳壽死後，梁州大中正范頵等上表對《三國志》所作評價。從中可見時人最看重的是《三國志》「辭多勸誡，明乎得失，有益風化」的作用，歷史記錄反退居其次了。《文心雕龍》關於史傳的讚語，則說明了這種看法的普遍性。

　　周一良先生在評價《魏書》序、論時，認為其「就事論事為主，拘泥於一人一事論其功過。其議論標準固是儒家倫理道德，而對於拓跋氏一朝政治上興衰得失，沒有通觀全局的評論⋯⋯議論的思辨性不強。」〔註30〕與《魏書》不同的是，《洛陽伽藍記》這兩條史論雖因一時一事而發，卻帶有對歷史人事的終極思考。劉知幾《史通‧序例篇》說：「魏收作例，全取蔚宗。」周一良先生也認為：「《魏書》傳志標目及紀傳之次序，亦多合乎范氏，知伯起確嘗取則於蔚宗也。」〔註31〕不過魏收吸取了《後漢書》的傳目序例，卻未借鑒范曄最得意的論贊，《宋書‧范曄傳》載其《獄中與諸甥侄書》云：

> 吾雜傳論，皆有精意深旨，既有裁味，故約其詞句。至於《循吏》以下及《六夷》諸序論，筆勢縱放，實天下之奇作。其中合者，往往不減《過秦》篇。嘗共比方班氏所作，非但不愧之而已。欲遍作諸志，《前漢》所有者悉令備。雖事不必多，且使見文得盡。又欲因事就卷內發論，以正一代得失，意復未果。贊自是吾文之傑思，殆無一字空設，奇變不窮，同合異體，乃自不知所以稱之。此書行，故應有賞音者。

《後漢書》議論縱橫，筆勢縱放的特點已為世所公認。《後漢書》未被《魏書》吸取的論贊，卻深深影響了《洛陽伽藍記》的史論寫作。據《魏書‧孝靜帝

〔註30〕　周一良：《略論南朝北朝史學之異同》，《魏晉南北朝史論集續編》，第102～103頁。

〔註31〕　周一良：《魏收之史學》，《魏晉南北朝史論集》，北京大學出版社，1997年版，第283頁。另，周一良：《魏晉南北朝史札記》「魏收襲用南朝史書」條指出，《魏書》曾採沈約《宋書》，說明當時南朝史籍流至北方較為普遍。

紀》，元善見曾「口詠范蔚宗《後漢書》贊」，說明范氏論贊在北朝影響之大。漢代以降，史家常從儒家歷史哲學出發評論史事，其中最常被引用的典籍便是《周易》。研讀《周易》是魏晉南北朝時期的學界潮流，無論經學、玄學，均奉《周易》爲經典。史家亦有研習《周易》的傳統，漢代司馬遷「受《易》於楊何」（《太史公自序》），《漢書》作者班固深受孟（喜）京（房）《易》學影響。干寶、孫盛、崔浩都曾注《易》。袁宏《後漢紀·光武紀》卷三記載廣漢人李業，因不應朝廷徵辟，飲鴆而死，袁氏評論道：

> 《易》曰「無譽無咎」，衰世之道也。若夫潔己而不污其操，守善而不遷其業，存亡若一，滅身不悔者，此亦貞操之士也。嗚呼！天道之行，萬物與聖賢並通。及其衰也，君子不得其死，哀哉！〔註32〕

《後漢紀·光武紀》卷七云：

> 袁宏曰：《書》稱「協和萬邦」，《易》曰「萬國咸寧」。然則諸侯之治，建於上古，未有知其所始者也。〔註33〕

漢晉之際，經史尚未完全分途，史書論贊未褪經學氣息。不過從另一個角度講，史家將歷史與儒學哲理相對照，推動了史論的發展。用《周易》史觀檢視史事，在史家中較爲普遍的。范曄《後漢書》除史事多襲取《後漢紀》外，史論也深受其影響。周天遊先生指出：「袁宏《紀》卷二十二論風俗變遷，上下縱貫近千年，筆勢放縱，較客觀地反映了從春秋至漢末之風俗變遷的概貌。被後人推崇的范曄《黨錮列傳·序》其中兩漢風俗部分，實取資於袁《紀》。」〔註34〕《後漢書》序論中亦常引《易》論史，如《後漢書·宦者傳》開頭云：

> 《易》曰：「天垂象，聖人則之。」宦者四星，在皇位之側，故《周禮》置官，亦備其數。閹者守中門之禁，寺人掌女宮之戒。

《後漢書·律曆志》云：

> 論曰：《易》有太極，是生兩儀。兩儀之分尚矣，乃有皇犧。

除直接引用外，還有不少暗引，如《後漢書·馬融傳》云：

> 論曰：馬融辭命鄧氏，逡巡隴漢之間，將有意於居貞乎？注云：隴漢之間謂客於漢陽時。《易·屯卦·初九》曰：「磐桓利居貞。」

〔註32〕 袁宏撰，周天遊校注：《後漢紀校注》，天津古籍出版社，1987年版，第58頁。
〔註33〕 《後漢紀校注》，第183頁。
〔註34〕 《後漢紀校注·前言》。

《後漢書・劉焉傳》云：

> 論曰：劉焉睹時方艱，先求後亡之所，庶乎見幾而作。注云：《易》曰：
> 「君子見幾而作，不俟終日。」又曰：「幾者動之微，吉之先見。」

《後漢書・袁紹傳》云：

> 歷觀古今書籍所載，貪殘虐烈無道之臣，於操為甚。莫府方詰外奸，
> 未及整訓，加意含覆，冀可彌縫。而操豺狼野心，潛包禍謀，乃欲
> 橈折棟梁，孤弱漢室。注云：《周易》「橈橈之凶，不可有以輔」也。

由此可見，楊衒之引《易》論史，與當時史學主流一致，不排除其受《後漢書》的某些影響。〔註35〕不過，正如永寧寺條認為天道虧盈而益謙屬於「虛說」，並非所有的人事興廢都能被《周易》所解釋。實際上，《後漢紀》中，也流露出重人事而輕天命的思想：

> 尚書令王允奏曰：「太史王立說孝經六隱事，令朝廷行之，消卻災邪，
> 有益聖躬。」詔曰：「聞王者當修德爾，不聞孔子製孝經，有此而卻
> 邪者也。」允固奏請曰：「立學深厚，此聖人秘奧，行之無損。」帝
> 乃從之。常以良日，王允與王立入，為帝誦《孝經》一章，以丈二
> 竹算畫九宮其上，隨日時而去入焉。及允被害，乃不復行也。

> 袁宏曰：神實聰明正直，依人而行者也。王者崇德，殷薦以為饗天
> 地，可謂至矣。若夫六隱之事，非聖人之道也，匹夫且猶不可，而
> 況帝王之命乎？

所謂「六隱」，是一種遁甲之術。據《後漢書・方術傳》：「遁甲，推六甲之陰而隱遁也。」而王允自身的經歷恰好提供了反證，故袁宏強調「王者崇德」，揚棄天命思想，對《洛陽伽藍記》應該是有影響的。引《易》論史，表明了史家對於歷史規律和人事興廢的思考，但評論史事經常也會惹來麻煩，胡寶國先生談到北方沒有修史自由時談到：

> 崔浩前後，北方地區圍繞史書的修撰就常常有或大或小的政治風波
> 出現。從前趙的公師彧、前秦的趙淵，一直到北齊的魏收，都是如
> 此。北魏崔鴻曾私撰《十六國春秋》，但完成之後「不敢顯其書」，
> 也是因為「其書有與國相涉，言多失體」，害怕惹來政治上的麻煩。

〔註35〕 《洛陽伽藍記・序》「三墳五典之說，九流百氏之言，並理在人區，而義兼天外。」即本於《後漢書・西域傳論》「神迹詭怪，則理絕人區；感驗明顯，則事出天外」，可見楊氏對《後漢書》不乏參考。

考慮到這種種類似事件的不斷發生，我們感到北方史學似乎與現實
政治及專制皇權存在著更為密切的關係，皇權總要干預史書的修
撰。〔註36〕

北魏史家李彪說：「國之大籍，成於私家，末世之弊，乃至如此，史官之不遇，
時也」（《魏書·李彪傳》），在他看來，私家與史官是截然兩分的，私家修史
是末世才有的亂象。另外，也有北方史家認為民間修史將導致眾說紛紜，莫
衷一是。如柳虬認為：「著漢魏者，非一氏；造晉史者，至數家。後代紛紜，
莫知準的」（《周書·柳虬傳》）。北朝史論不如南朝，修史限制可能也是一個
原因。在這種背景下，曾任北魏秘書監的楊衒之，以「正一代得失」態度，
用地志的形式，對北魏歷史予以採錄。在可能的情況下，能以史論的方式對
作亂者加以批判，就顯得尤為可貴了。《洛陽伽藍記》的存在，也為北朝史學
在南北史學度長絜短的天平上增添一個砝碼。

第三節　地志與行記

一、地志的繁榮與《洛陽伽藍記》的產生

魏晉南北朝是我國地志創作的高峰期，湧現出大量的州郡地志，《隋書·
經籍志》地理類序曰：

> 齊時，陸澄聚一百六十家之說，依其前後遠近，編而為部，謂之《地
> 理書》。任昉又增陸澄之書八十四家，謂之《地記》。陳時，顧野王
> 抄撰眾家之言，作《輿地志》。隋大業中，普詔天下諸郡，條其風俗
> 物產地圖，上於尚書。故隋代有《諸郡物產土俗記》一百五十一
> 卷，《區宇圖志》一百二十九卷，《諸州圖經集》一百卷。其餘記注
> 甚眾。

因地志數量龐大，故《隋志》列舉輯錄眾家性質的《地理書》、《輿地志》予
以說明。隋代統一全國後，在此基礎上修成《諸郡物產土俗記》一百五十一
卷，《區宇圖志》一百二十九卷，《諸州圖經集》一百卷。劉知幾說「地理為
書，陸澄集而難盡」，〔註37〕可見任、陸所集僅是一部分，唐代仍能看到眾多

〔註36〕 胡寶國：《漢唐間史學的發展》，商務印書館，2005 年版，第 199 頁。
〔註37〕 劉知幾撰，浦起龍注：《史通通釋》卷三《書志第八》，上海古籍出版社，1978
　　　 年版。

的地志。清王謨《漢唐地理書鈔》輯地志 249 種（包括存目），劉緯毅《漢唐方志輯佚》收集達 440 種，倉修良先生認爲地志的繁榮與門第制度有關：

> 地記的產生與發展，同門第制度的形成有著十分重要的關係。門第制度需要標舉郡望，以顯示自己門第的高貴，因此，單純誇耀本地人物出眾顯然還不能滿足要求，還需要宣傳產生這些傑出人物的地理條件等的優越，於是這兩種內容就自然的結合起來。〔註38〕

《三國志・虞翻傳》注引《會稽典錄》載會稽人虞翻誇耀家鄉之語，即爲這種郡望意識的體現：

> 夫會稽上應牽牛之宿，下當少陽之位，東漸巨海，西通五湖，南暢無垠，北渚浙江，南山攸居，實爲州鎮，昔禹會群臣，因以命之。山有金木鳥獸之殷，水有魚鹽珠蚌之饒，海嶽精液，善生俊異，是以忠臣係踵，孝子連閭，下及賢女，靡不育焉。

地志的類型，大略有圖經、風土志、異物志（草木狀）、山川記、耆舊傳（先賢贊）、宮殿簿、寺塔記、從征記、高僧行記等。除門閥制度外，還有其他因素促成了地志的繁榮。首先，前代地理書如《山海經》、《禹貢》以來形成的地理意識，一直影響後人致力於地志寫作。如張華《博物志》卷一開頭云：

> 余視《山海經》及《禹貢》、《爾雅》、《說文》、地志，雖曰悉備，各有所不載者，作略說。出所不見，粗言遠方，陳山川位象，吉凶有徵。諸國境界，犬牙相入。春秋之後，並相侵伐。其土地不可具詳，其山川地澤，略而言之，正國十二。博物之士，覽而鑒焉。〔註39〕

我國自古就有博物傳統。孔子說讀《詩經》可以「多識於鳥獸草木之名」，周秦諸子著作如《莊子》、《呂氏春秋》、《爾雅》等書均留意殊方風俗的介紹。漢武帝以來，隨著西北交通道路的開闢，大量西域異物的傳入，使西者所記異域山川地理，大大拓展了人們的視野。自東漢楊孚《異物志》產生以來，中古時期出現過 20 多部以《異物志》命名的作品。據王晶波的研究，魏晉南北朝時期的《異物志》以記南方異物爲多，反映了當時北方中原地區與南方交通往來的頻繁。〔註40〕其次，各類地志的繁榮都有其原因，如高僧行記的發達，與僧人西行求法盛行有關，向達先生認爲：「佛教初入中國，宗派未

〔註38〕倉修良：《方志學通論》，齊魯書社，1990 年版，第 123 頁。

〔註39〕張華著，范寧校正：《博物志》，中華書局，1980 年版，第 7 頁。

〔註40〕王晶波：《從地理博物雜記到志怪傳奇——〈異物志〉的生成演變過程及其與古小說的關係》，《西北師大學報》，1997 年第 4 期。

圓，典籍多闕，懷疑莫決。於是高僧大德發憤忘食，履險若夷。輕萬死以涉蔥河，重一言之奈苑。魏晉以降，不乏其人，紀行之作時有所聞。」〔註41〕山川記的發達與魏晉以來士人形成的寄情山水有關。〔註42〕從征記的出現則與文士從軍征戰有關，如戴延之《西征記》，即因隨劉裕西征姚泓而作。

地志創作的繁榮，是《洛陽伽藍記》賴以產生的深厚土壤。各種類型的地志創作，很大程度上為《洛陽伽藍記》的產生提供了寫作經驗。曹虹教授在探討《洛陽伽藍記》源流時曾指出，歷代名城名都記，如陸機《洛陽記》、《洛陽宮殿簿》，戴延之《洛陽記》、《西征記》，劉澄之《山川古今志》等地志作品，實為本書之先導。〔註43〕明懸尼寺條對劉澄之《山川古今記》、戴延之《西征記》的辨偽，凝玄寺條引《宋雲行記》、《惠生行記》，均顯示出楊氏對於地志的熟悉。《洛陽伽藍記》中清晰的方位感，記地理兼敘歷史，喜記風俗志怪，多載草木異物的寫法，均可在同時及前代地志中找到根源。至於本書的結構，第一章第二節已指出其受高僧行記的深刻影響。

在眾多地志湮滅的情況下，《洛陽伽藍記》能流傳後世，固然有多種原因。如楊氏吸收漢晉辭賦的寫作手法，〔註44〕形成穠麗秀逸的風格，文筆上顯得鶴立雞群（這點將在下一章詳細討論）。從地志角度看，則要歸功於楊衒之的史學意識。楊氏在《序》中說：「今之所錄，止大伽藍。其中小者，取其祥異，世諦俗事，因而出之。」「祥異」和「俗事」成為選擇記敘對象的標準，換句話說，地理實際上成了歷史的配角。在一般地志中，後者是前者的配角。試從《漢唐方志輯佚》中選取幾則分析，〔註45〕晉宋之際人紀義《宣城記》云：

> 臨城縣南四十里有蓋山。百許步有舒姑泉。昔有舒女，與父析薪於此泉。女因坐，牽挽不動，乃還靠家。比還，唯見清泉湛然。女母

〔註41〕 向達：《唐代長安與西域文明》，三聯書店，1957年版，第565頁。

〔註42〕 參胡寶國：《漢唐間史學的發展》之《州郡地志》。

〔註43〕 曹虹：《洛陽伽藍記釋譯・源流》，佛光文化事業有限公司，1998年版，第330頁。

〔註44〕 參曹虹：《洛陽伽藍記與漢晉辭賦傳統》，《古典文獻研究》第11輯，鳳凰出版社，2008年版。此外，曹虹在《洛陽伽藍記釋譯・源流》認為「《洛陽伽藍記》儘管不乏前導，實際上卻因其富於創意和個人才情，而成為現存佛教文史典籍中寺塔記著作的奠基之作。」《洛陽伽藍記釋譯》，第331頁。

〔註45〕 雖然現存的漢唐方志大多為片斷，但多數條目首尾完整，仍可以作為分析對象。

日，吾女好音樂。乃作絃歌。泉湧洄流。有朱鯉一雙，今人作樂嬉戲，泉故湧出。〔註46〕

南朝宋・雷次宗《豫章記》云：

松陽門內有大梓樹，大四十五圍，舉樹盡枯死。永嘉中，一旦忽更榮茂。太興中，元皇帝果繼大業。庾仲初《楊都賦》云：「弊梓擢秀於祖邑」也。宣帝祖爲豫章太守，故云祖邑也。〔註47〕

佚名《吳地記》云：

袁山松城，《晉書》云，左將軍袁山松，陳郡任。時爲吳郡太守，隆安五年築此城，在滬瀆邊，江城之以禦。孫恩圍山松於此，城陷，害山松。城今爲波潮所沖，以半毀江中。山松城東夾江，又有二城相對，闔閭所築，以備越處。〔註48〕

以上三則均在記敘地理時兼及歷史掌故，不過無論介紹歷史事件或引用文獻，都非常簡略，決不過度展開，且結尾處復歸於地理敘述。這也是地志的普遍特點——地理是敘述核心，歷史人文作爲附加部分，沒有獨立的地位，也不能單獨剝離。《洛陽伽藍記》打破了這種寫法，書中描寫寺廟與敘述歷史的章節常可各自獨立。以永寧寺條爲例，記敘河陰之變的三個領起句：「建義元年，太原王尒朱榮總士馬於此寺」；「永安二年五月，北海王元顥復入洛，在此寺聚兵」；「永安三年，逆賊尒朱兆囚莊帝於寺」雖然提及寺廟，但從「建義元年」、「永安二年」、「永安三年」這三個連續的年份可以看出，這三句實際上是爲引出歷史敘事而設。假如抽掉開頭和結尾記敘寺廟部分，這段文字稍作處理即可獨立成章，成爲一篇河陰之變別史。另外如秦太上君寺條，雖然也有寺廟浮圖的描寫，但主體部分是通過幾個人物間的問答，介紹青齊士風的特點和由來。青齊士風與秦太上君寺唯一的聯繫，只在李延實之宅與該寺同處暉文里。至於崇眞寺條與正覺寺條，前者記五比丘事，後者記王肅因南方生活習慣飽受嘲弄事，均只敘人事不及地理。類似的例子書中不勝枚舉，《洛陽伽藍記》善於通過延伸敘述歷史人事，較少受地理限制，且篇幅遠遠超過地理，故而能使全書顯得更爲精彩充實，這也是《洛陽伽藍記》高出普通地志之處。

〔註46〕《漢唐方志輯佚》，第204頁。
〔註47〕《漢唐方志輯佚》，第246頁。
〔註48〕《漢唐方志輯佚》，第292頁。

二、《宋雲惠生行紀》文本構成新證

《洛陽伽藍記》第五卷所錄《宋雲惠生行紀》是書中較爲獨特的部分，它綜合了《宋雲行紀》、《惠生行紀》和《道藥傳》三部作品而成。《宋雲惠生行紀》（學界一般認爲其構成主體爲《宋雲行紀》，故慣稱「宋雲行紀」。爲避免混淆，下文簡稱這部三合一的作品爲「《行紀》」，《宋雲行紀》則特指宋雲所撰行紀）作爲中古交通史上的重要文獻，向來受到國內外學者的關注。二十世紀以來，沙畹、內田吟風、長澤和俊、丁謙、周祖謨、范祥雍、余太山等學者均有研究發表。〔註 49〕文獻整理方面，清末民初杭州人丁謙有《宋雲西域求經記地理考證》，收於《浙江圖書館叢書》第二集。張星烺《中西交通史料彙編》第六冊第九十八節有《宋雲行記》注釋。〔註 50〕1869 年英國漢學家塞繆爾・比爾（Samuel. Beal, 1825～1889）將《行記》譯爲英文：《法顯，宋雲遊記：從中國至印度的佛教朝聖之旅》。〔註 51〕沙畹《宋雲行紀箋注》、周祖謨《洛陽伽藍記校釋》和范祥雍《洛陽伽藍記校注》的「宋雲行紀」部分、余太山《「宋雲行紀」要注》所作箋注均極精審。專題研究上，一些懸而未決的問題也得到澄清，如關於宋雲、惠生出使的時間，《行紀》、《釋迦方志》記爲神龜元年（518），《魏書・釋老志》記爲熙平元年（516）。內田吟風較早注意到宋雲是官吏，惠生是僧人，指出二者出使任務和目的不同，受詔時間也有先後之別，惠生於熙平元年受詔，他和宋雲、法力等一同出行則在兩年後的神龜元年。之所以延期出發，是因爲柔然征討高車發生了叛亂，至 518 年叛亂平息，出行方成爲可能。〔註 52〕長澤和俊、余太山沿著內田的思路，

〔註49〕 沙畹撰，馮承鈞譯：《宋雲行紀箋注》，載《西域南海史地考證譯叢六編》，收於《西域南海史地考證譯叢》第 2 卷，商務印書館，1962 年重印，1995 年北京第 2 次影印，第 1～68 頁。內田吟風：《後魏宋雲釋惠生西域求經記考證序說》，《塚本博士頌壽紀念佛教史學論集》，京都，1961 年版，第 113～124 頁。長澤和俊：《論所謂的〈宋雲行紀〉》，收於氏著，鍾美珠譯《絲綢之路史研究》，天津古籍出版社，1990 年版，第 490～511 頁。丁謙：《宋雲西域求經記地理考證》，《浙江圖書館叢書》第 2 集。周祖謨：《洛陽伽藍記校釋》，科學出版社，1958 年版。范祥雍：《洛陽伽藍記校注》，上海古籍出版社，1978 年版。余太山：《宋雲、惠生西使的若干問題》、《「宋雲行紀」要注》，收於《早期絲綢之路文獻研究》，上海人民出版社，2009 年版，第 46～72、268～302 頁。

〔註50〕 張星烺編著，朱則勤校訂：《中西交通史料彙編》，中華書局，1978 年版。

〔註51〕 *Travels of Fah-Hian and Sung-Yun: Buddhist Pilgrims, from China to India (400 A. D. and 518 A. D.)*, Londres Trubner, 1869.

〔註52〕 內田吟風：《後魏宋雲釋惠生西域求經記考證序說》。

進一步指出二人出使路線、歸國時間也有不同，並理清了使團經行的路線。
〔註53〕特別是余太山先生的近著《早期絲綢之路文獻研究》一書，是目前《行紀》研究最爲全面的著作。

《行紀》的文本構成是筆者關注的重點，目前學界普遍認爲楊衒之以《宋雲行紀》爲底本，兼收《惠生行紀》、《道藥傳》（亦稱《道榮傳》）合併而成，陳寅恪先生指出這種編輯方式爲「合本子注」，爲學界廣泛接受，長澤和俊亦贊同《行紀》是楊衒之編纂以上三書而成。〔註54〕近來，余太山先生提出新見，認爲《惠生行紀》在書中並不存在。他說：「沒有證據表明衒之摘錄了《惠生行紀》的內容，『宋雲行紀』的內容採自《宋雲家紀》和《道榮傳》」。〔註55〕筆者認爲，《惠生行紀》在書中是存在的，傳統觀點未可輕易否定，不僅如此，學界一般認爲《惠生行紀》在書中居於從屬地位的觀點，也值得商榷。

（一）

余太山先生否定書中有《惠生行紀》的理由可歸納爲三點：一、惠生是書中提到宋雲時附帶提及；二、提及兩者共同活動時，宋雲名字在前；三、全部行程取決於宋雲；此外，余先生推測楊衒之不錄《惠生行紀》的原因，在於其過於簡略。〔註56〕

關於第一點，即惠生是否爲附帶提及的問題，有重新討論的必要。《洛陽伽藍記》卷五「凝玄寺條」開頭云：

> 聞義里有敦煌人宋雲宅，雲與惠生俱使西域也。神龜元年十一月冬，太后遣崇立寺比丘惠生向西域取經，凡得一百七十部，皆是大乘妙典。初發京師，西行四十日，至赤嶺……

余先生認爲「提及『惠生行紀』是因爲『雲與惠生俱使西域』」，但實際上剛好相反，這段文字雖然先提宋雲，目的卻爲引出惠生。「神龜元年」以下，敍

〔註53〕 長澤和俊：《論所謂的〈宋雲行紀〉》；余太山：《宋雲、惠生西使的若干問題》。

〔註54〕 陳寅恪：《讀〈洛陽伽藍記〉書後》，《陳寅恪史學論文選集》，上海古籍出版社，1992年版，第454～458頁；長澤和俊：《論所謂的〈宋雲行紀〉》，《絲綢之路史研究》，第502頁。

〔註55〕 余太山：《宋雲、惠生西使的若干問題》，《早期絲綢之路文獻研究》，第57頁。

〔註56〕 余太山：《宋雲、惠生西使的若干問題》，《早期絲綢之路文獻研究》，第54～55頁。

惠生奉詔西行及所得大乘妙典，均與宋雲無涉（宋云是外交使節，惠生是僧人，求大乘妙典是惠生的任務），敘述重點實已轉向惠生。細繹文意，「初發京師」的主語顯爲惠生。《行紀》下文有「惠生初發京師之日，皇太后敕付五色百尺幡千口」之語也是證明。故「神龜元年十一月冬」很可能就是《惠生行紀》的開頭。筆者作此推測的另一個依據是《洛陽伽藍記》的敘事慣例。《洛陽伽藍記》有一種獨特的寫作筆法，即善於引發聯繫，而被引發者往往是下文的敘述重點。以「正始寺條」爲例：

> 敬義里南有昭德里。里內有尚書僕射游肇、御史中尉李彪、七兵尚書崔休、幽州刺史常景、司農張倫等五宅。彪、景出自儒生，居室儉素，惟倫最爲豪侈。……倫造景陽山，有若自然。……天水人姜質，志性疏誕，麻衣葛巾，有逸民之操，見倫山愛之，如不能已，遂造《庭山賦》行傳於世。其辭曰：「今偏重者，愛昔先民之重由樸由純，然則純樸之體，與造化而梁津……

本段敘述次序爲：昭德里有張倫等五臣宅──張倫最豪奢，造景陽山──姜質賞景陽山而作《庭山賦》──錄《庭山賦》全文。環環相扣，構成一個敘述鏈。這種類似移步換景的筆法，在《洛陽伽藍記》中相當普遍。如「景寧寺條」，其敘述鏈爲：孝義里張景仁宅──張景仁宴請陳慶之──陳慶之被楊元愼羞辱──楊元愼爲人解夢。因此，筆者認爲「凝玄寺條」的寫作順序是：聞義里宋雲宅──宋雲與惠生俱使西域──錄《惠生行紀》文。這點在第五卷末尾得到印證：

> 惠生在烏場國二年，西胡風俗，大同小異，不能具錄。至正光三年二月始還天闕。

> 衒之按《惠生行記》事多不盡錄，今依《道榮傳》、《宋雲家記》，故並載之，以備缺文。

這段按語清楚地表明，第五卷所錄應爲《惠生行紀》，因其記事「不盡錄」，故以《道藥傳》和《宋雲家記》「並載之」。也就是說，整篇《行紀》的底本是《惠生行紀》，《道藥傳》和《宋雲家記》是起「以備缺文」的作用。楊衒之寫作《洛陽伽藍記》具有清晰的體例意識，書中按語尤其值得重視。〔註57〕楊氏在結尾以惠生的行程作結，顯係呼應開頭。余先生謂「沒有證據表明衒

〔註57〕關於楊衒之的體例意識，可參本書第二章第二節對《洛陽伽藍記·序》的討論及注釋。

之摘錄了《惠生行紀》的內容」與事實不符。需要說明的是,《宋雲家記》(包括下文的《宋雲魏國以西十一國事》),當爲《宋雲行紀》的別稱,中古時期私家著述常有多個名稱,如《法顯傳》便有《歷遊天竺記傳》、《佛國記》、《法顯行傳》等多個別名。

(二)

接下來的問題是,既然楊衒之認爲《惠生行紀》「事多不盡錄」,爲何還要以之爲底本?我們注意到,李延壽在編寫《北史·西域傳》時,《宋雲行紀》和《惠生行紀》還存有單行本,即《隋志》著錄之《慧生行傳》一卷和《新唐書·藝文志》著錄之《宋雲魏國以西十一國事》一卷。在這種情況下,李氏同樣選擇《惠生行紀》爲依據。〔註58〕《北史·西域傳》云:

> 初,熙平中,肅宗遣王伏子統宋雲、沙門法力等使西域,訪求佛經。時有沙門慧生者,亦與俱行,正光中還。慧生所經諸國,不能知其本末及山川里數。蓋舉其略云……

筆者經對勘,《北史》下文所敘朱居、渴槃陀、鉢和、波知、賒彌、乾陀七國,內容均本於《行紀》。文中的「慧生(即『惠生』)所經諸國」尤值得注意,如果《北史》史料本於《宋雲行紀》,則應作「宋雲所經諸國」。〔註59〕另外要說明的是,《北史》這段文字的並非襲自上引《洛陽伽藍記》卷五「凝玄寺條」之開頭,兩者所敘年代與派遣者均不同,卻都不約而同將主導者歸於惠生,可見李延壽實際上將《行紀》視作《惠生行紀》。一個旁證是,《大正藏》史傳部所收《行紀》也命名爲《北魏僧惠生使西域記》。法人沙畹也說:

> 按《慧生行傳》,李延壽似已見之;蓋《北史·西域傳》嚈噠迄乾陀羅諸條顯爲錄諸行紀之文。〔註60〕

〔註58〕 雖然《魏書》成書年代要早於《北史》,但今本《魏書·西域傳》是後人據《北史·西域傳》所補,故筆者以《北史》爲討論對象。不過,因《魏書·西域傳》至宋始佚,故不排除《北史》沿襲《魏書》的可能。因《慧生行傳》、《宋雲魏國以西十一國事》在唐時仍存,魏收或李延壽都可見到,《西域傳》的編寫者是誰對本文的討論並無實質影響。另外,沙畹等也傾向於《北史·西域傳》出於李延壽之手。參余太山:《〈魏書西域傳〉原文考》,載《學術集林》卷八,上海遠東出版社,1996年版,第210~236頁。

〔註59〕 長澤和俊、松田壽男也認爲是據《惠生行紀》所寫,見《絲綢之路史研究》,第500頁。

〔註60〕 沙畹:《宋雲行紀箋注·緒言》,《西域南海史地考證譯叢六編》,第2頁。

可見沙畹也認爲《慧生行傳》是李延壽《北史・西域傳》的史料依據，他的
箋注命名爲《宋雲行紀箋注》可能只是遷就學界的習慣提法。

　　《惠生行紀》雖有記載不夠詳盡的缺點，但筆者認爲它多記山川地理的
特點，恰是楊衒之、李延壽選擇它爲底本的重要原因。以《洛陽伽藍記》而
言，介紹使團首先需要清晰的路線和沿途各國山川地理概貌，〔註61〕在此基
礎上可兼錄使者活動；以《北史》而言，其載錄重點在於各國的地理位置、
山川風貌、民俗習慣，即所謂「本末及山川里數」，行紀中使者活動內容則不
在選錄範圍。如《北史・西域傳》「吐呼羅國條」云：

> 吐呼羅國，去代一萬二千里。東至范陽國，西至悉萬斤國，中間相
> 去二千里；南至連山，不知名，北至波斯國，中間相去一萬里。薄
> 提城周匝六十里，城南有西流大水，名漢樓河。土宜五穀，有好馬、
> 駝、騾。其王曾遣使朝貢。

李延壽批評《惠生行紀》「不能知其本末及山川里數」，我們的理解不能絕對
化，李氏非言《惠生行紀》對這些內容全無記載，而是記載偏於簡略，符合
正史要求的材料不多。李氏苛責的原因，在於他找不到《惠生行紀》以外的
資料，中華書局本《北史》標點者指出：

> 惠生所歷尚有吐谷渾、鄯善、于闐，嚈噠諸國，上文已見，故不重
> 敘。〔註62〕

很明顯，吐谷渾、鄯善、于闐、嚈噠等國史料多見，《北史・西域傳》不必據
《惠生行紀》。而朱居、渴槃陀等七國則只能依《惠生行紀》。《北史・西域傳》
「朱居國條」云：

> 朱居國，在于闐西。其人山居，有麥，多林果。咸事佛，語與于闐
> 相類，役屬嚈噠。

「渴槃陀國條」云：

> 渴槃陀國，在葱嶺東，朱駒波西。河經其國東北流，有高山，夏積
> 霜雪。亦事佛道，附於嚈噠。

這兩條傳文均本於《惠生行紀》，同時也是《西域傳》諸國中篇幅較少的，原

〔註61〕　《洛陽伽藍記》中對於地理方位敘述客觀而準確，參林文月：《洛陽伽藍記的
　　　　　冷筆與熱筆》，《中古文學論集》，大安出版社，1989 年版，第 253〜299 頁。
〔註62〕　《北史》卷九十七《西域傳》校勘記〔五一〕，中華書局，1974 年版，第 3246
　　　　　頁。《北史・西域傳》之「嚈噠國」條，大部分內容並非出於《行紀》，前引
　　　　　沙畹之說可商。

因便是《惠生行紀》未能提供更多的資料。既然如此，《北史》為何不用《宋雲行紀》呢？只有一種可能，即相比於《惠生行紀》，《宋雲行紀》山川地理記載更不足道。關於這點，我們需要具體分析《行紀》的內容。

（三）

綜觀《行紀》，很容易發現各國介紹篇幅的不均衡。為分析方便，我們將《行紀》分為三個部分：

	起　　　　　止	內　　　容	字　數
第一部分	初發京師……是以行者望風謝路耳。	記吐谷渾至賒彌國等9國事	二千
第二部分	十二月初入烏場國……道榮至此禮拜而去，不敢留停。	記烏場國事	一千四百
第三部分	至正光元年四月中旬，入乾陀羅國……胡字分明，於今可識焉。	記乾陀羅國事	二千一百

第一部分記事簡潔緊湊，從神龜元年十一月初發京師，至神龜二年十一月到達賒彌國，用約兩千字介紹了吐谷渾、鄯善、于闐、朱駒波、漢盤陀、鉢和、嚈噠、波知、賒彌等九國，篇幅分佈均勻，內容為扼要介紹山川地理風俗。第二部分單寫烏場國，篇幅卻達到一千四百字。楊衒之說：「惠生在烏場國二年，西胡風俗，大同小異，不能具錄。」這是證明《惠生行紀》特點的絕好材料——《惠生行紀》的烏場國部分仍使用第一部分的寫法，即以介紹山川地理為主，對大同小異的風俗內容未加具錄，而《行紀》中之所以有較多的篇幅，是楊衒之以《宋雲行紀》、《道藥傳》補充的結果。

筆者認為，第一部分是《惠生行紀》的原貌，即以簡要記敘經行路線和各國地理風貌為主。第二部分中，開頭敘述烏場國山川地理的部分也屬《惠生行紀》，篇幅與第一部分之嚈噠國近似，約二百字。而佔據篇幅最多的記敘使者活動部分，如宋雲授予烏場國國王詔書，介紹中國聖人；宋雲惠生尋如來教迹；宋雲因覩物思鄉而得病等。不僅內容與前文迥異，且始終以宋雲活動為主線，即使提到惠生，也是與宋雲一同出現，這部分內容應源自《宋雲行紀》。這樣便很好地解釋了余太山先生的第二點理由，即書中提及二人共同活動時宋雲名字在前。至於余先生的第三點理由即全部行程取決於宋雲，我們知道合團出行相互遷就行程本屬常事，更何況兩者具體路線上還有一定差別。

　　第三部分相對複雜，使團於正光元年四月入乾陀羅國，這部分不少篇幅引《道藥傳》，因均有標注，可以不論。這部分所記主要爲宋雲與乾陀羅王對答、宋雲惠生遊歷雀離浮圖二事。前者爲外交活動，且僅有宋雲的活動記錄，故採自《宋雲行紀》可能性較大；後者爲參觀佛教遺迹，以記惠生事迹爲主，其中 4 次提及惠生，僅 1 次提及宋雲，故出自《惠生行紀》可能性較大。另外值得注意的是，本節表述習慣也出現變化，第一部分寫行蹤慣用兩種筆法，一是「從某地西行多少里，至某地」，如「從吐谷渾西行三千五百里，至鄯善城」，「從鄯善西行一千六百四十里，至左末城」。二是「某年某月入某國」，如「九月中旬入鉢和國」，「十月之初，至嚈噠國」。交代時間、路線、地理位置較爲清晰，而第三部分大量出現「西行幾日」，「復西行幾日」，路線和地理交代較爲模糊，可能並非《惠生行紀》之文。

　　至此，我們基本可以推知，《宋雲行紀》詳於記敘使者出使諸國所經之事，特別是涉及外交方面，這與宋雲使者身份有關。《惠生行紀》則多記經行路線、山川地理及與佛教相關的活動。對《北史》作者李延壽來說，雖然《惠生行紀》過於簡略，但《宋雲行紀》偏於記事，可用材料更少。《惠生行紀》因其對經行路線和山川地理的框架性敘述，具備一個完整的結構，故爲楊衒之、李延壽所重視。另外，楊衒之重視《惠生行紀》還與此書的佛教色彩有關。楊氏在《洛陽伽藍記·序》中闡述本書寫作目的，是爲保存北魏繁盛的佛教景觀不致後世無傳，《惠生行紀》作爲一部重要的僧人求法行紀，自然是楊衒之所要載錄保存的對象。從兩種行紀的種種不同，以及宋雲與惠生各自撰寫行紀這件事來看，二人原爲不同使團領袖的可能性較大。

　　綜上所述，筆者認爲《惠生行紀》雖然簡略，但因其對出使路線和山川地理的記敘，故被楊衒之選爲《洛陽伽藍記》第五卷的底本。因此，「惠生行紀」比「宋雲行紀」更適合作爲《宋雲惠生行紀》的簡稱。

第四章　《洛陽伽藍記》的文學特徵

　　《洛陽伽藍記》作爲北朝文學的扛鼎之作，其文學水平歷代均有很高評價。明清以來，隨著《洛陽伽藍記》研究的逐步開展，學者也逐漸意識到此書的文學價值，毛晉《綠君亭本洛陽伽藍記跋》云：

> 鋪揚佛宇，而因及人文。著撰園林、歌舞、鬼神、奇怪、興亡之異，
> 以寓其褒譏，又非徒以記伽藍已也。妙筆葩芬，奇思清峭，雖衛叔
> 寶之風神，王夷甫之姿態，未足以方之矣。

此評前半歎其內容廣博，後半以魏晉玄談兩個代表人物衛玠、王衍的風神姿態與其文學特色相比，不吝讚美之辭。本章我們將具體分析本書在文學領域所取得的成就。

第一節　風格與結構

一、釋「穠麗秀逸」

　　目前所見對《洛陽伽藍記》文學特色最爲精當的概括，當數《四庫全書總目》「洛陽伽藍記條」總結出的「穠麗秀逸」四字，文曰：

> 魏自太和十七年作都洛陽，一時篤崇佛法，剎廟甲於天下。及永熙
> 之亂，城郭丘墟。武定五年，衒之行役洛陽，感念廢興，因捃拾舊
> 聞，追敘故迹，以成是書。……其文穠麗秀逸，煩而不厭，可與酈
> 道元《水經注》肩隨。其兼敍尒朱榮等變亂之事，委曲詳盡，多足
> 與史傳參證。〔註1〕

〔註 1〕　《四庫全書總目》卷七十・地理類・古迹之屬，第 958 頁。

依照林晉士先生的解釋,「穠麗」是指風格華豔赫奕,「秀逸」是指風格清新俊逸。〔註2〕曹虹教授進一步指出,楊衒之文學素養的形成,與其對漢晉辭賦的繼承有密切關係〔註3〕(本書的語言深受漢晉辭賦影響,下一節「造語本於辭賦」部分有詳論)。本書「穠麗」的風格,即源於漢賦工筆刻畫,鋪陳繁複的筆法,尤以永寧寺條最為顯著:

> 中有九層浮圖一所,架木為之,舉高九十丈。上有金剎,復高十丈;合去地一千尺。去京師百里,已遙見之。初掘基至黃泉下,得金像三十軀,太后以為信法之徵,是以營建過度也。剎上有金寶瓶,容二十五斛。寶瓶下有承露金盤一十一重,周匝皆垂金鐸。復有鐵鏁四道,引剎向浮圖四角,鏁上亦有金鐸,鐸大小如一石甕子。浮圖有九級,角角皆懸金鐸,合上下有一百三十鐸。浮圖有四面,面有三戶六窗,戶皆朱漆。扉上各有五行金鈴,其十二門二十四扇,合有五千四百枚。復有金環鋪首,殫土木之功,窮造形之巧,佛事精妙,不可思議。繡柱金鋪,駭人心目。至於高風永夜,寶鐸和鳴,鏗鏘之聲,聞及十餘里。

> 浮圖北有佛殿一所,形如太極殿。中有丈八金像一軀、中長金像十軀、繡珠像三軀、金織成像五軀、玉像二軀,作工奇巧,冠於當世。僧房樓觀,一千餘間,雕梁粉壁,青璅綺疏,難得而言。栝柏椿松,扶疏簷霤;藂竹香草,布護階墀。

> 是以常景碑云:「須彌寶殿,兜率淨宮,莫尚於斯也。」

> 外國所獻經像皆在此寺。寺院牆皆施短椽,以瓦覆之,若今宮牆也。四面各開一門。南門樓三重,通三閣道,去地二十丈,形制似今端門。圖以雲氣,畫彩仙靈,綺錢青璅,赫奕麗華。拱門有四力士、四師子,飾以金銀,加之珠玉,莊嚴煥炳,世所未聞。東西兩門亦皆如之,所可異者,唯樓兩重。北門一道,上不施屋,似烏頭門。四門外,皆樹以青槐,亙以綠水,京邑行人,多庇其下。路斷飛塵,不由淨雲之潤;清風送涼,豈籍合歡之發?

不厭其煩地列舉浮圖的高度,寶瓶的容量,金像、寶鐸、金鈴、窗戶的數量,

〔註2〕 林晉士:《洛陽伽藍記的寫景藝術》,《大陸雜誌》第 91 卷第 4 期。
〔註3〕 曹虹:《洛陽伽藍記與漢晉辭賦傳統》,《古典文獻研究》第 11 輯,鳳凰出版社,2008 年版。

對各類建築、裝飾的形態、色彩的刻畫達到了鉅細無遺的程度。用語華彩炫目，結構井然有序，是較爲典型的漢賦風格。當然，本書非常注意詳略剪裁，並非每個寺廟都以細筆刻畫。永寧寺因其地位重要，故不厭其煩，對另外一些寺廟，則常用參照之法。以「作工之妙，埒美永寧」（瑤光寺條），「佛事莊飾，等於永寧」（秦太上君寺條）之類的簡筆帶過。〔註4〕以上所舉爲刻畫之文，書中的一般敘述部分，同樣富有文採，法雲寺條云：

> （元）或博通典籍，辨慧清悟，風儀詳審，容止可觀。至三元肇慶，
> 萬國齊臻，金蟬曜首，寶玉鳴腰，負荷執笏，逶迤複道，觀者忘疲，
> 莫不歎服。或性愛林泉，又重賓客。至於春風扇揚，花樹如錦，晨
> 食南館，夜遊後園，僚寀成群，俊民滿席。絲桐發響，羽觴流行，
> 詩賦並陳，清言乍起，莫不飲其玄奧，忘其褊郤焉。是以入或室者，
> 謂登僊也。

開善寺條云：

> 當時四海晏清，八荒率職，縹囊紀慶，玉燭調辰，百姓殷阜，年登
> 俗樂。鰥寡不聞犬豕之食，煢獨不見牛馬之衣。於是帝族王侯、外
> 戚公主，擅山海之富，居川林之饒。爭修園宅，互相誇競。崇門豐
> 室，洞戶連房，飛館生風，重樓起霧。高臺芳榭，家家而築；花林
> 曲池，園園而有。莫不桃李夏綠，竹柏冬青。

作者很善於將敘事與寫景融爲一體，並以整飭的駢句寫出，這樣富於文學性的筆法，在地志作品中是比較少見的。勿庸置疑，《洛陽伽藍記》「穠麗」的風格發端於漢賦。不過，鋪張華麗的漢大賦，極少有清新秀逸之作。《洛陽伽藍記》如何在穠麗的色彩和細膩的刻畫中兼顧「秀逸」？筆者認爲可以從兩方面來理解，其一、書中用語偏於雅潔清麗。景明寺條云：

> 青林垂影，綠水爲文，形勝之地，爽塏獨美。山懸堂觀，一千餘間。
> 複殿重房，交疏對霤，青臺紫閣，浮道相通。雖外有四時，而内無
> 寒暑。房檐之外，皆是山池。竹松蘭芷，垂列階墀，含風團露，流
> 香吐馥。寺有三池，葭蒲菱藕，水物生焉。或黃甲紫鱗，出沒於繁
> 藻，或青鳧白雁，浮沉於綠水。碾磑舂簸，皆用水功。伽藍之妙，
> 最得稱首。

〔註4〕詳見林文月：《洛陽伽藍記的文學價值》，《中古文學論叢》，第309～310頁。
　　　林晉士：《洛陽伽藍記的寫景藝術》。

高陽王寺條曰：

> 居止第宅，匹於帝宮。白壁丹楹，窈窕連亘，飛簷反宇，轇轕周通。僮僕六千，妓女五百，隋珠照日，羅衣從風，自漢晉以來，諸王豪侈未之有也。出則鳴騶御道，文物成行，鐃吹響發，笳聲哀轉。入則歌姬舞女，擊築吹笙，絲管迭奏，連宵盡日。其竹林魚池，侔於禁苑，芳草如積，珍木連陰。

我們發現，漢賦中羅列的生僻詞彙，在文中已大爲減少，總體用語顯得雅潔明快。涉及色彩的詞彙均偏清麗，如青、綠、紫、蘭、黃、白。更巧妙的是色彩的搭配，青與綠、青與紫、黃與紫、青與白、白與丹，給人清新秀麗之感。楊衒之曾贊楊元愼「清詞麗句」，稱荊州秀才張斐的五言詩有「清拔之句」，可見他對清麗之風的賞愛。毛晉以「奇思清峭」、《四庫全書簡明目錄》以「文詞秀逸」評本書。可見「清麗」確是《洛陽伽藍記》風格追求的一個重要方面。

其二、善用句式的變化和描寫對象的轉換，使文章極具流動感。寶光寺條曰：

> 園中有一海，號「咸池」。葭葰被岸，菱荷覆水，青松翠竹，羅生其旁。京邑士子，至於良辰美日，休沐告歸，徵友命朋，來遊此寺。雷車接軫，羽蓋成陰。或置酒林泉，題詩花圃，折藕浮瓜，以爲興適。

景林寺條云：

> 凡此諸海，皆有石竇流於地下，西通穀水，東連陽渠，亦與翟泉相連。若旱魃爲害，穀水注之不竭；離畢滂潤，陽穀泄之不盈。至於鱗甲異品，羽毛殊類，濯波浮浪，如似自然也。

楊氏很注意敘寫中的內容轉換，寶光寺條先寫咸池景色，後寫京邑士子結伴遊覽景象。景林寺條先寫水道通達之狀，次寫旱澇應對之策，後寫鱗甲羽毛之趣。筆觸轉換頻繁，避免給人以冗沓之感。選詞用字也很講究，景明寺條之「含風團露，流香吐馥」、寶光寺條之「葭葰被岸，菱荷覆水」、法雲寺條之「丹素炫彩，金玉垂輝」、景林寺條之「丹檻炫日，繡桷迎風」及「嘉樹夾牖，芳杜匝階」、大覺寺條之「春風動樹，則蘭開紫葉，秋霜降草，則菊吐黃花」等，均能很好地寫出景物的動感。從句式上看，多用四字排句，間用四六，增其變化。如「若旱魃爲害，穀水注之不竭；離畢滂潤，陽穀泄之不盈」、

「出則鳴騶御道，……入則歌姬舞女，……」。《序》中之「於是招提櫛比，寶塔駢羅，爭寫天上之姿，競摹山中之影；金剎與靈臺比高，廣殿共阿房等壯。」其中「若」、「或」、「則」、「於是」、「至於」等轉接詞運用自如，達到了很好的效果。以上諸種因素，使本書能成功避免漢賦機械羅列之弊，呈現一種清麗而富有流動性的風格，達到「穠麗」與「秀逸」的統一。

南朝宋鮑照的《蕪城賦》與《洛陽伽藍記·序》一樣，都寫到城市殘破景象，試對比以下兩段文字，《蕪城賦》云：

> 澤葵依井，荒葛罥塗。壇羅虺蜮，階鬥麏鼯。木魅山鬼，野鼠城狐。
> 風嗥雨嘯，昏見晨趨。飢鷹厲吻，寒鴟嚇雛。伏暴藏虎，乳血飧膚。
> 崩榛塞路，崢嶸古逵。白楊早落，塞草前衰。稜稜霜氣，蔌蔌風威。
> 孤蓬自振，驚沙坐飛。

《洛陽伽藍記·序》云：

> 武定五年，歲在丁卯，余因行役，重覽洛陽。城郭崩毀，宮室傾覆，
> 寺觀灰燼，廟塔丘墟。牆被蒿艾，巷羅荊棘。野獸穴於荒階，山鳥
> 巢於庭樹。遊兒牧豎，躑躅於九逵；農夫耕老，藝黍於雙闕。麥秀
> 之感，非獨殷墟；黍離之悲，信哉周室！

《蕪城賦》的刻畫細膩具體，窮形盡相，令人毛骨悚然。從文字看，《蕪城賦》對《洛陽伽藍記·序》有一定影響，但楊氏的刻畫顯得更有節制，篇幅更短，點到為止。最後歸結為「麥秀之感」、「黍離之悲」，以情感涵攝狀物，避免了純狀物帶來的可怖之感。這或許可解釋為「穠麗秀逸」的追求使楊氏自覺避免了過度和極端的刻畫。

應該說楊氏對自己的寫作能力是非常自信的。常景、邢邵、溫子昇都是北魏文壇的大手筆，而永寧寺條引常景碑文，僅及「須彌寶殿，兜率淨宮，莫尚於斯也」；景明寺條引邢子才碑文，僅有「俯聞激電，旁屬奔星」；大覺寺也僅引溫子昇碑文「面水背山，左朝右市」二句。考慮到本書好引篇章的特點——名不見經傳的姜質《亭山賦》都被全文引用——楊氏捨棄三位大手筆的碑文，一手包辦寫景文字，體現出他對獨特文風的追求與自信。

二、敘事結構與情感表達

臺灣學者林文月先生將楊衒之的文筆總結為「冷筆」與「熱筆」。〔註5〕

〔註5〕林文月：《洛陽伽藍記的冷筆與熱筆》，《中古文學論叢》。

冷筆寫寺廟及方位，行文冷靜客觀；熱筆發議論寓褒貶，常帶激昂之情。如永寧寺條對禍亂國家的尒朱兆罵爲「蜂目豺聲，行窮梟獍」，情感之激越躍然紙上。熱筆的存在，顯示了楊衒之對北魏歷史的獨特感知與認識，也使此書超越一般的地志，躋身中古文學經典之列。

冷筆與熱筆在《洛陽伽藍記》中固然涇渭分明，但本書的情感並非全出之以熱筆。楊衒之在《序》中記錄武定五年重遊洛陽所見城郭崩毀、宮室傾覆的景象，由此引發的亡國之痛籠罩全書。筆者認爲，作者的故國之思、黍離之悲，常通過一種無形的敘事結構來傳達。

其一、熱鬧與衰敗場面相繼

永寧寺條，在鋪張敘述了永寧寺「殫土木之功，窮造型之巧」的宏偉建制和精妙造型之後，以塔上寶瓶「隨風而落，入地丈餘」爲轉折，引出北魏末年慘烈的權力爭奪和政局更替，將寺廟和國家興衰緊緊聯繫，從「太原王尒朱榮總士馬於此寺」，到「永安三年，逆賊尒朱兆囚莊帝於寺」，再到永熙三年二月浮屠爲火所燒，七月平陽王元修奔於長安依宇文泰，十月京師遷鄴。約三分之二的篇幅用於敘述這段血腥歷史。

大統寺條，在介紹了該寺的建制之後，轉而寫道：「孝昌初，妖賊四侵，州郡失據，朝廷設募征格於堂之北，從戎者拜曠野將軍、偏將軍、裨將軍，當時甲胄之士，號明堂隊」。寺廟本爲清淨之地，如今卻成募軍之所。文中寫樊元寶的奇遇和駱子淵離奇的死亡，是對異象頻現、國家將亂的暗示。

寶光寺條，此寺本以風景優美著稱，「葭菼被岸，菱荷覆水，青松翠竹，羅生其旁」，後來卻成爲隴西王尒朱天光結集軍隊之所：「刺史隴西王尒朱天光摠士馬於此寺。寺門無何都崩，天光見而惡之。其年，天光戰敗，斬於東市也。」

以上敘述結構中，繁華勝景與戰爭動亂共存，時時提醒讀者輝煌赫熠只是洛陽的過去，衰敗殘破才是洛陽的現狀，使得全書充盈一種歷史感，籠罩著一股悲涼之氣。開善寺條云：

> 于時國家殷富，庫藏盈溢，錢絹露積於廊者，不可較數。及太后賜百官負絹，任意自取，朝臣莫不稱力而去。唯融與陳留侯李崇負絹過任，蹶倒傷踝。侍中崔光止取兩匹，太后問：「侍中何少？」對曰：「臣有兩手，唯堪兩匹，所獲多矣。」朝貴服其清廉。

> 經河陰之役，諸元殲盡，王侯第宅，多題爲寺。壽丘里閻，列刹相
> 望，祇洹鬱起，寶塔高淩。四月初八日，京師士女多至河間寺。觀
> 其廊廡綺麗，無不歎息，以爲蓬萊仙室亦不是過。入其後園，見溝
> 瀆寒産，石磴嶕嶢，朱荷出池，綠萍浮水，飛梁跨閣，高樹出雲，
> 咸皆唧唧，雖梁王兔苑想之不如也。

開善寺條眼前之洛陽，與書中記憶中鼎盛時期之洛陽不同。繁華過後，當年
遺留的綺麗廊廡與精緻園林，徒令後人歎息憑弔。京師士女在河間寺所見，
實即此書帶給讀者的感受。

其二、人物的鼎盛與消逝——河陰之變的結構意義

全盛時期的洛陽，除城市繁華、列刹相望外，人物亦備極一時之盛。追
先寺條所記之元略，「生而岐嶷，幼則老成。博洽群書，好道不倦」。因避難
至江左，得到蕭衍的器重。爲留住元略，蕭衍不同意用他換回大將江革。北
歸後，元略得到明帝重用，言行舉止皆爲朝野楷模。建義元年薨於河陰，贈
太保，諡曰「文貞」。

法雲寺條之元彧，「博通典籍，辨慧清悟」，他性愛林泉，廣結賓客，每
至春和日麗之時，宅中俊民滿席，「絲桐發響，羽觴流行，詩賦並陳，清言乍
起」，能參與聚會者，視之爲登僊。及尒朱兆入京師，彧被亂兵所害，深爲朝
野所痛惜。

高陽王雍貴極人臣，富兼山海。後爲尒朱榮所害。

壽陽長公主莒犁，容色美麗，堅貞不屈，後爲尒朱世隆所殺。

雖然楊衒之對於王公貴族的奢侈頗有批評，但他們畢竟是構成北魏繁榮
圖景不可或缺的部分，更是洛陽繁華的推助者和見證人。這批人被害後，原
本車馬喧闐的王侯宅邸，多捨爲寺廟，世異時移，人事俱非。主人的遭際不
僅決定了宅子的命運，也預示著國家的興亡。故楊氏在開善寺條發出了「河
陰之役，諸元殲盡」之歎。

其三、塔寺的鼎盛與崩毀——京師遷鄴的結構意義

北魏一朝，始終存有遷洛與遷鄴之爭，民間謠讖中也時有體現。〔註6〕如
果說河陰之變在本書微觀敘述結構中，具有打破人物之盛的作用，那麼京師

〔註6〕　參姜望來：《鄴城謠讖與北朝政治變遷》，《魏晉南北朝隋唐史資料》第24輯，
　　　　武漢大學文科學報編輯部。

遷鄴則在大結構上起到否定和歸位的作用。北魏自孝文帝遷都洛陽以來，大力推行漢化政策，經過幾代努力，漸有國勢的強大和文化的自信。楊衒之對南方政權，常以「僞齊」、「吳兒」稱之，《洛陽伽藍記》也正是在此種背景下產生。本書之記敘限域在洛陽，京師遷鄴便意味著這段歷史的終結。

永寧寺條中，楊衒之借菩提達摩「極佛境界，亦未有此」爲該寺之宏麗建築作總結後，接著筆鋒一轉，寫到孝昌二年（526）大風摧屋拔樹，刹上寶瓶隨風而落，一種不祥的氣氛開始蔓延。兩年後，永寧寺成了尒朱榮反叛的聚兵之所，其後便有了慘烈的河陰之變，北魏經歷了由盛轉衰的轉折，寺廟的創建者胡太后亦在事變中罹難。永安三年，莊帝被尒朱兆囚禁於永寧寺，旋被縊死。永熙三年二月，一場大火將九級浮屠夷爲平地，七月，平陽王元修奔長安依宇文泰，十月京師遷鄴，魏分東西。繁華與衰敗接連上演，筆觸在不動聲色中急轉直下。自此而後，「京師遷鄴」成爲本書敘事和結構的歸結點。

如平等寺條以金像的三次異動，預示國家將有重大變故，文末云：「（永熙三年）七月中，帝爲侍中斛斯椿所使，奔於長安。至十月終，而京師遷鄴焉。」

又如永明寺條，該寺爲異國沙門輻輳之地，房廡連亙，花草繁茂。景皓宅前廳佛像每夜行繞坐，「永熙三年秋，忽然自去，莫知所之。其年冬，而京師遷鄴。」

屢屢提及「京師遷鄴」，折射出楊氏強烈的今昔對比之感。此外如景樂寺條寫到該寺歌舞百戲之盛，使觀者目亂精迷。「自建義已後，京師頻有大兵，此戲遂隱也。」也表達了類似的今昔之感。此類文字的存在，造成了語意結構上的對立，將先前建立的繁華場景一一打破，把讀者從幻境拉回到現實，以獨特的方式表達了對故國的懷念與悲歎，正如林文月先生所言：

> 楊衒之在這三段文字之中未羼雜個人對政治動亂的議論，亦不見激昂慷慨之情緒波動形於表面，只在文後再三重複同一句話。身爲北魏亡國之臣，其內心之沉痛不言可喻，「而京師遷鄴」一語，遂如永夜之喃喃，較諸萬端激烈情緒化之語言，更深扣人心矣！〔註7〕

「京師遷鄴」凸現了歷史與現實、繁華與衰敗、洛陽與鄴城諸種因素的結構對立，這句看似冷筆的敘述，實包藏著濃烈的情感因素。

〔註7〕 林文月：《洛陽伽藍記的冷筆與熱筆》，《中古文學論叢》，第 287 頁。

第二節　《洛陽伽藍記》的淵源

一、參考當代地志

　　楊勇先生在《洛陽伽藍記之旨趣與體例》一文中，引《開元釋教錄》爲例，指出《洛陽伽藍記》並非全由自創，部分內容本於前代舊典：

> 《釋教錄》云：「寺既初成，明帝及太后共登浮圖，視宮中如掌內。下臨雲雨，上天清朗，以見宮中事，故禁人不能登之。」……《伽藍記》有「下臨雲雨，信哉不虛」句，想必衙之先讀如《釋教錄》所載之「下臨雲雨，上天清朗」之本，及與河南尹共登此塔，但覺飄然空際，因有「信哉」之歎；不然，何來「不虛」之感。因知今本《釋教錄》所據者，亦《伽藍記》所據之舊典：《伽藍記》既經衙之潤飾，筆趣雖佳，而斧迹未去，其爲後出之書無疑。〔註8〕

筆者在第一章指出，《開元釋教錄》這段文字是對永寧寺條的隱括，不僅年代上晚於《洛陽伽藍記》，其內容也未超出永寧寺條，以此證明《洛陽伽藍記》在前代舊籍基礎上潤飾而成證據不足。不過楊勇先生的觀點不乏啓發意義，本書對當代典籍確有借鑒。如《序》中之「三墳五典之說，九流百氏之言，並理在人區，而義兼天外」即本於《後漢書・西域傳論》：「神迹詭怪，則理絕人區；感驗明顯，則事出天外」。從地志角度看，與本書類似的著作並不鮮見，曹虹教授指出：

> 以「寺記」或「寺塔記」爲題的著作，並不始於楊衙之的《洛陽伽藍記》。據現有資料，可知最早的書當推佚名《南京寺記》。此書不見於史志著錄，唯唐道世《法苑珠林・妖怪篇》中引錄一段，內容爲記東晉簡文帝咸安二年（公元 372 年）立波提寺原委（見卷三十一）。因文獻不足，成書年代只能約略估計在東晉末期。其後，劉宋靈味寺曇宗撰有《京師寺塔記》二卷（據梁慧皎《高僧傳》卷十三本傳，又卷十四序錄稱曇宗《京師寺記》）；南齊彭城人劉俊撰有《益都寺記》（據《高僧傳》卷十四序錄）。這兩部書也已佚。《隋書・經籍志》予以著錄的劉璆《師寺塔記》十卷錄一卷，《法苑珠林・傳記篇》記作《京師塔寺記》一部二十卷，梁朝尚書兵部郎中兼史學士臣劉璆奉敕撰。此書的成書年代約略與《洛陽伽藍記》不相前後，

〔註 8〕　楊勇：《洛陽伽藍記校箋》，第 259 頁。

所記一南一北，都是空前的佛教名都。〔註9〕

應該說，這類著作對《洛陽伽藍記》的寫作有先導作用。不過，以上所列大多爲南朝地志，未有北朝寺塔記出現。我們從《洛陽伽藍記·序》中交代的寫作緣由、寺廟取捨可知，本書的框架結構當出自楊衒之的自創。

同時我們也注意到，《序》中提到楊衒之武定五年因行役而經洛陽，感念興廢而作本書，創作緣由帶有一定的偶然性。楊氏公務在身，在洛陽停留時間不會太長，專爲本書而作的實地考察可能更少。依常理推斷，本書的寫作很可能在楊氏離洛復命之後。《洛陽伽藍記》短短的篇幅中記錄了有名可考的寺廟71所，又載洛陽城內眾多的里坊、街道、河池、苑囿，以及民間風俗、歌謠諺語等。如此多的內容，全憑記憶是不可想像的，必定需要借助於相關地理文獻方可完成。從這個角度來說，楊勇先生的推測有一定道理，楊衒之對當代典籍採取了何種借鑒方式，則是我們所要討論的問題。

首先可以肯定，楊衒之參考了不少當代地理文獻。明懸尼寺條曰：

> 穀水周圍繞城，至建春門外，東入陽渠石橋。橋有四柱，在道南，
> 銘云：「漢陽嘉四年將作大匠馬憲造。」逮我孝昌三年大雨頹橋，南
> 柱始埋沒，道北二柱，至今猶存。衒之案，劉澄之《山川古今記》、
> 戴延之《西征記》並云晉太康元年造，此則失之遠矣。按澄之等並
> 生在江表，未遊中土，假因征役，暫來經過，至於舊事，多非親覽，
> 聞諸道路，便爲穿鑿，誤我後學，日月已甚。

這則考訂與昭儀尼寺條辨「翟泉」方位一起，向來被視爲楊衒之重視實地考察的典範。楊氏批評劉、戴之著作，實際上從反面說明他對地志不乏涉獵。注重文獻記載與實地考察互證，是本書的特點之一。不過，有證據顯示書中並非每處記載都經過實地考察。戴延之《西征記》雖偶有錯誤，但楊衒之在別處對之仍有參考。報德寺條云：

> 開陽門御道東有漢國子學堂，堂前有三種字石經二十五碑，表裏刻
> 之，寫《春秋》、《尚書》二部，作篆、科斗、隸三種字，漢右中郎
> 將蔡邕筆之遺迹也。猶有十八碑，餘皆殘毀。復有石碑四十八枚，
> 亦表裏隸書，寫《周易》、《尚書》、《公羊》、《禮記》四部。又贊學
> 碑一所，並在堂前。魏文帝作《典論》六碑，至太和十七年猶有四
> 碑。高祖題爲勸學里。

〔註9〕 曹虹：《洛陽伽藍記釋譯·源流》，第329頁。

《太平御覽》卷五八九引《西征記》云：

> 國子堂前有列碑，南北行三十五枚。刻之表裏，書《春秋經》、《尚
> 書》二部，大篆、隸、科斗三種字。碑長八尺，今有十八枚存，餘
> 皆崩。太學堂前石碑四十枚，亦表裏隸書《尚書》、《周易》、《公羊》、
> 《禮記》四部，本石塹相連，多崩敗。又太學贊碑一所，漢建武中
> 立，時草創未備，永嘉六年，詔下三府繕治。有魏文《典論》六碑，
> 今四存二敗。〔註10〕

《水經注》卷十六云：

> 陸機言，《太學贊》別一碑，在講堂西，下列《石龜碑》，載蔡邕、
> 韓說、堂溪典等名。《太學弟子贊》復一碑，在外門中。今二碑並
> 無。〔註11〕

從文字上看，《洛陽伽藍記》顯係襲自《西征記》。不過楊氏新添了兩處錯誤：
其一、他將魏三體石經與漢熹平石經混同。漢熹平石經為一字石經，蔡邕所
書，魏三體石經書者不可考。文中新加的「漢右中郎將蔡邕筆之遺迹也」為
楊氏的想像之辭，《西征記》中沒有。其二、《水經注》所引「陸機言」，當為
《洛陽記》。楊氏此處未參《洛陽記》，以為贊學碑尚存，實際上在陸機的時
代已經不存了。如楊氏做過實地考察，這樣的錯誤應可避免。故周祖謨先生
云：「衒之所記皆本之前代所記，非由目驗至明。」〔註12〕另外，《西征記》
與《伽藍記》所載碑數不同，當為傳抄訛誤，否則楊氏當會再指《西征記》
之誤，這也是楊氏未經考察的旁證。

　　《洛陽伽藍記》關於「翟泉」位置的考辨，實際上也是受前代地志啓發。
《水經注》卷十六引陸機《洛陽記》曰：

> 　步廣里在洛陽城內，宮東是翟泉，不得於太倉西南也。〔註13〕

《春秋》杜預注指出翟泉在晉太倉西南，陸機為什麼又說翟泉不在太倉西南？
因《洛陽記》的散佚，我們無法得知具體原因。楊衒之為我們作了解答，昭
儀尼寺條曰：

> 昭儀寺有池，京師學徒謂之翟泉也。衒之按，杜預注《春秋》云翟
> 泉在晉太倉西南。按晉太倉在建春門內，今太倉在東陽門內，此地

〔註10〕　《太平御覽》第3冊，中華書局，1960年版，第2654頁。
〔註11〕　陳橋驛：《水經注校釋》，杭州大學出版社，1999年版，第297頁。
〔註12〕　周祖謨：《洛陽伽藍記校釋》，第122頁。
〔註13〕　《水經注校釋》，第281頁。

今在太倉西南，明非翟泉也。後隱士趙逸云：「此地是晉侍中石崇家
池，池南有綠珠樓。」於是學徒始寤，經過者，想見綠珠之容也。

京師學徒中存有一個誤解，他們據《春秋》杜預注，以爲翟泉在今太倉西南，
實際上杜預注中之太倉爲晉太倉，與今太倉並不是一個地方。昭儀尼寺之泉
並非翟泉，而是石崇家池。楊衒之在景林寺條指出眞正的翟泉所在：

御道北有空地，擬作東宮，晉中朝時太倉處也。太倉西南有翟泉，
周回三里，即《春秋》所謂王子虎晉狐偃盟於翟泉也。

文中楊氏特意強調晉時地名，與昭儀尼寺相呼應。由《洛陽記》所云「不得
於太倉西南也」可知，陸機已對此誤解作過辨析。楊衒之的考辨，當是源於
《洛陽記》。以下例子也可說明本書參照過地志：[註14]

（一）《序》云：

東面有三門：北頭第一門，曰「建春門」。漢曰「上東門」。阮籍詩
曰：「步出上東門」，是也。魏、晉曰「建春門」，高祖因而不改。

《文選》卷二十三阮籍《詠懷詩》李善注引晉代《河南郡圖經》曰：

東有三門，最北頭曰上東門。[註15]

（二）《序》云：

次北曰「承明門」，……高祖數詣寺與沙門論議，故通此門，而未有
名，世人謂之新門。時王公卿士常迎駕於新門，高祖謂御史中尉李
彪曰：「曹植詩云：謁帝承明廬。此門宜以承明爲稱。」遂名之。

《文選》卷二十四曹植《贈白馬王彪》李善注引陸機《洛陽記》云：

承明門，後宮出入之門，吾常怪「謁帝承明廬」，問張公（華），云：
魏明帝作建始殿，朝會皆由承明門。[註16]

（三）長秋寺條云：

長秋寺，劉騰所立也。騰初爲長秋卿，因以爲名。在西陽門內御道
北一里。亦在延年里，即是晉中朝時金市處。

《文選》卷十六潘岳《閑居賦》李善注引陸機《洛陽記》曰：

洛陽凡三市：大市名曰金市。[註17]

〔註14〕周祖謨、范祥雍諸先生的校注本，詳細地列出了《洛陽伽藍記》地理文字的
　　　　來源，是筆者主要的參考依據，特此說明。
〔註15〕《文選》，中華書局，1977年版，第324頁。
〔註16〕《文選》，第340頁。
〔註17〕《文選》，第225頁。

（四）秦太上公寺條云：

> 靈臺東辟廱，是魏武所立者。

《文選》卷十六潘岳《閑居賦》李善注引陸機《洛陽記》曰：

> 辟廱在靈臺東，相去一里，俱魏武所徙。〔註18〕

（五）凝玄寺條云：

> 洛陽城東北有上商里，殷之頑民所居處也，高祖名聞義里。

陸機《洛陽記》云：

> 上商里在洛陽東北，本殷頑人所居，故曰「上商里」。

例二中，「承明門」的來歷與曹植詩有關，楊衒之未引《洛陽記》中張華的說法，並非未見此書，而是因北魏諸門都均由高祖定名。引高祖之語，既表明楊氏習知「謁帝承明廬」之句，又帶有提示另一種說法，彰顯北魏正統之意。從上引材料可以看出，參考地志是本書寫作的一個重要特點。例三之「即是晉中朝時金市處」語帶印證地志之意。類似的寫法在書中頗為常見，如：建中寺條云：

> 劉騰宅東有太僕寺，寺東有乘黃署，署東有武庫署，即魏相國司馬
> 文王府。

瓔珞寺條云：

> 在建春門外禦道北，所謂建陽里也。即中朝時白社地，董威輦所居處。

法雲寺條云：

> 延伯出師於洛陽城西張方橋，即漢之夕陽亭也。

楊氏時時注意交代地名的沿革，固然可以一般性地解釋為他對地理沿革的熟悉。但從技術上說，也可看成是他在介紹地理的同時參考了相關的史地圖籍。檢《漢唐方志輯佚》，《洛陽伽藍記》寫作之前即已產生的，有關洛陽的地志有《洛陽記》（晉陸機撰）、《洛陽記》（晉華延儁撰）、《洛陽記》（晉楊佺期撰）、《洛陽宮殿簿》、《洛陽宮地記》、《洛陽宮舍記》、《洛陽故宮名》、《洛陽地記》、《河南郡圖經》、《河南十二縣境簿》、《晉中州記》等。洛陽作為東漢、曹魏、西晉、北魏四朝的首都，相關地志數量可能不止這些。雖然這些地志已基本不存，但從後代輯佚可知，它們對洛陽的城市地理沿革有詳細記載。〔註19〕另外，一些互見的地名也為楊氏參考過這些典籍提供了旁證。如

〔註18〕《文選》，第226頁。
〔註19〕參《漢唐方志輯佚》，第34、68～77、337頁。

陸機《洛陽記》提到的國子學、藏冰室、靈臺、辟廱,《洛陽宮舍記》提到的端門,《洛陽宮殿簿》提到的陵雲臺,《河南十二縣境簿》提到的浮橋等,都在《洛陽伽藍記》中出現過,這應該不是巧合。

需要指出的是,《洛陽伽藍記》對於前代典籍的吸取,並不僅限於地志,而是廣泛涉及辭賦、雜史,及其他相關文獻。如建中寺條「萬年千歲之樹」本於葛洪《西京雜記》:「漢上林苑有千年長生樹萬年長生樹」。寶光寺條寫到京師士子結伴遊玩「題詩花圃,折藕浮瓜」,則是化用曹丕《與朝歌令吳質書》:

> 浮甘瓜於清泉,沉朱李於寒水。白日既匿,繼以朗月,同乘並載,
> 以遊後園。

可以肯定,京師士子「題詩花圃,折藕浮瓜」係楊衒之據《與朝歌令吳質書》的推想之辭。而「萬年千歲之樹」原為西京長安之物,亦係虛構。這樣做的深層原因,正在於楊氏所寫並非眼前之洛陽,乃是記憶中全盛時期的洛陽。記憶中的洛陽已在漢晉辭賦等文獻中經典化、文本化了。寺廟宮室之偉、人物品類之盛,只有從前代文本中求取。書中虛構的歷史老人趙逸,每至一處即指晉朝時景象,屢屢得驗,說明楊氏確有這種寫作意圖。《洛陽伽藍記》徵實與虛構並存的特點也可從這個角度解釋。

二、造語本於辭賦

作為一部地志,《洛陽伽藍記》能躋身中古文學名著之列,與其接受漢晉辭賦的影響密不可分。辭賦對於本書的影響是全方位的,首先體現在語言上。漢晉辭賦的描寫手法和遣詞造句,為中國文學積纍了豐富的寫作經驗,成為後代作家學習借鑒的寶藏,《洛陽伽藍記》取資辭賦之處尤多,參下表:

《洛陽伽藍記》	文　　　本	文　　　本	辭　　賦
序	皇魏受圖,光宅嵩洛。	暨聖武之龍飛,肇受命而光宅。	左思《魏都賦》
	招提櫛比,寶塔駢羅。	夾蓬萊而駢羅。	張衡《西京賦》
	豈直木衣綈繡,土被朱紫而已哉!	木衣綈錦,土被朱紫。	《西京賦》
	麥秀之感,非獨殷墟;黍離之悲,信哉周室!	歎黍離之愍周,悲麥秀於殷墟。	向秀《思舊賦》

永寧寺	繡柱金鋪，駭人心目。	擠玉戶以撼金鋪。	司馬相如《長門賦》
	雕梁粉壁，青瑣綺疏。	青瑣丹楹。	左思《吳都賦》
		天窗綺疏。	王逸《魯靈光殿賦》
	栝柏椿松，扶疏簷霤；蘡竹香草，布護階墀。	垂條扶疏，落英幡纚。蔣芋青蘋，布護閎澤。	司馬相如《上林賦》
	樹以青槐，互以綠水。	樹以青槐，互以綠水。	《吳都賦》
	京邑行人，多庇其下。	疏通溝以濱路，羅青槐以蔭途。	《吳都賦》
	列錢青鎖，赫奕華麗。	金釭銜璧，是爲列錢。	班固《西都賦》
		皎皎白間，離離列錢。	何晏《景福殿賦》
	飾以金銀，加之珠玉，莊嚴煥炳，世所未聞。	瑰異譎詭，燦爛煥炳。	張衡《東京賦》
景興尼寺	作工甚精，難可揚搉。	請爲左右揚搉而陳之。	左思《蜀都賦》
正始寺	子英遊魚於玉質，王喬繫鵠於松枝。	王喬控鶴以冲天。	孫綽《天台山賦》
景寧寺〔註20〕	攢育蟲蟻，疆土瘴癘。	宅土燋暑，封疆瘴癘。	《魏都賦》
	蛙黽共穴，人鳥同群。	吳與龜黽同穴。	《魏都賦》
	短髮之君，無杼首之貌；文身之民，稟蕞陋之質。	宵貌蕞陋，稟質遄脆，巷無杼首，里罕耆耉。	《魏都賦》
	雖復秦餘漢罪，雜以華音，復閩、楚難言，不可改變。	漢罪流御，秦餘徙列。	《魏都賦》
	咀嚼菱藕，捃拾雞頭。	唼喋菁藻，咀嚼菱藕。	《上林賦》
	隨波溯浪，喣喝沉浮。	溯洄順流，喣喝沉浮。	《吳都賦》
	白苧起舞，揚波發謳。	紵衣絺服，雜沓從萃。	《吳都賦》
景明寺	車騎填咽，繁衍相傾。	冠蓋雲蔭，閭閻闐噎。	《吳都賦》
		輿輦雜沓，冠帶混並。累轂疊迹，叛衍相傾。	《蜀都賦》
	複殿重房，交疏對霤，青臺紫閣，浮道相通。	玉堂對霤，石室相距。	《吳都賦》
	黃甲紫鱗，出沒於藻藻。	觴以清醥，鮮以紫鱗。	《蜀都賦》

〔註20〕 景寧寺條諸例，雖出自楊元愼之口，但引經據典，完全不像是口語，應該不是當時的現場對答，很有可能是楊衒之爲彰顯北魏正統地位而代楊元愼所作的「清詞麗句」。林文月先生也認爲這節文字「大有問題」，參林文月：《洛陽伽藍記的冷筆與熱筆》，《中古文學論叢》，第284頁。

高陽王寺	飛簷反宇，輵輵周通	反宇業業，飛簷轐轐。	《東京賦》
寶光寺	雷車接軫，羽蓋成陰。	車馬雷駭，轟轟闐闐。	《蜀都賦》
開善寺	溝瀆蹇產，石磴礁嶢。	振溪通谷，蹇產溝瀆。	《上林賦》
		閭闔之內，別風嶕嶢。	《西京賦》
大覺寺	神皋顯敞，實爲勝地。	實惟地之奧區神皋。	《西京賦》
長秋寺	吞刀吐火，騰驤一面。彩幢上索，詭譎不常。	跳丸劍之揮霍，走索上而相逢。吞刀吐火，雲霧杳冥。	《西京賦》
景樂寺	奇禽怪獸，舞抃殿庭，飛空幻惑，世所未睹。異端奇術，總萃其中。		
	舞袖徐轉，絲管寥亮，諧妙入神。	彈箏奮逸響，新聲妙入神。	《古詩十九首》
		新聲慘亮，何其偉也！	嵇康《琴賦》
瑤光寺	刻石爲鯨魚，背負釣臺，既如從地踊出，又似空中飛下。	鯨魚失流而蹉跎。	《西京賦》
	仙掌淩虛，鐸垂雲表。	抗仙掌以承露，擢雙立之金莖。	《西都賦》
願會寺	柯葉傍布，形如羽蓋。	羽蓋威蕤。	《東京賦》
景林寺	飛閣相通，淩山跨谷。	飛閣神行，莫我能形。	《東京賦》

賦是兩漢文壇的主流文體，也是文學家創作的重點所在，探討《洛陽伽藍記》的文學性，須從賦尤其是京都賦中尋找源頭。楊衒之以洛陽爲記敘對象，洛陽是京都賦最常寫的城市之一；京都賦鋪寫宮室建築，《洛陽伽藍記》亦寫寺廟建築，後者參照前者是很自然的事。西漢末年揚雄作《蜀都賦》，開京都賦創作先河。東漢初年的遷都之爭，大大促進了京都賦的創作。從上表可見，兩漢至三國以來著名的京都賦，如班固《兩都賦》、張衡《二京賦》、左思《三都賦》都是本書取資的重要對象。我們知道，京都賦以鋪張宏麗的描寫宣揚帝都正統觀念，對所寫城市懷有無可辯駁的推崇感。巧的是《兩都賦》、《二京賦》均有推崇洛陽爲正都的主題，班固《兩都賦·序》云：

> 臣竊見海內清平，朝廷無事，京師修宮室，濬城隍，起苑囿，以備制度。西土耆老，咸懷怨思，冀上之眷顧，而盛稱長安舊制，有陋雒邑之議。故臣作《兩都賦》，以極眾人之所眩曜，折以今之法度。

班固作《二京賦》，在藝術和主題上都有對《兩都賦》的模擬。通過憑虛公子和安處先生的對答，描繪了東都洛陽的盛況，稱頌東京興盛而不流於奢侈，正與楊衒之懷念洛陽之情相符。而楊氏每每在文末哀歎京師遷鄴，也可能與京都賦強烈的帝京中心色彩有某種關聯。〔註21〕

　　同時要指出的是，楊衒之對於京都賦的吸收，並非機械生硬。其間出現的兩個變化值得注意，其一、楊氏放棄了京都賦鴻篇巨製的形式，出之以短章精製，唯一較長的描寫是永寧寺條，可以看作是作者樹立的一桿標尺，此後多以參照的形式（如「作工之妙，埒美永寧」）寫出，避繁就簡之意明顯。其二、賦發展到魏晉時期，不僅篇幅由長而短，用詞也向文從字順靠攏。楊氏有選擇地吸取漢賦的描寫語彙，避開生僻語詞，形成穠麗秀逸的風格。從這點上說，《洛陽伽藍記》的寫景部分和漢魏六朝賦的發展趨勢頗為一致。

　　另外，本書也善於吸取漢晉賦家的其他作品，如永寧寺條「清風送涼，豈籍合歡之發」，本於班婕妤《怨歌行》：「新裂齊紈素，皎潔如霜雪。裁為合歡扇，團團似明月。出入君懷袖，動搖微風發」。法雲寺條「季夏六月，時暑赫晞」，本於潘岳《在懷縣作》「初伏啟新節，隆暑方赫羲」。書中也常引《文選·古詩十九首》，如《序》「王侯貴臣，棄象馬如脫屣；庶士豪家，捨資財若遺迹」，係化用《古詩十九首》之「不念攜手好，棄我如遺迹」。沖覺寺條引用古詩「西北有高樓，上與浮雲齊」等，這些都體現了楊衒之轉益多師的文學態度。

三、「以賦為心」的創作理念

　　司馬相如說：「賦家之心，苞括宇宙，總覽人物。」梁代蕭子顯以「體兼眾製，文備多方」為賦的文體追求。〔註22〕這些概括說明了賦體從思想內容、體裁形制到創作理念的多維化特點。賦的創作理念對《洛陽伽藍記》的寫作影響巨深。這首先可從《序》中看出。徐丹麗將魏晉六朝賦序概括

〔註21〕京都賦和國家一統觀有密切聯繫，如許結先生在《論漢賦的地理情懷與方志價值》中說：「漢大賦突出京都兼述帝國圖域的文學模式，源自秦漢以京都為核心的大一統文化的國家觀念的形成。」《賦體文學的文化闡釋》，中華書局，2005年版，第149頁。

〔註22〕曹虹：《從賦體的多元特徵看辯證的文體論思想之產生》，對蕭子顯此說有詳論。《中國辭賦源流綜論》，中華書局，2005年版。

為七種類型，〔註23〕觀《洛陽伽藍記‧序》，可以發現其中綜合運用了第一種「⋯⋯年⋯⋯（某事）乃作⋯⋯賦」，第二種「昔⋯⋯今」和第四種「覽⋯⋯有懷⋯⋯」。感念興廢是本書創作的根本動因，正如謝靈運《歸途賦‧序》所云：「昔文章之士，多作行旅賦，或欣在觀國，或怵在斥徒，或述職邦邑，或羈役戎陣。事由於外，興不自己。」由此可見，《洛陽伽藍記》的創作緣由遠地志而近於賦。

京都大賦對方位的經營極具匠心，程章燦先生指出：「京都宮殿大賦以橫向的、空間的順序展開，在場景變換中寓有時世的推移，整個敘述結構有如一排似斷實續的屏風。」〔註24〕這種方位意識對本書的寫作影響很大。從大的結構上說，本書按方位次序分為城內、城東、城南、城西、城北五卷。微觀結構上說，永寧寺條對於方位的敘述，也極有條理。先寫九級浮圖，浮圖每級四角，每角懸有金鐸，四面皆有窗，扉上各有五行金鈴。接著依次介紹佛殿、佛像、僧房，其間偶爾用鋪陳筆法敘寫僧房樓觀之景，顯得繁麗而有序。

賦體虛實並存的特點，也對《洛陽伽藍記》很有影響。從實的方面講，賦本身具有地理和類書的雙重特點，清人陸次雲說：「漢當秦火之餘，典故殘缺，故博雅之屬，輯其山川名物，著而為賦，以代志乘」。〔註25〕袁枚《隨園詩話》云：

> 古無類書，無志書，又無字彙，故《三都》《兩京》賦，言木則若干，言鳥則若干，必待搜輯群書，廣採風土，然後成文。果能才藻富豔，便傾動一時。洛陽所以紙貴者，直是家置一本，當類書郡志讀耳。故成之亦須十年五年。今類書字彙，無所不備，使左思生於今日，必不作此種賦。即作之，不過翻摘故紙，一二日可成。而抄誦之者，亦無有也。今人作詩賦，而好用雜事僻韻，以多為貴者，誤矣。〔註26〕

《洛陽伽藍記》中不少地名在《東京賦》等與洛陽有關的賦篇中常有出現。

〔註23〕 徐丹麗：《魏晉六朝賦序簡論》，《古典文獻研究》第 7 輯，鳳凰出版社，2004 年版。

〔註24〕 程章燦：《魏晉南北朝賦史》，江蘇古籍出版社，2001 年版，第 180 頁。

〔註25〕 陸次雲：《北墅緒言》卷四，康熙二十二年宛羽齋刊本。

〔註26〕 袁枚：《隨園詩話》卷一，江蘇廣陵古籍刻印社，1998 年版，第 4～5 頁。

地　名	《洛陽伽藍記》	賦
勾盾署	建春門內御道南有勾盾、典農、籍田三署。（景林寺）	奇珍異果，鉤盾所職。（《東京賦》）
濯龍園	在城西，即漢之濯龍園也。（崇虛寺）	濯龍芳林，九谷八溪。（《東京賦》）
大　谷	有大谷含消梨。（報德寺）	盟津達其後，太谷通其前。（《東京賦》） 張公大谷之梨。（《閑居賦》）
靈臺辟雍	寺東有靈臺一所，基址雖頹，猶高五丈餘。……靈臺東辟雍，是魏武所立者。（秦太上公二寺） 金刹與靈臺比高。（序）	浮梁黝以徑度，靈臺傑其高峙。……其（靈臺）東則有明堂辟雍，清穆敞閑。（《閑居賦》）
三道九軌	門有三道，所謂九軌。（序）	經途九軌，城隅九雉。（《東京賦》）
洛　川	登之遠望，目極洛川。（瑤光寺）	余朝京師，還濟洛川。（《洛神賦》）

上表中「靈臺」、「辟雍」，《洛陽伽藍記》與《閑居賦》的寫法近似，寫靈臺均突出其高，皆以靈臺爲基點寫辟雍位置，說明楊氏很可能參照過《閑居賦》。京都賦作爲一座城市的文學存在方式，其對城市地名的揄揚，往往能使後者逐步經典化。雖然不能一一證實《洛陽伽藍記》中的這些地名均源於漢賦，但不可否認，楊氏在吸取漢賦語言的同時，對賦中提及的地名不會完全漠視。楊氏在寫作中常注意所記地理與經典文本的核驗，如大覺寺條云：「廣平王懷捨宅立也，在融覺寺西一里許。北瞻芒嶺，南眺洛汭，東望宮闕，西顧旗亭，禪皐顯敞，實爲勝地。是以溫子昇碑云：『面水背山，左朝右市』是也。」溫子昇碑實可看作辭賦一類的文字。京都賦所記地理基本都可考實，其對地志亦不乏參考價值。何沛雄先生指出，京都賦的徵實性有助於方志的修撰：

> 一般讀者，多以爲漢賦是「虛詞濫說」、「靡麗多誇」，其實，賦的種類很多，其中以「京都」一類，率皆言之有據，特別是史學家班固所寫的《兩都賦》和精於典實的張衡所寫的《二京賦》，可作地方志看，很有歷史價值。〔註27〕

《三輔黃圖》、《長安志》都引用《西都賦》和《西京賦》的原文凡8次及15次之多，而《洛陽縣志》也引用《東都賦》和《東京賦》

〔註27〕 何沛雄：《從〈兩都賦〉和〈二京賦〉看漢代的長安與洛陽》，載《慶祝饒宗頤教授七十五歲論文集》，香港中文大學中國文化研究所，1993年版，第146頁。

的原文。〔註28〕

京都賦能成爲後代地志的取資對象，緣於其本身創作態度的嚴謹。其中尤以左思爲代表，《三都賦・序》云：

> 相如賦《上林》，而引「盧橘夏熟」；楊雄賦《甘泉》，而陳「玉樹青蔥」；班固賦《西都》，而歎以出比目；張衡賦《西京》而述以遊海若。假稱珍怪，以爲潤色。若斯之類，匪啻於茲。考之果木，則生非其壤；校之神物，則出非其所。於辭則易爲藻飾，於義則虛而無徵。……余既思摹《二京》而賦《三都》，其山川城邑，則稽之地圖；其鳥獸草木，則驗之方志。風謠歌舞，各附其俗；魁梧長者，莫非其舊。

周勳初先生在《左思〈三都賦〉成功經驗之探討》和《魏晉南北朝時期科技發展對文學的影響》二文中認爲，左思的這種徵實態度，是《三都賦》成功的重要原因。〔註29〕不過，賦畢竟不是地志，《三都賦》實際上也存在虛構成分，錢鍾書先生引何焯、張世南之說，指出《三都賦》中有記事不實之處。〔註30〕周勳初先生也指出，宋代開始即有學者指出，左思雖指責前代賦家「侈言無驗」，但自己未能免於此弊。〔註31〕同時，周先生認爲京都賦的誇飾應作具體分析：

> 京都宮殿賦的內容與苑獵賦有所不同。因爲描摹的對象較爲具體，雖加誇飾，終有一定限度；不像苑獵賦的內容寬泛，輔之以想像，出之以極度的誇張。〔註32〕

這個思路也可用來分析京都宮殿賦本身，即賦中涉及地理、建築、名物等內容，徵實性較強。〔註33〕涉及人物活動的內容，則帶有虛構。錢鍾書先生說：「辭賦之逸思放言與志乘之慎稽詳考，各有所主，欲『美物依本，贊事本實』，

〔註28〕何沛雄：《〈兩都賦〉和〈二京賦〉的歷史價值》，《文史哲》，1990 年第 5 期。

〔註29〕周勳初：《左思〈三都賦〉成功經驗之探討》，《魏晉南北朝時期科技發展對文學的影響》，載《周勳初文集》第 3 冊，江蘇古籍出版社，2000 年版。

〔註30〕參錢鍾書：《管錐編》第 3 冊，中華書局，1979 年版，第 1152 頁。

〔註31〕《周勳初文集》第 3 冊，第 277 頁。

〔註32〕同上注，第 274 頁。

〔註33〕關於京都賦中名物的可信性，可參蔡輝龍：《張衡〈兩京賦〉所見動植物之考實》，《第三屆國際辭賦學學術研討會論文集》，國立政治大學文學院編輯發行，1996 年版。

一身兩任，殊非易事」。〔註34〕京都賦在描繪宮室建築的基礎上，必然要「逸思放言」，想像人物活動和氣氛景觀，誇飾之處在所難免。對於《洛陽伽藍記》中的虛與實，也應作如是看。

徵實的一面，上文已談到本書在具體地點和文本上對地志的參考。這裏要補充的是，《洛陽伽藍記》整體地理格局的敘述，也頗得益於地志。後人能據本書考訂出漢魏洛陽城四周長寬度，〔註35〕與當時製圖法的進步有很大關係，周勳初先生指出：

> 隨著人們地理知識的提高，製圖學也有了巨大的發展。《晉書》卷三十五《裴秀傳》詳記其作《禹貢地域圖》十八篇，且敘其「製圖之體有六」，後人以為「矩形網格製圖法，至少在裴秀那個時代就已開始出現了」。其時全國各地區的方位，差不多都有地圖顯示。〔註36〕

據李約瑟《中國科學技術史》的概括，裴秀的「製圖之體有六」，包括(1)分度（分率），即比例尺，(2)畫矩形網格，(3)步測三角形的邊長，(4)測量高低，(5)測量直角和銳角，(6)測量曲線和直線。〔註37〕其中比例尺的運用和地點的標示，對於《洛陽伽藍記》的地理敘述參考價值尤大，如《洛陽伽藍記》第五卷所云：

> 京師東西二十里，南北十五里，戶十萬九千餘。廟社宮室府曹以外，方三百步為一里，里開四門，門置里正二人，吏四人，門士八人，合有二百二十里。寺有一千三百六十七所。

這段話應該是參考地圖基礎上作的介紹。檢《漢唐方志輯佚》目錄，南北朝之前，地志之名以「某州記」、「某地記」為主。漢代出現過《巴蜀圖經》、《廣陵郡圖經》等零星幾部以「圖經」命名的地志。南北朝之後，圖經類地志大量湧現，《隋志》載有「《諸州圖經集》一百卷」，可見製圖法的發展對圖經繁榮的推動。〔註38〕孫星衍在《三輔黃圖》輯本序中說「舊書有圖」，可見以圖

〔註34〕 《管錐編》第 3 冊，第 1152 頁。

〔註35〕 參本書第三章第一節注釋所列各家所製洛陽城復原圖的論文。

〔註36〕 《周勳初文集》第 3 冊，第 276 頁。同時周先生在注釋中提示，李約瑟《中國科學技術史》第五卷《地學》第一分冊第二十二章《地圖學和製圖學》四、《東方和西方的定量製圖學》〔五〕《科學的製圖學：從未中斷過的中國網格法製圖傳統》對此問題有詳細討論。

〔註37〕 李約瑟：《中國科學技術史》第五卷《地學》第一分冊，科學出版社，1976年版，第 110～111 頁。

〔註38〕 現存圖經文獻的原始面貌可參李正宇：《古本敦煌鄉土志八種箋證》，甘肅人

配書漢代即已出現。〔註 39〕《三輔黃圖》的目錄，涉及城門、宮殿、苑囿、池沼、臺榭、辟雍、明堂、太學、宗廟、署、閣、庫等，非常詳細。《洛陽伽藍記》為人所稱道的方位感，如書中常見「東有……，西有……，南有……，北有……」，很可能是依據地理圖籍展開的敘述。

相比於地理書寫可以圖籍為參照，記人物活動可參資料就少得多。北魏禁止私人修史，私家史籍極少，具體到洛陽城內宮室寺觀的人物活動，稽考更難。如元懌與元彧均好賓客，沖覺寺條云：

> 樓下有儒林館、延賓堂，形制並如清暑殿。土山釣池，冠於當世。斜峰入牖，曲沼環堂，樹響飛嚶，階叢花藥。懌愛賓客，重文藻，海內才子，莫不輻輳。府僚臣佐，並選雋民。至於清晨明景，騁望南臺，珍羞具設，琴笙並奏，芳醴盈罍，佳賓滿席。使梁王愧兔園之遊，陳思慚雀臺之讌。

法雲寺條云：

> 彧博通典籍，辨慧清悟，風儀詳審，容止可觀。至三元肇慶，萬國齊臻，金蟬曜首，寶玉鳴腰，負荷執笏，逶迤複道，觀者忘疲，莫不歎服。彧性愛林泉，又重賓客。至於春風扇揚，花樹如錦，晨食南館，夜遊後園，僚案成群，俊民滿席。絲桐發響，羽觴流行，詩賦並陳，清言乍起，莫不飲（領）其玄奧，忘其褊郄（悋）焉。是以入彧室者，謂登僊也。

主客宴飲作樂，是漢賦中常有的虛構內容。這兩條大同小異的文字當出於楊氏的推想，由於本事並無太大區別，加上楊氏造語用事的典雅化，使內容更類似於一般性描寫而非記事。另外，書中以歷史老人身份出現的趙逸，景寧寺條楊元慎與陳慶之的對答，也都應看作楊氏的虛構之語。這可能也受到了漢賦的某種影響，尤其是楊、陳之間的對答，與漢大賦虛構兩位觀點對立者，以誇耀地域對答爭勝的寫法頗為接近。

綜上所述，書中的洛陽，是楊衒之依據當代地志、漢晉辭賦等典籍重新構建的一座存在於記憶中的城市。其中辭賦的影響兼及《洛陽伽藍記》地

民出版社，2008 年版。
〔註 39〕關於《三輔黃圖》的年代存有爭議，孫星衍認為是漢末人所作，陳橋驛先生亦因如淳注《漢書》已引此書，同意孫說，本書從之。參陳橋驛：《〈圖經〉在我國方志史中的重要地位》，《陳橋驛方志論集》，杭州大學出版社，1997 年版，第 69 頁。

理與文學兩部分內容，因此，「以賦爲心」在一定程度上可以涵蓋本書的寫作
理念。

第三節　南北文學背景中的《洛陽伽藍記》

一、對南朝文學的矛盾心理

《北齊書‧杜弼傳》載高歡語杜弼云：

> 江東有一吳兒老翁蕭衍，專事衣冠禮樂，中原士大夫望之以爲正朔
> 所在。

《洛陽伽藍記》景寧寺條云：

> 慶之還奔蕭衍，用爲司州刺史，欽重北人，特異於常。朱异怪復問
> 之。曰：「自晉、宋以來，號洛陽爲荒土，此中謂長江以北，盡是夷
> 狄。昨至洛陽，始知衣冠士族並在中原，禮儀富盛，人物殷阜，目
> 所不識，口不能傳。所謂帝京翼翼，四方之則，如登泰山者卑培塿，
> 涉江海者小湘、沅。北人安可不重？」慶之因此羽儀服式悉如魏法，
> 江表士庶，競相模楷，褒衣博帶，被及秣陵。

這兩條看似矛盾的記載，其實不難理解。前文已指出，景寧寺條楊元愼與陳
慶之事，是楊衒之爲爭奪正統而編造的詆毀之辭。高歡對蕭衍的忌憚，則是
北朝統治者文化自信不足的眞實心理反映。永嘉之亂，衣冠禮義南渡，南方
成爲正朔所在，加之南方政權更迭造成的戰亂相對更少，其文化得到較快發
展。單以書籍而言，顏之推云「北方墳籍，少於江東三分之一」，可見北方遠
少於南方。孝文帝遷洛後，曾有向南求書之舉。當時雖然南北政治對立，但
文化交流並未停滯，雲遊的僧侶、〔註40〕政府間的使者、戰爭中的俘虜，都
起著文化交流使者的作用。不過這種交流並不均衡，以北方學習南方爲主，
在文學領域尤其明顯。《北史‧元文遙傳》：

> 文遙敏慧夙成，濟陰王暉業每云：「此子王佐才也。」暉業常大會賓
> 客，時有人將《何遜集》初入洛，諸賢皆讚賞之。召河間邢邵試命
> 文遙誦之，幾遍可得。文遙一覽便誦，時年始十餘歲。

《南史‧薛道衡傳》載王融與北魏使者房景高、宋弁的一段問答：

〔註40〕 參劉躍進：《六朝的僧侶：文化交流的特殊使者》，《中國社會科學》，2004年
　　　　第5期。

上以融才辯，使兼主客，接魏使房景高、宋弁。弁見融年少，問：「主客年幾？」融曰：「五十之年，久逾其半。」景高又云：「在北聞主客《曲水詩序》勝延年，實願一見。」融乃示之。

《北齊書‧祖珽傳》云：

州客至，請賣《華林遍略》，文襄多集書人，一日一夜寫畢，退其本曰：「不須也。」珽以《遍略》數秩質錢樗蒲，文襄杖之四十。

《何遜集》和《華林遍略》，一爲別集，一爲類書，均從南方傳來，當時南方文學書籍傳入北方相當普遍，沈約、任昉等著名文人的別集在北方相當流行。房景高向王融索要《曲水詩序》，說明北朝士人對南方文壇創作的關注。不過，北方吸收南方文學長處的同時，也出現了不同的聲音。《周書‧柳慶傳》云：

時北雍州獻白鹿，群臣欲草表陳賀。尚書蘇綽謂慶曰：「近代以來，文章華靡，逮於江左，彌復輕薄。洛陽後進，祖述不已。」

《北史‧王憲傳》載《王昕削爵詔》云：

偏賞賓郎之味，好詠輕薄之篇，自謂模擬傖楚，曲盡風制。推此爲長，餘何足取。此而不繩，後將焉肅？在身官爵，宜從削奪。」

「傖楚」有多種含義，這裏是指北方人對南方人的蔑稱。余嘉錫云：「夫以賓郎消食、及詠齊、梁體詩，皆吳下風氣，而橫被高洋罵爲傖楚。」〔註41〕從蘇綽「洛陽後進，祖述不已」來看，北朝文士學習南方已蔚爲風氣。但在上層統治者看來，文化之高下與禮義正朔之所在相關，故對此種風氣不以爲然。不過，上層保守派無力阻止南方文風的蔓延，蘇綽模擬《尚書》所作的《大誥》，最終被證明是一次逆潮流而動的失敗嘗試。值得注意的是，北朝文士雖然學習南方，但在人前非常忌諱此事。《北齊書‧魏收傳》云：

收每議陋邢邵文。邵又云：「江南任昉，文體本疏，魏收非直模擬，亦大偷竊。」收聞乃曰：「伊常於《沈約集》中作賊，何意道我偷任昉。」任、沈俱有重名，邢、魏各有所好。

魏收、邢邵都是北地著名才士，似乎名氣越大的文人，越忌諱此點。雖然邢邵詆毀任昉「文體本疏」，但從現存魏收、邢邵的詩作看，他們確實受到了南方文壇深刻的影響。從表面上看，《洛陽伽藍記》似以繼承漢晉辭賦爲主，較少看到南方文學尤其是齊梁文學聲色雕繢的特點，不過，這並不意味著楊氏

〔註41〕余嘉錫：《說傖楚》，《歷史語言研究所集刊》第二十本下冊。

排斥學習南方，曹道衡先生認爲：

> 楊衒之對南朝人的著作還是很熟悉的，《洛陽伽藍記》中一些情
> 節，似皆取自南人著作。如前面提到閻羅王處理幾個僧人的事，情
> 節就和《幽明錄》、《冥祥記》類似。又卷三記孝昌初樊元寶得假還
> 京師，爲同營人駱子淵傳書故事，據云駱子淵即洛水之神，其部分
> 情節和《搜神記》中胡母班爲泰山府君傳書與女婿何伯故事相近。
> 〔註42〕

此外，曹先生還指出菩提寺條沙門達多事，與《三國志‧明帝紀》裴注引《世
語》相同。高陽王寺條李元祐以諧音嘲笑李崇事，本於《南齊書‧庾杲之傳》。
同條記潘崇和語：「汝穎之士利如錐，燕趙之士鈍如錘。信非虛言也」，本於
東晉王隱《晉書》。這些都說明楊衒之對東晉以來南方人著作的熟悉。〔註43〕
筆者要補充的是，楊衒之對於梁代蕭統所編《文選》尤爲熟悉。對本書深有
影響的司馬相如、班固、張衡、左思、潘岳等人的賦作，均收於《文選》。蕭
統編《文選》有推重京都大賦的傾向，〔註44〕《洛陽伽藍記》借鑒最多的也
是京都賦。書中所引、所用《古詩十九首》、班婕妤《怨歌行》、曹丕《與朝
歌令吳質書》等，也均見於《文選》。可以說《文選》是《洛陽伽藍記》文學
成就的文本淵源。此外，《洛陽伽藍記》所錄之常景《汭頌》、姜質《庭山賦》
等文，造語用事亦多本於《文選》辭賦。窺一斑而知全豹，《文選》對北朝文
學的影響應引起我們的重視。綜合考量，楊衒之與北朝其他作家一樣，對南
方文學是持取資借鑒態度的。不過，因爲南北對立的政治形態，使得文學評
論也受到影響，楊氏蔑稱南人爲「吳兒」，對南方文人自然少有敬語。直接反
映楊氏這種矛盾心態的，是他在襲用戴延之《西征記》的同時，又嚴屬批評
其「多非親覽，聞諸道路，便爲穿鑿，誤我後學，日月已甚。」曹道衡先生
《試論北朝文學》一文云：

> 北魏末年和北齊時，北方確有一些人認爲自己的文人超過了南朝。
> 如《魏書‧文苑‧溫子昇傳》：「蕭衍使張皋寫子昇文筆，傳於江外。
> 衍稱之曰：『曹植、陸機復生於北土。恨我辭人，數窮百六。』陽夏

〔註42〕　曹道衡：《關於楊衒之和〈洛陽伽藍記〉的幾個問題》，《文學遺產》，2001 年
　　　　第 3 期。
〔註43〕　同上注。
〔註44〕　參傅剛：《從〈文選〉選賦看蕭統的賦文學觀》，《北京大學學報》，2000 年第
　　　　1 期。

太守傅標使吐谷渾，見其國主床頭有書數卷，乃是子昇文也。濟陰
王（元）暉業嘗云：『江左文人，宋有顏延之、謝靈運，梁有沈約、
任昉，我子昇足以陵顏轢謝，含任吐沈。』」《顏氏家訓‧文章》更
載有北齊盧詢祖曾譏笑梁代詩人王籍《入若耶溪》詩中「蟬噪林欲
靜，鳥鳴山更幽」二句，說「此不成語」；據說魏收亦有此看法。同
書還說由梁入北齊的蕭悫「芙蓉露下落，楊柳月中疏」之句，也不
爲時人所喜。可見北齊文人中有一部分自視甚高，看不起南朝的情
況是存在的。〔註45〕

不過，曹道衡先生隨即指出，「這種看法實在有些誇張過度。」〔註46〕北朝士
人對溫子昇的標榜和對王籍詩的貶低，折射出他們在這方面敏感的神經，即
他們絕不願承認在文學上比南朝差。正如林文月先生所指出的，楊衒之描寫
南人與北人會談場合的文字，總不免有尖酸、挑剔、嘲弄、漫罵之嫌，「究其
原因，蓋出於一種自大而又自卑的矛盾心理」，〔註47〕由此可見楊衒之的心態
與北朝文壇主流觀念頗爲一致。

二、北朝文學的資料庫

《洛陽伽藍記》內容的豐富性向爲研究者所稱道，從文學角度看也是如
此。首先我們從正始寺條所錄姜質《庭山賦》談起。本條寫到司農張倫造景
陽山，風景秀美，有若自然。天水人姜質，有逸民之操，見倫山愛之，作《庭
山賦》曰：

今偏重者，愛昔先民之重由樸由純，然則純樸之體，與造化而梁
津。濠上之客，柱下之史，悟無爲以明心，託自然以圖志。輒以山
水爲富，不以章甫爲貴。任性浮沉，若淡兮無味。今司農張氏，實
踵其人，巨量煥於物表，天矯洞達其眞，青松未勝其潔，白玉不比
其珍。心託空而棲有，情入古以如新。既不專流宕，又不偏華尚，
卜居動靜之間，不以山水爲忘，庭起半丘半壑，聽以目達心想。進
不入聲榮，退不爲隱放。爾乃決石通泉，拔嶺岩前，斜與危雲等
並，旁與曲棟相連。下天津之高霧，納滄海之遠煙，纖列之狀如一

〔註45〕 曹道衡：《試論北朝文學》，《中古文學史論集》，中華書局，2002 年版，第 89
頁。

〔註46〕 同上注。

〔註47〕 林文月：《中古文學論叢》，第 294 頁。

古，崩剝之勢似千年。若乃絕嶺懸坡，蹭蹬蹉跎，泉水紆徐如浪
峭，山石高下復危多。五尋百拔，十步千過，則知巫山弗及，未審
蓬萊如何。其中煙花露草，或傾或倒，霜幹風枝，半聳半垂，玉葉
金莖，散滿階坪。然目之綺，裂鼻之馨，既共陽春等茂，復與白雪
齊清。或言神明之骨，陰陽之精，天地未覺生此，異人焉識其名。
羽徒紛泊，色雜蒼黃，綠頭紫頰，好翠連芳，白鶴生於異縣，丹足
出自他鄉。皆遠來以臻此，藉水木以翱翔。不憶春於沙漠，遂忘秋
於高陽。非斯人之感至，伺候鳥之迷方？豈下俗之所務，入神怪之
異趣。能造者其必詩，敢往者無不賦。或就饒風之地，或入多雲之
處。□菊嶺與梅岑，隨春秋之所悟。遠爲神仙所賞，近爲朝士所
知，求解脱於服佩，預參次於山陲。子英遊魚於玉質，王喬繫鵠於
松枝，方丈不足以妙□，詠歌此處態多奇。嗣宗聞之動魄，叔夜聽
此驚魂。恨不能鑽地一出，醉此山門。別有王孫公子，遨遁容儀，
思山念水，命駕相隨。逢岑愛曲，值石陵歆。庭爲仁智之田，故能
種此石山。森羅分草木，長育分風煙。孤松既能卻老，半石亦可留
年。若不坐臥分於其側，春夏分其遊陟。白骨分徒自朽，方寸心分
何所憶？」

姜質，史書無傳，《魏書·成淹傳》云：「（淹）子霄，字景鸞。亦學涉，好爲
文詠，但詞彩不倫，率多鄙俗。與河東姜質等朋遊相好，詩賦間起。知音之
士，共所嗤笑，閭巷淺識，頌諷成群，乃至大行於世。」從《庭山賦》來
看，姜質的作品確實顯得生澀稚拙，賦中狀物、抒情、說理結合得有些生
硬。從造語看，如「恨不能鑽地一出，醉此山門」之語，確有鄙俗之弊病。
「泉水紆徐如浪峭，山石高下復危多」，「則知巫山弗及，未審蓬萊如何」之
類的句子，顯得很不成熟。試圖表達閑逸之情的句子，如「煙花露草，或傾
或倒，霜幹風枝，半聳半垂」，又帶點滑稽意味。與同類名作如《小園賦》
相較，高下立判。姜質的作品在當時就頗受嘲笑，《顏氏家訓集解》卷四云：
「近在并州，有一士族，好爲可笑詩賦。」王利器先生指出，此人就是姜
質。〔註48〕林文月先生也對楊衒之全文收錄《庭山賦》表示不解，稱之爲一
種怪異現象。〔註49〕吳先寧先生則對《庭山賦》評價較高：

〔註48〕王利器：《顏氏家訓集解·敍錄》，上海古籍出版社，1980年版。
〔註49〕林文月：《中古文學論叢》，第324頁。

從北朝文學發展的角度看，姜質賦中的俗詞新語，恰恰表徵了北朝
文學自身已開始漸滋暗長的文學新因素，即與高門士族文人典重古
雅之作風迥異的，直接從日常生活取象，而且用日常生活當中的口
語來表達的鮮活潑辣的藝術新風。楊衒之正是從這一角度肯定姜質
此賦，而加以載錄的。〔註50〕

吳先生所肯定的通俗潑辣，可能是從俗賦的角度來肯定《庭山賦》。魏晉南北
朝時期有俗賦創作的傳統，如曹植的《鷂雀賦》、《蝙蝠賦》、北朝盧元明的
《劇鼠賦》、元順的《蠅賦》，南朝袁淑的《雞九錫文》、卞彬的《蚤虱賦》
等。俗賦有其自身特點，語言通俗詼諧只是外部特徵，寓莊於諧、意在刺世
是其本質特點。〔註51〕錢鍾書先生云：「《魏書·胡叟傳》稱叟『好屬文，既
善爲典雅之辭，又工爲鄙俗之句』，蓋『鄙俗』亦判『工』拙優劣也。『鄙俗』
而『工』，尚可嘉尚。姜質輩既不善於『典雅』復未工於『鄙俗』，斯賦即堪
例證。」〔註52〕說明不同類別和體裁的賦有不同的藝術標準，《庭山賦》的問
題正在於其「似俗非俗」，語言雖雜日常口語，但內容仍寫丘壑之美，詠遊之
樂，與正體賦無別，故不能達到真正的鄙俗，歷來基本不將此賦歸於俗賦類
別。〔註53〕從正體賦角度看，《庭山賦》的藝術水平確實不高，同樣寫景陽
山，楊衒之的「其中重岩複嶺，嶔崟相屬。深溪洞壑，邐迤連接。高林巨
樹，足使日月蔽虧；懸葛垂蘿，能令風煙出入。崎嶇石路，似壅而通；崢嶸
澗道，盤紆復直。是以山情野興之士，遊以忘歸」便比姜賦好得多。天水偏
處隴東，其文學發展落後於河洛地區並不奇怪。楊衒之並非不知《庭山賦》
稚拙，全文收錄的原因，除保存史料外，還源於他開明通達的文學觀。魏收
詩文多學南朝，善作賦與駢文，爲人輕狂自負，文學評論觀念自然嚴苛，輕
視《庭山賦》不足爲奇。顏之推的《顏氏家訓》風格平實，其文學觀念崇尚
「典正」，他自然也看不上《庭山賦》。《洛陽伽藍記》則不同，它本身具有多
樣化的風格，除寫景部分有「穠麗秀逸」特色外，記事部分不乏諧謔色彩，

〔註50〕吳先寧：《南風北漸與北人的選擇和接受》，《文學遺產》，1992 年第 4 期。
〔註51〕參曹道衡：《南朝文學與北朝文學研究》，江蘇古籍出版社，1999 年版，第 25
頁。
〔註52〕《管錐編》第 4 冊，第 1498 頁。
〔註53〕當代論著如曹道衡：《南朝文學與北朝文學研究·緒論》論「近於俗賦或遊戲
文字」部分，伏俊璉：《俗賦研究》（中華書局，2008 年版）均未論及《庭山
賦》。

楊元慎調侃陳慶之語，既被曹道衡先生認為「帶有俗賦的氣息」。〔註54〕此類戲謔調笑還有不少，如高陽王寺條云：

> 崇為尚書令，儀同三司，亦富傾天下，僮僕千人。而性多儉吝，惡衣粗食。食常無肉，止有韭茹、韭菹。崇客李元祐語人云：「李令公一食十八種。」人問其故，元祐曰：「二九一十八。」聞者大笑，世人即以為譏罵。

《洛陽伽藍記》的這種特點，使其對北朝社會的各種俗語謠諺頗為留心，這些其實是珍貴的俗文學史料。如瑤光寺條記京師語：「洛陽女兒急作髻，瑤光寺尼奪作婿。」凝玄寺載時人歌：「洛城東北上商里，殷之頑民昔所止。今日百姓造甕子，人皆棄去住者恥。」白馬寺條記京師語：「白馬甜榴，一實直牛。」追聖寺條引京師語：「洛鯉伊魴，貴於牛羊。」秦太上君寺條引京師民謠：「獄中無繫囚，舍內無青州，假令家道惡，腸中不懷愁。」法雲寺條之秦民語：「快馬健兒，不如老嫗吹篪」等，均生動形象。書中還記錄了一些文學史料，正覺寺條王肅二妻之對答，被明代焦竑《筆乘》認為是次韻之祖：

> 世傳詩人次韻，始於白樂天、元微之，號「元和體」。然楊衒之《洛陽伽藍記》載王肅入魏，捨江南故妻謝氏，而娶元魏帝女，其故妻贈之詩曰：「本為薄上蠶，今為機上絲。得路遂騰去，頗憶纏綿時。」繼室代答，亦用絲、時兩韻。是次韻非始元、白也。〔註55〕

公主代蕭答謝云：「針是貫線物，目中恒任絲。得帛縫新去，何能衲故時。」這兩首雖非近體，但確已有次韻的萌芽，在文學史上應有其地位。凝玄寺條載李元謙與郭文遠家婢女春風的問答，則體現了當時聲韻之學的流行：

> 隴西李元謙樂雙聲語，常經文遠宅前過，見其門閣華美，乃曰：「是誰第宅？過佳！」婢春風出曰：「郭冠軍家。」元謙曰：「凡婢雙聲。」春風曰：「儜奴慢罵。」元謙服婢之能，於是京邑翕然傳之。

《洛陽伽藍記》還載不少隱語，如正覺寺條記高祖與群臣猜謎：

> 高祖大笑。因舉酒曰：「三三橫，兩兩縱，誰能辨之賜金鍾。」御史中尉李彪曰：「沽酒老嫗甕注瓨，屠兒割肉與秤同。」尚書右丞甄琛曰：「吳人浮水自云工，妓兒擲繩在虛空。」彭城王勰曰：「臣始解

〔註54〕 《南朝文學與北朝文學研究》，第 25 頁。

〔註55〕 明・焦竑撰，李劍雄點校：《焦氏筆乘》，上海古籍出版社，1986 年版，第 258 頁。

此字是習字。」高祖即以金鍾賜彪。

另外，法雲寺條之寶公所言「把粟與雞呼朱朱」，預示尒朱榮作亂；景寧寺條楊元愼爲元淵解夢，「槐字是木傍鬼」，預示元淵的結局，也帶有隱語意味。這些俗語隱語的存在，不僅平添幾分輕鬆幽默色彩，也使本書一定程度上成爲北朝文學的微型資料庫，除保留不少北朝文學史料外，書中還可看到辭賦文學的華麗、地志文學的精審、史傳文學的奇詭、俗文學的幽默。諸種因素構成的內容和風格的多樣性，當在同時代的另兩部名作《水經注》和《顏氏家訓》之上。

參考文獻

一、《洛陽伽藍記》各版本

1. 《洛陽伽藍記》五卷，董氏誦芬室據明如隱堂刊本影印。

2. 《洛陽伽藍記》五卷，古今逸史本，明萬曆吳琯刻本。

3. 唐晏《洛陽伽藍記鉤沉》，民國六年潮陽龍溪精舍刻本。

4. 吳若準《洛陽伽藍記》五卷《集證》一卷，清道光十三年刻本。

5. 張宗祥《景洛陽伽藍記合校稿本》，世界書局，1974 年。

6. 陶宗儀《說郛》，涵芬樓百卷本。

7. 陶宗儀《說郛》，汲古閣六十卷本。

8. 周祖謨《洛陽伽藍記校釋》，上海書店出版社，2000 年。

9. 范祥雍《洛陽伽藍記校注》，上海古籍出版社，1978 年。

10. 徐高阮《重刊洛陽伽藍記》，中研院史語所專刊 42，1992 年。

11. 楊勇《洛陽伽藍記校箋》，中華書局，2006 年。

12. 曹虹《洛陽伽藍記釋譯》，臺灣佛光文化事業公司，1998 年。

13. 田素蘭《洛陽伽藍記校注》，《臺灣師範大學國文研究所集刊》第 16 期。

14. 〔日〕入矢義高《洛陽伽藍記》，平凡社，1974 年。

15. *A record of Buddhist monasteries in Lo-yang* By Yi-t'ung Wang. Princeton, 1984.

二、古籍

1. 司馬遷《史記》，中華書局標點本。

2. 班固《漢書》，中華書局標點本。

3. 范曄《後漢書》，中華書局標點本。

4. 陳壽《三國志》，中華書局標點本。

5. 房玄齡《晉書》，中華書局標點本。

6. 魏收《魏書》，中華書局標點本。

7. 李百藥《北齊書》，中華書局標點本。

8. 令狐德棻《周書》，中華書局標點本。

9. 沈約《宋書》，中華書局標點本。

10. 蕭子顯《南齊書》，中華書局標點本。

11. 姚思廉《梁書》，中華書局標點本。

12. 姚思廉《陳書》，中華書局標點本。

13. 李延壽《北史》，中華書局標點本。

14. 李延壽《南史》，中華書局標點本。

15. 司馬光《資治通鑒》，中華書局，1956 年。

16. 大正一切經刊行會《大正新修大藏經》，新文豐出版有限公司。

17. 蕭統編，李善注《文選》，中華書局，1977 年版。

18. 僧祐撰，蘇晉仁、蕭鍊子點校《出三藏記集》，中華書局，1995 年。

19. 慧皎撰，湯用彤校注《高僧傳》，中華書局，1992 年。

20. 道宣撰，鞏本棟釋譯《廣弘明集釋譯》，臺灣佛光文化事業公司，1998 年。

21. 嚴可均《全上古三代秦漢三國六朝文》，中華書局，1958 年。

22. 逯欽立輯校《先秦漢魏晉南北朝詩》，中華書局，1983 年。

23. 顏之推撰、王利器集解《顏氏家訓集解》，上海古籍出版社，1980 年。

24. 酈道元撰、陳橋驛校釋《水經注校釋》，杭州大學出版社，1999 年。

25. 法顯撰、章巽校注《法顯傳校注》，上海古籍出版社，1985 年。

26. 劉知幾撰、浦起龍釋《史通通釋》，上海書店，1988 年。

27. 杜佑《通典》，中華書局，1984 年。

28. 袁宏撰、周天遊校注《後漢紀校注》，天津古籍出版社，1987 年。

29. 道宣《廣弘明集》，上海古籍出版社，1991 年。

30. 黃伯思《宋本東觀餘論》，中華書局，1988 年。

31. 李昉等《太平御覽》，中華書局，1960 年。

32. 焦竑撰、李劍雄點校《焦氏筆乘》，上海古籍出版社，1986 年。

33. 顧廣圻《思適齋書跋》，上海古籍出版社，2007 年。

34. 紀昀等《四庫全書總目》，中華書局，1997 年。

三、今人論著

1. 陳寅恪《金明館叢稿初編》、《金明館叢稿二編》、《寒柳堂集》，上海古籍出版社，1980 年。

2. 萬繩楠整理《陳寅恪魏晉南北朝史講演錄》，黃山書社，1987 年。

3. 湯用彤《漢魏兩晉南北朝佛教史》，中華書局，1955 年。

4. 呂澂《中國佛學源流略講》，中華書局，1979 年。

5. 許理和著、李四龍、裴勇等譯《佛教征服中國》，江蘇人民出版社，2003 年。

6. 謝和耐著、耿昇譯《中國五～十世紀的寺院經濟》，甘肅人民出版社，1987 年。

7. 鐮田茂雄著、關世謙譯《中國佛教通史》，佛光出版社，1986 年。

8. 嚴耕望《魏晉南北朝佛教地理稿》，上海古籍出版社，2007 年。

9. 向達《唐代長安與西域文明》，三聯書店，1957 年。

10. 周一良《魏晉南北朝史論集》，北京大學出版社，1997 年。

11. 周一良《魏晉南北朝史論集續編》，北京大學出版社，1991 年。

12. 周一良《魏晉南北朝史札記》，中華書局，1985 年。

13. 程千帆《程千帆全集》，河北教育出版社，2000 年。

14. 唐長孺《魏晉南北朝史論叢（外一種)》，河北教育出版社，2000 年。

15. 唐長孺《魏晉南北朝隋唐史三論》，武漢大學出版社，1993 年。

16. 唐長孺《魏晉南北朝史論拾遺》，中華書局，1983 年。

17. 陸侃如《中古文學繫年》，人民文學出版社，1998 年。

18. 錢鍾書《管錐編》，中華書局，1979 年。

19. 朱大渭《六朝史論》，中華書局，1998 年。

20. 曹道衡、沈玉成《中古文學史料從考》，中華書局，2003 年。

21. 曹道衡《南朝文學與北朝文學》，江蘇古籍出版社，1999 年。

22. 曹道衡《中古文學史論文集》，中華書局，2002 年。

23. 周勳初《周勳初文集》，江蘇古籍出版社，2000 年。

24. 王瑤《中古文學史論》，北京大學出版社，1998 年。

25. 劉汝霖《漢晉學術編年》，《民國叢書》影印 1935 年版。

26. 胡寶國《漢唐間史學的發展》，商務印書館，2003 年。

27. 張蓓蓓《中古學術論略》，（臺）大安出版社，1991 年。

28. 林文月《中古文學論集》，大安出版社，1989 年。

29. 杜士鐸、衛廣來主編《北魏史》，山西高校聯合出版社，1992 年。

30. 張金龍《北魏政治史研究》，甘肅教育出版社，1996 年。

31. 逯耀東《從平城到洛陽——拓跋魏文化轉變的歷程》，中華書局，2006 年。

32. 李憑《北魏平城時代》，社會科學文獻出版社，2000 年。

33. 陳橋驛《陳橋驛方志論集》，杭州大學出版社，1997 年。

34. 朱祖延《北魏佚書考》，中州古籍出版社，1985 年。

35. 劉緯毅《漢唐方志輯佚》，北京圖書館出版社，1997 年。

36. 王文進《淨土上的烽煙》，臺灣時報文化出版社，1987 年。

37. 方廣錩《道安評傳》，崑崙出版社，2004 年。

38. 周建江《北朝文學史》，中國社會科學出版社，1997 年。

39. 侯旭東《五、六世紀北方民眾佛教信仰——以造像爲中心的考察》，中國社會科學出版社，1998 年。

40. 陳爽《世家大族與北朝政治》，中國社會科學出版社，1998 年。

41. 王美秀《歷史・空間・身分：洛陽伽藍記的文化論述》，里仁書局，2006 年。

42. 程章燦《魏晉南北朝賦史》，江蘇古籍出版社，2001 年。

43. 程章燦《賦學論叢》，中華書局，2005 年。

44. 許結《賦體文學的文化闡釋》，中華書局，2005 年。

45. 曹虹《中國辭賦源流綜論》，中華書局，2005 年。

46. 曹虹《慧遠評傳》，南京大學出版社，2002 年。

47. 王青《西域文化影響下的中古小說》，中國社會科學出版社，2006 年。

48. 劉躍進《中古文學文獻學》，江蘇古籍出版社，1997 年。

49. 劉躍進《古典文學文獻學叢稿》，學苑出版社，1999 年。

50. 劉躍進《秦漢文學論叢》，鳳凰出版社，2008 年。

51. 王國良《〈冥祥記〉研究》，文史哲出版社，1999 年。

52. 魯迅輯《古小說鈎沉》，《魯迅全集》第 8 卷，人民文學出版社，1973 年。

53. 李劍國《唐前志怪小說史》，南開大學出版社，1984 年。

54. 倉修良《方志學通論》，齊魯書社，1990 年。

55. 張星烺《中西交通史料彙編》，中華書局，1978 年。

56. 沙畹撰，馮承鈞譯《宋雲行記箋注》，《西域南海史地考證譯叢六編》，又收於《西域南海史地考證譯叢》第 2 卷，商務印書館，1962 年重印第 1 版，1995 年北京第 2 次影印。

57. 李約瑟《中國科學技術史》，科學出版社，1976 年。

58. 李正宇《古本敦煌鄉土志八種箋證》,甘肅人民出版社,2008 年。

59. 武漢大學歷史系魏晉南北朝隋唐史研究室《魏晉南北朝隋唐史資料》第 1～24 輯。

60. 南京大學中國語言文學系《魏晉南北朝文學論集》,南京大學出版社,1997 年。

61. 臺灣政治大學文學院《第三屆國際辭賦學學術研討會論文集》,1996 年。

62. 《日本學者研究中國史論著選譯》,第四卷六朝隋唐,第七卷思想宗教,中華書局,1993 年。

63. 羅晃潮《〈洛陽伽藍記〉版本述考》,《文獻》,1986 年第 1 期。

64. 林晉士《〈洛陽伽藍記〉之版本考述》,《大陸雜誌》第 92 卷第 3 期。

65. 林晉士《〈洛陽伽藍記〉之寫景藝術》,《大陸雜誌》第 91 卷第 4 期。

66. 管雄《如隱堂本〈洛陽伽藍記〉校記》,《古典文獻研究》,南京大學出版社,1992 年。

67. 陳佩鈴《〈洛陽伽藍記〉中靈異故事類型之探析》,《東方人文學志》第 4 卷第 3 期,2005 年。

68. 易毅成《〈洛陽伽藍記〉的著述理念及方式》,《大陸雜誌》第 87 卷第 2 期。

69. 曹虹《〈洛陽伽藍記〉新探》,《文學遺產》,1995 年第 4 期。

70. 曹虹《洛陽伽藍記與漢晉辭賦傳統》,《古典文獻研究》第 11 輯,鳳凰出版社,2008 年。

71. 曹道衡《關於楊衒之和〈洛陽伽藍記〉的幾個問題》,《文學遺產》,2001 年第 3 期。

72. 曹道衡《論王琰和他的〈冥祥記〉》,《文學遺產》,1992 年第 1 期。

73. 康韻梅《〈洛陽伽藍記〉的敘事》,《第三屆魏晉南北朝文學與思想學術研討會論文集》,1997 年。

74. 康韻梅《唐人小說中「智慧老人」之探析》,《中外文學》第 23 卷第 4 期,1994 年。

75. 林靜怡碩士論文《〈洛陽伽藍記〉之研究》,臺灣中興大學,2003 年。

76. 魏采如碩士論文《〈洛陽伽藍記〉之時空敘事與記憶認同》,臺灣大學,1995 年。

77. 范子燁《〈洛陽伽藍記〉的文體特徵與中古佛學》,《文學遺產》,1998 年第 6 期。

78. 范子燁《〈洛陽伽藍記〉的體例淵源及其與名僧「格義」的關係》,《北方論叢》,1996 年第 5 期。

79. 范子燁《論楊衒之及其〈洛陽伽藍記〉的創作主旨》,《齊齊哈爾大學學

報》，1995 年第 3 期。

80. 范子燁《洛陽伽藍記考論》，《北朝史研究》，商務印書館，2004 年。

81. 葉國良《〈洛陽伽藍記〉零箋》，《臺大中文學報》第 2 期，1988 年。

82. 朱雅琪《記憶中的城市──〈洛陽伽藍記〉中的時空建構》，《中國學術年刊》第 19 期，1998 年。

83. 王伊同《〈洛陽伽藍記〉札記兼評周祖謨校釋》，《歷史語言研究所集刊》第 51 本第 2 分。

84. 王伊同《詮釋〈洛陽伽藍記〉志餘》，《清華學報》第 15 卷，1983 年 12 月。

85. 王伊同《王伊同學術論文集》，中華書局，2006 年。

86. 何寄澎《試論楊衒之的歷史精神》，《思與言》第 20 卷第 6 期，1983 年 3 月。

87. 盧寧《由〈洛陽伽藍記〉看北魏的中原法化》，《法音》，1998 年第 12 期。

88. 楊鴻勳《關於北魏洛陽永寧寺塔復原草圖的說明》，《文物》，1992 年第 9 期。

89. 鄭毓瑜《歸反的回音──漢晉行旅賦的地理論述》，「世變與創化──漢唐、唐宋轉換期之文藝現象」國際學術研討會會議論文，中央研究院中國文哲研究所籌備處舉辦，臺北，1999 年 1 月（亦刊《中國文哲專刊》17）。

90. 陸揚《解讀〈鳩摩羅什傳〉：兼談中國中古早期的佛教文化與史學》，《中國學術》第 23 輯，2006 年。

91. 唐燮軍《〈洛陽伽藍記〉三題》，《史學史研究》，2005 年第 1 期。

92. 劉波《〈洛陽伽藍記〉的學術價值》，《古籍整理研究學刊》，1993 年第 5 期。

93. 化振紅《試論〈洛陽伽藍記〉中的口語詞》，《河北大學學報》，2004 年第 4 期。

94. 化振紅《〈洛陽伽藍記〉中反映魏晉南北朝時代特色的新詞》，《西南民族大學學報》2005 年第 2 期。

95. 李曉明《〈洛陽伽藍記〉的特點》，《史學史研究》，1994 年第 3 期。

96. 劉重來《〈洛陽伽藍記〉作者不姓楊》，《中州學刊》，1984 年第 3 期。

97. 淨名《〈洛陽伽藍記〉的文學價值》，《佛教文化》，2003 年第 6 期。

98. 詹秀惠《洛陽伽藍記的作者與成書年代》，《國立中央大學文學院院刊》，1983 年 6 月第 1 期。

99. 劉淑芬《五至六世紀華北鄉村的佛教信仰》，《歷史語言研究所集刊》第

63 本第 3 分。

100. 王晶波《敦煌文學中的死而復生故事及其內涵》,《甘肅社會科學》,2009 年第 2 期。

101. 徐三見《汲古閣藏明抄六十卷本〈說郛〉考述》,《東南文化》,1994 年第 6 期。

102. 吳先寧《南風北漸與北人的選擇和接受》,《文學遺產》,1992 年第 4 期。

103. 何沛雄《〈兩都賦〉和〈二京賦〉的歷史價值》,《文史哲》,1990 年第 5 期。

104. 傅剛《從〈文選〉選賦看蕭統的賦文學觀》,《北京大學學報》,2000 年第 1 期。

105. 鞏本棟《〈廣弘明集〉在中國佛教史上的價值、地位及其現代意義》,《中國典籍與文化》,1998 年第 4 期。

106. 孔祥軍《〈高僧傳〉弘法起信考》,《南京曉莊學院學報》,2005 年第 3 期。

107. 何炳棣《北魏洛陽城郭規劃》,《慶祝李濟先生七十歲論文集》上冊,臺北:清華學報社,1965 年。

108. 唐長孺《北魏的青齊土民》,《魏晉南北朝史論拾遺》,中華書局,1983 年。

109. 羅新《青徐豪族與宋齊政治》,《原學》第 1 輯,中國廣播電視出版社,1994 年。

110. 韓樹峰《青齊豪族在南北朝的變遷》,《國學研究》第 5 卷,北京大學出版社,1998 年。

111. 陳爽《河陰之變考略》,《中國社會科學院歷史研究所學刊》第 4 集,商務印書館,2007 年。

112. 馬曼麗《宋雲絲路之行初探》,《青海社會科學》,1985 年第 4 期。

113. 張得祖《絲綢之路在青海》,《青海師範大學學報》,1982 年第 1 期。

114. 黃盛璋、方永《吐谷渾故都——伏俟城發現記》,《考古》,1962 年第 8 期。

115. 杜斗城《關於敦煌人宋雲西行的幾個問題》,《甘肅社會科學》,1982 年第 2 期。

116. 徐丹麗《魏晉六朝賦序簡論》,《古典文獻研究》第 7 輯,鳳凰出版社,2004 年。

會昌法難研究
——以佛教爲中心

黃運喜　著

作者簡介

　　黃運喜，1957 年出生於苗栗縣南庄鄉，父母親為雙目失明的盲人。從 13 歲開始以半工半讀的方式完成學業，最高學歷為中國文化大學史學研究所博士。當過工廠及工地工人、救國團服務員、水電及瓦斯管線技術工人、學校教師，從事教育工作 20 餘年，目前為玄奘大學宗教學系教授。

　　研究領域為中國佛教史、玄奘學、台灣史、客家史等，撰有《蛻變的家園—隘口百年變遷沿革誌》、《寶山鄉志・歷史篇》、《傳統與現代的對話—新竹縣寺廟專輯》、《中國佛教近代法難研究（1898 — 1937）》、《新修桃園縣志・宗教禮俗志》，另撰有學術論文 100 餘篇，其奮鬥事蹟與成就被收錄《2009 年新竹市名人錄》中。

提　要

　　政治的統治對象與宗教的教化對象均是人民，政教雙方在一定的限度內，可以相安無事，若逾一定的限度，則易發生衝突。政教衝突的結果，往往是由主政者運用世俗的權威，干涉教團內部依戒律規定正常的運作，使之在義理趨向低下的目標，這種現象，就是宗教史上所謂的「法難」。

　　會昌法難是中國佛教由盛轉衰的分水嶺、對於當時政治，社會及後代文化均有深遠的影響。本文根據兩唐書、唐會要、大正藏史傳部、方志、金石史料等記載，鉤劃出這次法難的真象，並嘗試分析法難的原因和影響。全文共分六章，分章敘述要點如下：

　　第一章：「緒論」。敘述宗教的本質和法難的意義，並比較中印兩國的僧伽制度及僧寺關係，藉以明瞭會昌法難的遠因。

　　第二章：「從時代背景看法難原因」。以唐代君王的宗教信仰和政策，國家經濟和寺院經濟衝突，士大夫排佛思想暗流等三個角度解釋這次法難原因。

　　第三章：「會昌法難始末」。敘唐武宗即位後的崇道黜佛措施，並分析廢佛詔令「拆寺制」，以探討武宗廢佛動機，最後敘述宣宗即位後的放鬆管制而結束了這次法難。

　　第四章：「法難下的佛教」。考察法難進行時僧侶的志行操守，鉤勒出全國各地被毀的寺院及散佚佛典。

　　第五章：「法難的影響」。以社會功能、佛教宗派、佛教義理轉變和佛學中國化三方面分析法難的影響。

　　第六章：「結論」。簡單敘述前面各章要點，並提示會昌法難為何是中國佛教由盛轉衰的關鍵。

目

次

第一章 緒 論

第一節 宗教的本質與法難的意義

宗教是人類精神生活中所昇華的圓融境界，隨著人類文明的開展，信仰層次逐漸提高，對於宗教起源也隨著有各種不同的看法。如人類對於大自然的恐懼、神秘力、人格生長、無限的觀念、社群的態度、魔術說、鬼魂說等理論先後被提出。〔註1〕這些理論若依佛教教義衡量，是不明緣起的根本無明在作祟。佛教以超越的智慧－般若，表現出在心、境看法的相異上，提出有境有識（小乘學者）、無境有識（唯識學者）、無境無識（中觀學者）等三種層次的理論，以這三種緣起法則顯示出宗教的起源，較西方學者的理論更爲殊勝。

政治是人類在現實生活中不可少的一環，人類生於斯、長於斯，受著國家社會的支配。爲政者當爲民興利除害而治理人民，古人稱許英明的統治者應「作之君，作之師，惟曰其助上帝，寵之四方。」（《孟子・梁惠王篇》）也就是統治者是幫助上天治理人民，所能治理的範疇是世間的，扮演的角色是「君、親、師」，至於出世間的天、地則非統治者所能管轄，所以古人將「天、地」列於「君、親、師」之上，以彌補其功能之不足。宗教對人類所扮演的角色，除「君、親、師」等世間法外，更兼「天、地」所能管轄的出世間法。即政治祇能統御人類的現實生活，解決人類的部分問題；宗教則兼現實、精神領域，統攝人類整個文化，這是宗教對於人類的功能與意義所在。

由於宗教可兼顧人類的現實和精神生活，其涵蓋面較政治祇能管轄現實

〔註 1〕 林惠祥，《文化人類學》（台北，台灣商務印書館，民國 60 年 2 月三版），頁
278～280。

生活為大，宗教不能脫離現實，故易與政治衝突，以致政治運用非宗教的力量，強制改變依據教義產生的正常宗教活動，使之趨向一種在義理上層次低下的目標，而無視於其原有的崇高志趣與功能的愚昧行為。〔註2〕

在佛教的傳佈發展上，無論中外，均發生過各種程度，不同類型的法難，這些法難對於當時與後世的影響各有不同，有的影響較淺，時間較短，人們對於這些法難視為過眼雲煙，未留下一絲紀錄。有的法難影響較為隱晦，人們所見的祇是冰山一角，但其在歷史上卻構成一股暗流，對於整個佛教的破壞有如附骨之疽，非將僧伽組織徹底破壞，我們不易發覺。有的法難則來勢洶洶，對於僧伽的破壞則是有目共睹，成為學者的研究目標。

然無論是何種類型與程度的法難，其所以發生，均是政教關係失調下所造成的不幸事件。這種政教之間的衝突，若無完善的補救措施，容易發生歷史文化上難以彌補的損失，造成反文化、反宗教的不智行為。如何調整政教之間的步伐，使人導入人類精神生活，向於超拔昇華，使之享清淨安逸的樂趣，這有待於雙方的約束與寬容。在這個目標的體認上，分別扮演不同角色。盡量完成本身的任務，而不干預其他的角色。這樣，就自然而然的建立了政教和諧基礎，無論如何也不會再發生這種破壞社會秩序的法難。〔註3〕

第二節　僧伽制度的建立和特質

僧伽制度是佛教特有的組織，所謂僧伽，是梵文 Saṅgha 的音譯，其義為和合眾，初係指四人以上的比丘和而為眾，後來新譯家則以為三人以上為僧伽。〔註4〕即《大智度論》卷三所謂：「僧伽秦言眾，多比丘一處和合是名僧伽。」〔註5〕但其原義後經輾轉訛傳，逐漸的由出家僧團而被形容為個別的出家人。〔註6〕本文為正本清源，將僧團以「僧伽」一詞來表示；個別的出家人

〔註2〕釋明復，〈中國佛教近代法難的瞻顧〉，《獅子吼月刊》十六卷 7 期，民國 66 年 7 月 15 日，頁 3。

〔註3〕關於我國過去發生法難情形，參閱筆者撰文〈中國佛教難研究〉，《獅子吼月刊》二十四卷 5 期，民國 74 年 5 月，頁 30～23。

〔註4〕丁福保，《佛學大辭典》（台北華嚴蓮社，民國 60 年 10 月影印），頁 2476。

〔註5〕龍樹造、鳩摩羅什譯，《大智度論》，《大正藏》第二十五卷，（台北，新文豐出版公司，民國 63 年 9 月），頁 80。

〔註6〕藍吉富，〈傳燈的人─歷代僧侶的分類考察〉，收入《中國文化新論宗教禮俗篇》，敬天與親人，（台北，聯經出版社，民國 71 年 11 月），頁 690。

則以「僧侶」或「比丘」、「比丘尼」來表示。

原始的僧伽制度

　　西元前二千年左右，屬於印歐民族的阿利安人（Aryans）由印度西北邊境出口入侵印度半島，經過數百年的鬥爭，終於征服土著達羅毗荼人（Dravidians），他們為有效控制印度諸民族，曾建立起嚴格的種姓制度。與種姓制度相結合者則為婆羅門教，該教以「祭祀萬能」、「婆羅門至上」、「吠陀天啓」為三大綱領。〔註7〕對於祈願、供犧、祀火、念誦等祭祀的方法極為重視，希望藉此修行而達住梵天的最高目標。〔註8〕但這種情況在西元前六世紀前後，阿利安文化在擴展的過程中，曾遭遇到有力的反抗。東方的非婆羅門教主義，如佛教、耆那教等，都脫離傳統的婆羅門教，建立起獨自的文化體系。〔註9〕

　　佛教是在二千五百年前，由釋迦牟尼所建立的宗教。當時印度的宗教界相當混亂，新說群出；梵網經舉六十二見，尼犍子經如 Sutra Krhanga 及奧義書中所載異說亦夥。歸納諸說，這些異說約分三系：（一）婆羅門教，延吠陀神教之舊緒，重祭祀。（二）奧義書開闢新說，立梵天。（三）沙門諸外道，輕吠陀，重智慧。各立門戶，學說極雜，最知名者為耆那教。（即佛教所謂六師外道之一的尼犍子外道）〔註10〕然無論各家立論如何相異，其目的則皆求解脫，且各派必帶幾分厭世的傾向，〔註11〕他們認為升梵天，即是究竟解脫

　　　僧伽被稱為個別的出家人，宋僧贊寧在《大宋僧史略》下有提出說明：「若單云僧，則四人以上方得稱之。今謂分稱為僧，理亦無爽。如萬二千五百人為軍，或單己一人亦稱軍也。僧亦同之一。」《大正藏》第五十四卷，（台北，新文豐出版公司，民國63年9月），頁251。
〔註7〕李世傑，《印度哲學史講義》（台北，新文豐出版公司，民國68年9月），頁24。
〔註8〕李世傑，《印度哲學史講義》，頁45。
〔註9〕釋印順，〈佛教之興起與東方印度〉，收入《以佛法研究佛法》，《妙雲集》下編，（台北，正聞出版社，民國69年5月），頁15。
〔註10〕湯用彤，〈釋迦時代之外道〉，收入《印度佛教史略》，現代佛教學術叢刊，（台北，大乘文化出版社，民國67年12月），頁22。
　　　佛教學者稱除了佛教、耆那教以外的學說為「六派哲學」，這六派，包含有正統婆羅門系統，旁系婆羅門系統和非婆羅系統的思想潮流。六派名稱分別是數論派、瑜伽派、彌曼薩派、勝論派、吠檀多派和正理派。（參見李世傑，《印度哲學史講義》，頁149）。
〔註11〕高楠順次郎、木村泰賢著，高觀廬譯，《印度哲學宗教史》（台北，台灣商務印書館，民國72年9月），頁395。

處。爲了獲得人間福樂與來生得生人天，印度宗教使用祭祀、咒術、德行、苦行、遁世、瑜伽等六種解脫法。這六種解脫法，依釋迦牟尼看來，是虛僞錯謬的，於是釋迦牟尼以戒定慧三學並重，圓融表現於布施、持戒、忍辱、精進、禪定、般若六度波羅密的修行方法來教導弟子。〔註12〕

在印度哲學宗教史上，其梵書（Brāhmana）時代，〔註13〕曾將教徒的一生，分爲四時期，其中的林棲期和遁世期爲婆羅門的義務。〔註14〕這二期的婆羅門須離開家庭，過著苦修遁世的生活。後來這種離開家庭，隱世修行方法，被其他各教所採行，印度人稱這批修行者爲沙門（Śramana）。

釋迦牟尼和弟子們亦是沙門的一份子，但與其他沙門不同之處是有一特殊組織，這種組織就是僧伽制度。它的成立，是釋迦牟尼依實際需要而設立的，爲一對內教育，對外佈教的團體，佛教成功的對外發展，僧伽制度的建立是很大的關鍵。僧伽的人數，最初祇有阿若憍陳如等五比丘，至第六年後，已增加到一千二百五十人的大團體。〔註15〕

僧伽制度的特質，依現存文獻考察，有下列數項：

一、依六和敬為共住原則

僧伽是一人數眾多的團體，必須內外無諍，和衷共濟，纔能使團體日益壯大，此即六和敬的基礎。所謂六和敬是指：身和共住、口和無諍、意和同事、戒和同修、見和同解、利和同均。共中戒見和三者是體和，身口意三者是相和。〔註16〕

僧伽中的每一份子，唯有在這體相均合的六和敬共住原則下，纔能消除內在的矛盾，促進和樂合作，使僧伽制度更爲健全發展，從容實踐佛教的理想。

〔註12〕參見釋印順，〈從依機設教來說明人間佛教〉，收入《佛在人間》，《妙雲集》下編，（台北，正聞出版社，民國65年1月再版），頁44～73。

〔註13〕印度哲學的發展，依時代分，可分爲吠陀（Veda）、梵書（Brāhmana）、奧義書（Upaniṣad）、六師外道及佛教等階段。梵書是解說吠陀本典的神學書，相當於佛教的論典。

〔註14〕高楠順次郎、木村泰賢著，高觀盧譯，《印度哲學宗教史》，頁396。

〔註15〕參見釋印順，〈佛在人間〉，收入《佛在人間》，《妙雲集》下編，（台北，正聞出版社，民國65年1月再版），頁3。
一般佛經在序分部分，將僧伽人數一千二百五十人列爲聆聽佛法的成員，這一現象，是巴利文與梵文經典所共有的，反應出當時僧伽人數之多。

〔註16〕釋善卿，《祖庭事苑》，《卍續藏經》第一一三冊，（台北，中國佛教會影印，佛曆二五一一年），頁67。

二、以戒律為行為準則

釋迦牟尼在世時，以自身的言行身教為僧侶的行事準則，但在其將滅度時，弟子們感到即將失去依靠，於是請示垂訓。釋迦牟尼教誨說：「汝等比丘，於我滅後，當珍重尊敬波羅提木叉，如闇遇明，貧人得寶，當知此則是汝大師。」〔註17〕所謂波羅提木叉是梵語 pratimokṣa 的音譯，係指戒律條文，此為僧侶以戒為師的來由。

現存戒律有南傳巴利語系及北傳漢語系。巴利語系我國未有譯本，漢語係保存有《四分律》、《五分律》、《十誦律》、《摩訶僧祇律》，《根本說一切有部律》等重要戒本。這些戒本是經多次結集，陸續編纂，以因應佛教在印度傳流時間、地域、語言等實際問題的需要。

雖然律藏中包含許多不同的戒本，但各戒本有一共同特色，即規範僧伽的生活。要求僧侶們的行住坐臥、言行舉止均要合乎戒律上的要求，如此僧伽中行事纔有一定的準則。釋迦牟尼為防止僧侶們對戒律的生疏，要求僧侶每半月宣讀一次，並誠心檢討言行是否犯戒。《根本說一切有部毘奈耶雜事》卷三八謂：「我今汝等每於半月說波羅提木叉，當知此則是汝大師，是汝依處，若我住世無有異也。」〔註18〕這說明了戒律在僧伽制度中所佔有的地位和殊勝處。

三、滌垢去污的懺悔法

戒律的持守，是培養僧侶的三千威儀，八萬細行。然而在持戒的過程中，難免會有不合乎戒律的行為，此即所謂犯戒。在佛法中，除了犯重戒，均有懺悔的方法，使犯者洗心滌濾，繼續追求人格上的圓滿。

印度僧伽的傳統，僧侶們在每半月誦讀戒本時，並虛心檢討，如自身行為有干犯戒律的話，必須向大眾或長老發露（公開說出所犯行為）與懺悔。然後依所犯戒律的輕重開遮行程度不等的勞役苦行，服役大眾，以懺悔業障。〔註19〕

印度僧伽制度中的發露與懺悔法門，其功能與天主教的告解相若。甘易逢（Y.Raguin, S.J.）神父謂：「佛陀對人類的影響非常大，甚至於早期的天主

〔註17〕鳩摩羅什譯，《佛垂般涅槃略說教誡經》，《大正藏》第十二卷，（台北，新文豐出版公司，民國68年9月），頁1110。

〔註18〕釋義淨譯，《根本說一切有部毘奈耶雜事》，卷三八，《大正藏》第二十四卷，（台北，新文豐出版公司，民國68年9月），頁399。

〔註19〕參見丁敏，〈方外的世界—佛教的宗教與社會活動〉，收入《中國文化新論宗教禮俗篇》，敬天與親人，（台北，聯經出版社，民國71年11月），頁130。

教修道院都深受佛教的影響。」〔註 20〕雖然我們不能肯定天主教的告解是否受佛教的影響，但我們可以肯定的是佛教的懺悔和天主教的告解制度，對於犯錯教徒所賦與「新生」或「再生」力量是很大的。

四、符合民主原則的羯磨法

僧侶是僧伽制度中的核心份子，其身份的取得，需離開俗世家庭，依一定程序的制度及受具足戒，然後成一合格的出家人，就是比丘，或比丘尼。

僧伽制度中，對於新進僧侶的受戒，有一相當嚴格的審核，規定受戒者必須通過非奴、非養兒、不負人債、非王臣、不陰謀王家、非黃門（閹人）、非二根（陰陽人）、無疾病、經父母同意、年滿二十歲等詢問。〔註 21〕這種資格審查的儀式，在佛教中被稱爲羯磨法。

羯磨制度的行使，是欲受具足戒者，必須在十個比丘以上的僧伽中，求得一致的通過與承認，纔能成爲合法的比丘（或比丘尼）。若有一人反對，便是僧不和合，而不成受戒羯磨，這種儀式的目的，是在取得僧眾的認可，而非私下的接受。〔註 22〕

佛教之所以能在印度各宗教中脫穎而出，並向國外發展，僧伽制度的建立是主要的關鍵。

但佛教在向外發展過程中，爲了適應各國的社會文化，往往會將印度僧伽制度改變。此種改變，雖然有助於適應各國的民族心理，但在不知不覺中，也將印度僧伽制度中的部分精神喪失，造成佛教的世俗化及對政治的依賴性，成爲日後各國政治干預僧伽制度的動作，造成有利的藉口。

第三節　中國早期的僧伽制度

佛教在東漢傳入中國，此時的社會陰陽迷信思想盛行，讖緯之學方熾，時人亦以鬼神方術視之，較著者若楚王英晚年喜黃老之學，爲浮屠齋戒祭祀；順帝時有《太平清領經》的出現。《太平清領經》反映出道術受佛教的影響，

〔註 20〕甘易逢編著、明鏡譯，《淺談佛學—天主教徒的觀點》（台北，光啓出版社，民國 72 年 4 月），頁 9。

〔註 21〕佛陀跋陀羅共法顯譯，《摩訶僧祇律》，《大正藏》第二十二卷，（台北，新文豐出版公司，民國 68 年 9 月），頁 399。

〔註 22〕釋聖嚴，《戒律學綱要》，頁 192。

而佛教亦藉其勢力以張其軍，二者之間關係密切。〔註23〕故桓帝在宮中立黃老浮屠之祠。

中國佛教擺脫鬼神方術的附庸，主要是佛典的翻譯，尤其是天竺西域來華僧侶的貢獻很大。據高僧傳所載，東漢時東來的譯經僧侶十人，其中印度四、安息人二、月支人二、康居人二。〔註24〕其後來華僧侶日眾，譯經師的陣容更為堅強，所翻譯佛典的內容也逐漸增加，這種情形本可奠定中國的僧伽制度。然魏晉之際，清談盛行，格義佛教應運而生，使佛教從鬼神方術的附庸，轉變成清談的話題，阻礙了圓融義理的研究與菩薩行思想的發展，直到道安（西元314～385年）適時的創立僧伽制度，纔將中國佛教帶入一新紀元。

漢至東晉初，無論胡漢，出家人僅依循西域傳來的部分經律，及傳教僧的影響，過著離開家庭，完全禁慾的出家生活。〔註25〕而缺少一特定的組織與僧伽制度，主要原因與當時律藏的不完備和遲譯，不能產生一定的規範有關。〔註26〕

東晉時，道安在襄陽，領有徒眾數百，群居一處，為了維持僧伽的和合，遂制定儀節，以資軌範。《高僧傳》卷五〈釋道安傳〉謂：

　　安既德為物宗，學兼三藏，所制僧尼軌範，佛法憲章，條為三例。

　　一曰：行香定座，上經上講之法。二曰：常日六時，行道飲食唱時

　　法。三曰：布薩（每半月集眾僧說戒）差使悔過等法。天下寺舍，

　　遂則而從之。〔註27〕

關於道安所立的三例，諸書未見明解，唯《法苑珠林・唄讚部》謂：

　　又昔時有道安法師集製三科上經上講布薩等，先賢立制，不墜於地，

　　天下法則，人皆習行。〔註28〕

〔註23〕 參見湯用彤，《漢魏兩晉南北朝佛教史》（台北，鼎文書局，民國74年元月三版），頁53～61。

〔註24〕 馮承鈞，《歷代求法翻經錄》（台北，台灣商務印書館，民國59年8月），頁2。

〔註25〕 參閱釋依仁，〈中國僧團制度之研究〉，《獅子吼月刊》二十四卷7期，民國74年7月，頁23。

〔註26〕 中國之有戒律，始於曹魏嘉平二年（西元250年）由中天竺僧曇柯迦羅於洛陽白馬寺譯出僧祇戒心和羯磨法。（釋慧皎，《高僧傳》，卷一，〈曇柯迦羅傳〉，《大正藏》第五十卷，台北，新文豐出版公司，民國68年9月，頁325），影響中國深遠的《十誦律》、《四分律》、《摩訶僧祇律》、《五分律》等均於道安圓寂後陸續譯出。

〔註27〕 釋慧皎，《高僧傳》，卷五，頁353。

〔註28〕 釋道世，《法苑珠林》，《大正藏》第五十三卷，（台北，新文豐出版公司，民國68年9月），頁575～576。

道安創立僧伽制度後不久，鳩摩羅什來華，譯出律藏，從此天下僧人儀軌，有所資循，不必一一仿照道安之制。〔註29〕其對中國佛教的僧伽制度，功不可沒。

中國是個高度文明的國家，政治組織嚴密，大一統思想堅定，家族結構穩固。純印度式的僧伽制度，勢必要在這種環境的制約下，轉變成中國式的僧伽制度，這種轉變，造成了中印兩種不同型式的僧伽制度。

依現存資料考察，中國初期僧伽制度有下列的轉變：

一、易受君主意志所左右

由於受到「溥天之下莫非王土，率土之濱莫非王臣」的大一統觀念影響，純粹符合佛制戒律運作，擺脫政治束縛的僧伽制度，在中國無法實現。歷代的統治者，爲了穩固政權，方便管理僧伽，曾經制定種種的法令與限制，使僧伽制度變質，剝奪了獨立運作的功能，這些限制，包括限制寺院及僧侶數量、建立僧官制度、建立「以官轄寺、以寺轄僧」制度，繩之以世俗法律等。〔註30〕

佛教在中國勢力的盛衰，與君主的好惡有密切關係，三武之禍的產生，固然是出自君王意志。但隋唐佛教之盛，亦與隋文帝、煬帝的弘揚有關。〔註31〕道安謂：「不依國主，則法事難立。」實道出中國僧伽制度對君主的依賴性。

二、印度僧伽制度部分精神喪失

佛教在中國，因律藏的遲譯及傳統背景不適國情、本土高度行政官僚體系和宗法社會結構等因素，原始僧伽制度無法在中國產生。印度如法如律的六和合敬理想僧伽制度，在中國似乎未以大規模的姿態表現過。其中較明顯的例子是南北朝禪法初行時，禪師於山窟、林間幽棲習禪的記載，在《續高僧傳》中屢見不鮮。〔註32〕這種隱遁山林的作風，是脫離僧伽運作規範的行爲，牴觸了以「六合敬」爲共住原則的僧伽制度。

三、以僧官爲控制僧伽運作的媒介

在中國佛教史上，僧官制度的研究，顯然是被遺落的一環，這種將僧伽

〔註29〕參見湯用彤，《漢魏兩晉南北朝佛教史》，頁216。
〔註30〕黃運喜，〈中國佛教法難研究〉，頁32～23。
〔註31〕參見藍吉富，《隋代佛教史述論》（台北，台灣商務印書館，民國63年5月），頁1～14。
〔註32〕參見鄧克銘，〈百丈清規之僧團規範意義的探討〉，《獅子吼月刊》二十四卷7期，民國74年7月，頁17。

制度納入官僚系統，剝奪僧伽依戒律規定獨立運作，是佛教發展中的附骨之疽，在討論中國僧伽制度時，實有加以探討的必要。

有人以爲僧官制度導源於寺院中僧職施設，是寺院組織成長過程所延續發展成的一種制度。〔註33〕也有人認爲設置僧官的理由是爲防止僧尼惉漏。其實這兩種說法不是倒果爲因，就是一種托詞。〔註34〕明復法師在《中國僧官制度研究》一書中，提出兩點獨到的看法。一是我國帝國組織與官僚結構嚴密，縱使有接受佛法的雅量，也難容忍在其綿密的組織中，硬行插入一種精神情趣全然殊異的外來組織，以致形成「國內之國」。二是秦漢間流行的半原始宗教信仰與官府的管制政策，造成「聖人以神道設教」的思想，將巫覡管理、宗教事務、祭祀監督予以制度化，形成政教合一由官僚監督的局面，而導出日後的僧官制度。〔註35〕

僧官的設置，若從東晉時僧恭任蜀僧正起，至民國元年南京臨時政府廢除止，其間名號互異，無論中央或地方均有設置，形成對佛教控制的系統。這眾多的僧官，其政治地位僅是一中級官吏，他們必須接受皇帝、宰相、各部長官的命令。另外政府對於僧官的賜紫、封爵、賜臘、謚號等世俗恩寵，往往也造成僧侶的世俗化與官僚化，遠離了僧伽制度中依戒律自修，過著六和合敬法的生活。

佛教傳入中國，因受文化環境等因素影響，致政治權力介入，喪失了印度僧伽制度中的特有精神。這種轉變，使僧伽無法與政權抗衡而居於附屬，每遇強而有力的主政者，利用行政命令對僧伽運作加以干涉，大小輕重程度不一的法難就因而發生。

第四節　僧寺關係的變遷

一、印度僧伽制度與寺院的關係

釋迦牟尼建立僧伽制度時，並沒有精舍（Vihara 音譯毘訶羅）或寺院（Chaitya 音譯招提）制度。僧侶們「一會兒住在這裡，一會兒住在那裡－在

〔註33〕如賀光中謂：「僧官之制，蓋原於寺之三綱。」（賀光中，〈歷代僧官制度考〉，收入《中國佛教通史論述》，台北，大乘文化出版社，民國67年7月，頁193。）
〔註34〕釋明復，《中國僧官制度研究》（台北，明文書局，民國70年3月），頁2～2。
〔註35〕參見釋明復，《中國僧官制度研究》，頁2～2。

樹林中，躱在樹下，在山邊，在洞穴中，在山窟內、塚間、森林內、露天的草地上，以及草堆上。」〔註36〕過著遊化的生活。

由於印度在六月中旬以後的三個月，正是草木滋長，蟲蛇蠢動的時期，所有宗教界都在此期間結夏（安居），以免受到傷害，而佛教並無此制，頗受各宗教及民眾的責難。故摩揭陀國頻婆沙羅王，建議釋迦牟尼仿照外道設結夏制度，首先在王舍城竹林精舍結合僧侶定居一處。〔註37〕於是在此短期的集會中，比丘們已有一種合群生活的意義，漸漸的這種暫時生活的住所，因僧侶們的固定住下，遂形成佛教的寺院制度。

僧侶們在寺院定居以後，每天仍過著乞食遊化的生活，並向眾生說法結緣，這種生活，反映在許多佛教經典中，如金剛經梵文原典，就保存著樸實真切的記載：

> 在正午前的時候，薄伽梵（世尊）穿著袈裟，手持著鉢，進入舍衛城乞食。
>
> 當世尊在舍衛城時，人們把飯丸丟進鉢裡。乞食完畢走向住所，吃完飯後收起衣鉢並洗足，然後在敷設的座位上結跏坐。〔註38〕

接著釋迦牟尼接受弟子頂禮和發問，然後說法教化信徒。這種生活方式，藉著乞食與眾生結緣，並藉寺院作爲說法教化的場所，久而久之，寺院亦兼有教育的功能，成爲高深的學問研究中心。其研究對象與範圍也漸從義學轉到語文、文法、歷史、因明、醫學等世間之學。〔註39〕

在印度，僧侶和寺院之間並無特殊的關係，寺院是一靜態的住所，而僧伽是一動態組織。僧侶們平日在外行化，除結夏必須在一定寺院定居外，並不限制其居住一定住所。就以釋迦牟尼而言，在摩揭陀國有八個精舍，十一個石窟；在拘薩羅國有九個大小不一的精舍，在其他各國亦同。〔註40〕所以在佛經中，常常可看到釋迦牟尼在各種不同精舍說法的記載。

〔註36〕智華譯，〈古代印度的佛教寺院〉，收入《印度佛教史論》（台北，大乘文化出版社，民國67年12月），頁69～70。

〔註37〕參見塚本啓祥，《初期佛教教團史の研究》（東京，山喜房佛書林，昭和四十一年三月），頁305～206。

〔註38〕譯自 F.Max Müller, ed., *Vajracchedikā – Prajñapāmitā – Sūtra.* London：Anecdota Oxoniensia, Aryan Series, Vol.1, Part 1, 1881, P.19。

〔註39〕智華譯，〈古代印度的佛教寺院〉，頁73。

〔註40〕參見谷響，〈佛陀時代印度諸國的社會思想概況〉，收入《印度佛教史論》（台北，大乘文化出版社，民國67年12月），頁4～6。

　　佛教在印度，就以各地的寺院爲據點，配合僧伽制度的特質，積極向外佈教，終於在各教紛起的環境中脫穎而出，並成功的向國外弘傳。

二、魏晉南北朝佛教寺院的發展

　　中國佛寺，始建於洛陽白馬寺，爲東漢明帝時，爲天竺僧攝摩騰所建。〔註41〕其後胡僧來華者日眾，佛寺興建漸夥。但此時期的佛寺，均由官人監督，民眾不得置喙。至三國兩晉期間，始見僧人民眾，創立寺院精舍，略採西域天竺之法，由僧民自任寺主、檀越而經管之。於是佛寺遂有官私之別。〔註42〕

　　曹魏至東晉，戰亂頻繁，人民流離失所，政治爲世族門閥所壟斷，文化則因儒家思想中衰，發展出以老莊易經爲話題的清談。此時一些高僧如支道林、支愍度等人藉老莊以解釋佛法，大爲公卿所折服，佛法遂流行到上層社會。此期第一流思想家大都合玄學與佛學家爲一，實非偶然。

　　由於我國政治傳統，素有「禮不下庶人」「民可使由之，不可使知之」的思想，社會上有許多平民，受教育的機會有限，造成教育不普及的現象。而佛教以其平等的思想，透過佛寺，以講經、施賑、結社等方式來教育民眾，同時僧侶也能在戰亂流離之際，給予民眾以精神上的安慰，安定民心，故佛教同時也流行於下層社會。

　　在南朝，因佛教弘傳的成功，僧侶人數及寺院營造日漸增多，且以奢麗爲功德，頗爲清議所不許。宋文帝元嘉十二年（西元 435 年）丹陽尹蕭摹之上言謂：

> 佛化被於中國，已歷四代，形像塔寺，所在千數。自頃以來，情敬浮末，不以精誠爲至，更以奢競爲重，材竹銅綵，糜損無極；無關神祇，有累人事，不爲之防，流遁未息。請自今欲鑄銅像及造塔寺者，皆當列言，須報乃得爲之。〔註43〕

詔從之。然未挽頹風。上自帝王公卿，下至販夫走卒，無不競立寺塔以求功德。杜牧有詩謂：「南朝四百八十寺，多在樓台烟雨中。」（江南春）道出了南朝佛教之盛和寺院建築之多。

〔註41〕釋慧皎，《高僧傳》，頁 323。
〔註42〕釋明復，《中國僧官制度研究》，頁 42。
〔註43〕司馬光，《資治通鑑》，卷一二二，（台北，建宏出版社，民國 66 年），頁 3859。

北魏初期，限制佛寺興建頗嚴，太武毀佛，梵刹俱廢。文成帝繼位，首創限制寺院與僧尼數量之法，每州祇許立寺一區，僧尼大州五十，小州四十人。〔註44〕但其後崇佛頗甚，毀家建寺，在所不惜，豪門懿親，競相創立，致有北魏正龜元年（西元 558 年）任城王澄上奏謂：

> 今之僧寺，無處不有。或比滿城邑之中，或連溢屠沽之肆。或三五少僧，共為一寺。梵唱屠音，連簷接響，像塔纏於腥臊，性靈沒於嗜慾。真偽混居，往來紛雜。下司因襲而莫非，僧曹對制而不問。其於污染真行，塵穢練僧。薰猶同器，不亦甚歟。……昔如來闡教，多依山林，今此僧徒，戀著城邑。豈湫隘是經行所宜，浮諠必栖禪之宅，當由利引其心，莫能自止。處者既失其真，造者或損其福，乃釋氏之糟糠，法中之社鼠，內戒所不容，王典所應棄矣。（下略）奏可。〔註45〕

將謀盡驅洛陽城內之僧於外，會亂起未行。正光（西元 520 年）以後，國家多事，王役尤甚，故所在編民相與入道，假慕沙門，實避調役。史稱魏末僧尼大眾有二百萬，寺三萬有餘。京邑第舍，略為寺矣。〔註46〕至北齊時，情況依舊，鄴都一地，「都下大寺，略計四千，見住僧尼，僅將八萬，講座相距，二百有餘。」〔註47〕寺院之多，為前所未有。

三、僧寺合一制度的確定

南北朝時僧侶與寺院數量大增，至隋文帝時，官民捨宅建寺風氣盛行，遂引發煬帝對寺院的整頓。其作法有二：一是「賜額」。凡官民欲立寺者，先須請准，樞府以皇帝名義頒一雲標，上書敕建某某寺，即可享受豁免徭役賦稅之惠。無額之寺，即屬私建，立者服刑，材料入官。另與賜額之制並行的是官派佛寺監丞，依王府督理寺務，架空佛寺三綱的職權，破壞戒律公議決事，不作專斷的獨立運作之權，致使政教完全超於一致，不復可分。〔註48〕

〔註44〕魏收，《魏書》，卷一一四，〈釋老志〉，（台北，洪氏出版社，民國 66 年 6 月），頁 3036。
〔註45〕魏收，《魏書》，頁 3045。
〔註46〕魏收，《魏書》，頁 3045～2046。
〔註47〕釋道宣，《續高僧傳》，卷十，〈釋靖嵩傳〉，《大正藏》第五十卷，（台北，新文豐出版公司，民國 68 年 9 月），頁 501。
〔註48〕釋明復，《中國僧官制度研究》，頁 43～44。

　　　北魏文帝創立寺院僧侶設限制度，爲求有效管理，遂有僧籍的建立。有
關僧籍的記載，《魏書‧釋老志》延興二年（西元 472 年）有詔謂：

　　　沙門不在寺舍，遊涉村落，交通奸滑，經歷年歲。令民門五五相保，
　　　不得容止無籍之僧，精加隱括，有者送付州鎮。

此後在太和十年（西元 486 年）冬，有司又奏：

　　　前被敕，以敕籍之初，愚民僥倖，假稱入道，以避輸課。其無籍之
　　　僧，罷遣還俗。重被旨，所檢僧尼、寺主、維那當寺隱審。其有道
　　　行精勤者，聽仍在道；爲行凡粗者，有籍無籍，悉罷齊民。今依旨
　　　簡遣，其諸州還俗者，僧尼合一千三百二十七人。

奏上，制可。〔註49〕

　　　在此十四年間，僧籍的作用，由消極防止無籍僧侶的產生，轉變到積極
的沙汰防弊，且成爲僧政中的重要工作。依現存資料考察，僧籍的設立，並
未限制僧侶的遊行參訪，僧侶和寺院的關係淡薄，流動性極大，帶給有司極
大的困擾，引發日後政府對僧侶活動的重重限制。尤其是唐代對僧政的管理，
表現出政權至上的絕對優勢。致使僧伽制度陷於僵化與無奈，對日後佛教的
發展深具影響。

　　　唐代僧政管理中最重要的措施是玄宗天寶六載（西元 747 年）所頒行的
度牒制度。〔註50〕在度牒上註明僧侶的德號和所屬寺院，作爲身份證明之用，
僧侶在外出時必須隨身攜帶以備檢查。〔註51〕此外賦予寺院住持和尚無上的
權力，僧侶的一舉一動均要向住持和尚報告，然後住持和尚（或三綱執事）

〔註49〕 魏收，《魏書》，頁 3038～2039。

〔註50〕 釋志磐，《佛祖統紀》，卷五十四：「天寶六載，始令祠部給牒，用綾素。」《大
　　　　正藏》第四十九卷，（台北，新文豐出版公司，民國 68 年 9 月），頁 472。
　　　　按：近代中日學者頗多引用《文獻通考》卷五十二〈祠部郎中〉條，《佛祖統
　　　　紀》卷五十五〈僧籍免丁〉條，《大宋僧史略》卷中〈管屬僧尼〉條，認爲武
　　　　后延載元年（西元 694 年）敕僧尼由司賓改隸祠部。推測僧尼從此直接受政
　　　　府管理，政府頒發度牒，當始於此時。這是將僧籍管理和度牒制度相混淆，
　　　　北魏文成帝對僧尼人數設置，將僧民分籍，以利管理。天寶以前有關私度、
　　　　賣度的記載，均未明確指出給牒的記錄，應指未經核准私自剃度，僧籍無名，
　　　　或勾結官府，釐名入籍。若以今日制度推論，僧籍類似戶口名簿，度牒類似
　　　　身分證，不能混爲一談。

〔註51〕 唐代度牒已無實物存在，本文參考日僧圓珍於淳和天皇天長十年（西元 833
　　　　年）出家時度牒記載。收入大日本國史料寬平三年十月二十九日，（東京，東
　　　　京大學史料編纂所，昭和四十三年四月一日覆刻），頁 548。

再向僧官報告，僧人不得越級報告，也不得自由行動，否則將受處罰。日僧圓仁在《入唐求法巡禮行記》中載南天竺三藏寶月於會昌元年（西元 841 年）六月趁上降日赴內道場之便，直接進言請回本國，結果以不先諮開府，將弟子三人各決七棒，通事僧決十棒。〔註52〕就是最好的例子。

度牒制度的作用是將僧侶限制居住在一特定寺院，以寺院爲政府，爲僧官與僧侶間的媒介，而居於寺院代表的住持和尚也往往由政府指派，於是這種「以官轄寺，以寺轄僧」的僧寺合一制度於焉完成，中國僧伽制度所殘留一些印度僧伽制度的特質從此喪失殆盡，政權對佛教的發展，取得絕對優勢的控制權。

〔註52〕釋圓仁，《入唐求法巡禮行記》，卷三，（台北，文海出版社，民國 60 年 4 月），頁 86～87。

第二章　從時代背景看法難原因

第一節　會昌前各君主宗教信仰與政策

在我國傳統的政治理論中，國君的地位是無與倫比的，人民寄望統治者為一明君，把國運寄託在其身上，此即白虎通所謂：「王者往也，天下所歸往。」早期的國君以「作之君，作之親，作之師」的方式治理世俗間的現實問題。後來因政治發展與官僚體系的充實嚴密，一些聰明的統治者以「聖人以神道設教」的名義，將流行於民間半原始的宗教信仰加以制度化，設官掌管，使納入國家統治的一部分，使人民基於宗教心理服從政治的領導。

當佛教傳入與道教組織系統後，以前「聖人以神道設教」的理論，其功能僅在於僧政與道政管理，政府無法限制人民選擇宗教信仰，故君主們改變方式，有的找根據或製造根據與之攀上關係，成為信徒的精神領袖；或籠絡宗教中的名人，作些教徒們喜歡的行為，提高自己在教徒心目中的地位，以利統治。〔註1〕

就宗教立場而言，君主也是有情眾生，其信仰亦有層次高低，上焉者洞悉緣起法則，以理智從事宗教活動，發揮淑世濟人的力量。下焉者冀求長生福祿，迷信超自然力量，以致沈溺其中，不能自拔。以此觀點看唐代帝王的宗教信仰與政策，很明顯的，是徘徊於「亦將有利以吾身」的宗教情操及「亦將有以利吾家」的政治理念之間。明白乎此，我們對唐代何以制定許多足以

〔註1〕陳瓊玉，〈唐代政教關係—一般因素的探討〉，《中國佛教月刊》二十六卷7期，
　　　民國71年4月，頁23。

顯示君臨天下，政權至上的宗教政策，又有許多君主步秦皇漢武後塵，鍊丹求仙，或竟因而身殉，這種矛盾現象，在本文中將可作合理的解釋。

史載高祖早年信仰佛法，隋煬帝大業中，嘗爲子世民祈疾造像，並立碑以誌功德，望能資益世民，並祈合家大小福德具足，永無災郣。〔註2〕太原起義之初，高祖嘗有圓夢之事。謂其嘗夜夢身死墜於牀下，身爲群蛆所食。及覺，甚爲厭惡，乃詣智滿禪師語之。智滿禪師認爲此是至尊之象，又爲高祖占卜，得乾卦飛龍在天，爲帝王之徵。時世民在側，智滿禪師爲之面相，曰：「此公子福德無量，何憂天下乎？」及高祖至霍邑，數夜連夢甲馬無數，飛滿空中。智滿禪師認爲此是高祖身中之神，足以威制天下，高祖醒後，又語世民，復曰：「吾事濟矣。」太宗拜於前，連呼萬歲者四。高祖即位後，復命經營智滿禪師之寺，賜額爲「興義寺」，以太原田宅產業賜之，永充常住。並置圓夢堂於寺中，內有高祖及智滿禪師塑像。〔註3〕

消災福福，爲善男信女宗教情操自然的流露，也是典型住相布施的信仰。圓夢之說，或起於編造，或起於附會，流行於民間後可收政治上宣傳之效果，即眞命天子已出世，並有祥瑞印證，且新天子與社會上龐大勢力的佛教有深厚淵源。

智滿禪師的人品並非高尚，宋《高僧傳》謂「當塗眾生，王臣欽重，三百餘僧，受其制約。」沙門曇選至其寺責其聚眾，恐壞佛法，並以「前代大乘之賊，後世彌勒之妖」戒之。〔註4〕高祖利用智滿，有其目的。蓋李唐革命，本質上是貴族革命，起義之初，已有不少從龍之士，本不須高舉宗教纛旗以招攬民眾，若黃巾白蓮之流。但佛教在中國，歷數百年發展，已根深蒂固的深植於民間，造成一股不可忽視的力量，故高祖加以利用。圓夢之說，其用意類似杜光庭所撰《虯髯客傳》，用以證明高祖、太宗爲眞命天子。

高祖以住相布施的信仰與有以利吾家的態度對待宗教，在目的達到之後，其態度立即轉變，也就不足爲奇。

《唐會要》卷五十謂：

〔註2〕王昶，《金石萃編》，卷四十，〈唐高祖爲子祈疾疏〉，（台北，台聯國風圖書出版公司，民國53年4月），頁16。
〔註3〕秦再思，《洛中記異錄》，收入《說郛》，卷二十，（台北，新興書局，民國52年12月），頁21～22。
〔註4〕釋道宣，《續高僧傳》卷二四，〈曇選傳〉，頁641。

　　武德三年（西元 620 年）五月，晉州人吉善，行于羊角山，見一老
叟，乘白馬朱鬣，儀容甚偉。曰：「與吾語唐天子，吾汝祖也，今年
平賊後，子孫享國千年。」高祖甚異之，乃立廟于其地。〔註5〕
這是高祖受禪後，製造根據，與老子攀上關係，以裝點皇家門面，此後的態
度，表面上雖由釋轉道，但實際上似乎對道教也無甚興趣。故於武德七年（西
元 624 年）十月幸終南山謁老子廟，八年（西元 625 年）造太和宮於終南山，
到了九年（西元 626 年）終於下沙汰僧尼道士的詔令，會傳位而止。〔註6〕

　　太宗的信仰層次，與高祖相去不遠。貞觀二年（西元 628 年）謂侍臣曰：「神
仙事本虛妄，空有其名。」並舉秦皇漢武為例，說明神仙不能妄求。又謂梁武
帝父子，志尚浮華，好釋老之教。後梁元帝在江陵，為萬紐、于謹所圍，矢下
如雨，帝猶講老子不輟，百寮戎服以聽，俄而城陷，君臣俱被囚縶。〔註7〕

　　貞觀八年（西元 634 年），長孫皇后從太宗至九成宮，染病危惙，太子承
乾入侍，欲奏請太宗赦囚徒，并度人入道，冀蒙福助，得以延年。長孫皇后
謂：「死生有命，非人力所加。若修福可延，吾素非為惡；若行善無效，何福
可求。赦者國之大事，佛道者示存異方之教身，非惟政體靡弊，又是上所不
為，豈以吾一婦人而亂天下法？」〔註8〕長孫皇后曾於貞觀元年（西元 627 年）
就沙門玄琬受菩薩戒。〔註9〕是一道地佛門弟子。尚說出昧於佛理的話，可見
太宗厭惡佛教，對長孫皇后影響之大。

　　太宗對佛教最露骨的批評，是在貞觀二十年（西元 646 年）對蕭瑀的手
詔。在該手詔中，太宗先表明對佛教的態度。接著以梁武、簡文二帝銳意於
法門，傾帑藏以給僧祇，殫人力以供塔廟。結果子孫覆亡，社稷化為丘墟為
例，證明報施之徵，何其繆也。接著指責蕭瑀「踐覆車之餘軌，襲亡國之遺
風。棄公就私，未明隱顯之際；身俗口道，莫辨邪正之心。修累葉之殃源，
祈一躬之福本。上以違忤君主，下則扇習浮華。」〔註10〕

　　這篇詔書與北魏太武帝毀法詔所表露的意識略無二致，可見其淵源有自。

〔註5〕王溥，《唐會要》，卷五十，（台北，世界書局，民國 71 年 12 月），頁 865。
〔註6〕劉昫，《舊唐書》，卷一，〈高祖本紀〉，（台北，鼎文書局，民國 68 年 12 月），頁 15～17。
〔註7〕吳兢，《貞觀政要》，卷六，（台北，宏業書局，民國 72 年 9 月），頁 301。
〔註8〕劉昫，《舊唐書》，卷五十一，〈后妃列傳〉，頁 2166。
〔註9〕釋道宣，《續高僧傳》，卷二二，頁 616。
〔註10〕劉昫，《舊唐書》，卷六十三，〈蕭瑀傳〉，頁 2403～2404。

若繼續發展，另一次慘酷嚴重的法難，恐不會等到武宗時就要爆發了。〔註 11〕
太宗之所以隱忍而未毀法者，除因信仰者眾外，復以明主以不擾民爲本；且其
本身留心學問，旁及釋典，曾與義學僧接觸，〔註 12〕最重要原因是，遊印度
的玄奘大師於貞觀十九年（西元 645 年）取經回國，以其貞亮的信仰，淵博
的學問，純眞的修持，高雅的風範使太宗欣動傾倒，因而對佛教態度略有改
變。〔註 13〕爲玄奘親撰聖教序，並下敕京城及天下州寺各度僧五人，弘福寺
五十人。計海內寺三千七百一十六所，計度僧及一萬八千五百餘人。乃至臨
終前對玄奘言：「朕共師相逢晚，不得廣興佛事。」〔註 14〕

　　太宗一生，除晚年外，對於佛教的態度，可謂政治運用重於宗教信仰。〔註
15〕如貞觀二年（西元 628 年）恐風雨失時，有礙民食，令京城及天下諸寺觀
僧尼道士等七日七夜轉經行道。三年（西元 629 年）因旱令高僧二十七人於
天門街祈雨七日。〔註 16〕詔於建義以來交兵處，爲義士勇夫殞身戎陣者各立
一寺，〔註 17〕又詔僧徒爲戰亡人設齋行道，〔註 18〕五年（西元 631 年）以慶
善宮爲太穆皇后建慈德寺，〔註 19〕八年（西元 634 年）爲穆太后追福立宏福
寺。〔註 20〕均含有政治作用。近世頗謂太宗弘贊釋教者，實不盡然。

　　高宗一生，對於佛教頗爲護持。在其爲太子時，曾親睹太宗禮遇玄奘，
並參與奘師譯經事業，貞觀二十二年（西元 648 年）爲追薦文德皇后新建慈
恩寺，禮請奘師移居翻譯，並任上座職。同時作〈述聖記〉以褒奘，文中謂：
「蓋眞如聖教者，諸法之元宗，眾經之軌躅也。」〔註 21〕對於佛教頗爲推崇。
高宗除禮遇奘師外，於道宣、懷素之律師及奘師弟子窺基亦禮敬有加。道宣

〔註 11〕釋明復，《中國僧官制度研究》，頁 56～57。
〔註 12〕參見湯用彤，《隋唐佛教史稿》（台北，木鐸出版社，民國 72 年 9 月），頁 15。
〔註 13〕釋明復，《中國僧官制度研究》，頁 57。
〔註 14〕釋慧立，《大唐大慈恩寺三藏法師傳》，卷七，《大正藏》第五十卷，（台北，
　　　　新文豐出版公司，民國 68 年 9 月），頁 260。
〔註 15〕黃聲孚，《唐代佛教對政治之影響》（香港，作者自印，民國 48 年 4 月），頁 20。
〔註 16〕王溥，《唐會要》，卷四十八，頁 849。
〔註 17〕釋道宣，《廣弘明集》，卷二八，《大正藏》第五十二卷，（台北，新文豐出版
　　　　公司，民國 68 年 9 月），頁 328。
〔註 18〕釋道宣，《續高僧傳》，卷十五，〈法常傳〉，頁 541。
〔註 19〕王溥，《唐會要》，卷四十八，頁 850。
〔註 20〕釋法琳，《辯正論》，卷四，《大正藏》第五十二卷，（台北，新文豐出版公司，
　　　　民國 68 年 9 月），頁 514。
〔註 21〕釋慧立，《大唐大慈恩寺三藏法師傳》，卷七，頁 257。

及窺基二師示寂後，下詔天下諸寺圖形塑像，以爲模範。

　　高宗對伽藍興建，亦不遺餘力，永徽二年（西元 651 年）廢玉華宮爲佛寺，六年（西元 655 年）在昭陵側建佛寺，以爲太宗追福。〔註 22〕龍朔三年（西元 663 年）爲文德皇后立資聖寺，〔註 23〕乾封元年（西元 666 年）以封禪故，詔天下諸州各置觀寺一所。〔註 24〕

　　若以如實如法的觀點看，高宗之弘揚佛法，其層次仍留在住相布施，冀求福佑的層次中。故因政策需求提攜道教，乾封元年（西元 666 年）至亳州謁老君廟，上尊號曰「太上玄元皇帝」，創造祠堂；其廟置令、丞各一。改谷陽縣爲眞源縣，縣內宗姓各給復一年。〔註 25〕高宗對道教之服丹藥求長生亦感興趣，顯慶（西元 656～660 年）廣徵諸方道術之士，合鍊黃白。道士葉法善上言：「金丹難就，徒費財物，有雕政理，請覈其眞僞。」遂令法善試之，乃出九十餘人，因一切罷之。〔註 26〕不久，復命胡僧盧伽阿逸多合長年藥，藥成，將服之，爲朝臣郝處後所阻。〔註 27〕又令道士劉道合煉丹，丹成上之。不久道合死，弟子將開棺改葬，其屍惟有空皮，而背上開坼，有似蟬蛻，盡失其齒骨，眾謂尸解。高宗聞之不悅，曰：「劉師爲我合丹，自服仙去。其所進者，亦無異焉。」〔註 28〕開耀元年（西元 661 年）終因服食丹藥，藥性發作，身體不適，因令太子監國，〔註 29〕二年後（西元 683 年）而崩。高宗之崩，是否因餌藥之故，史無明文，不得而知。

　　高宗晚年寵信道士葉法善，葉法善「自高宗、則天、中宗歷五十年，常往來名山，數召入禁中，盡禮問道。然排擠佛法，議者或譏其向背。」〔註 30〕在此背景下，似乎已放棄早年對佛法的熱誠。

　　武后在入宮前，因母系累世信佛，曾正式或非正式的做沙彌尼。〔註 31〕

〔註 22〕劉昫，《舊唐書》，卷四，〈高宗本紀上〉，頁 69、73。

〔註 23〕王溥，《唐會要》，卷四十八，頁 846。

〔註 24〕劉昫，《舊唐書》，卷五，〈高宗本紀下〉，頁 90。

〔註 25〕劉昫，《舊唐書》，卷五，〈高宗本紀下〉，頁 90。

〔註 26〕劉昫，《舊唐書》，卷一九一，〈方伎傳〉，頁 5107。

〔註 27〕劉昫，《舊唐書》，卷八十四，〈郝處俊傳〉，頁 2799。

〔註 28〕劉昫，《舊唐書》，卷一九二，〈隱逸傳〉，頁 5127。

〔註 29〕歐陽修、宋祁，《新唐書》，卷三，〈高宗本記〉，（台北，鼎文書局，民國 68 年 12 月）。頁 76。

〔註 30〕劉昫，《舊唐書》，卷一九一，〈方伎傳〉，頁 5107～5108。

〔註 31〕陳寅恪，〈盟嬰與佛教〉，收入《陳寅恪先生論文集》（台北，九思出版社，民國 63 年 4 月），頁 43。

太宗崩後，曾居感業寺爲尼，〔註 32〕後被高宗立爲昭儀，進而奪王皇后及蕭淑妃之寵，被冊立爲皇后。高宗崩後，武后廢黜中宗，臨朝稱制，後又改國號爲大周，爲國史上唯一的女皇帝。

在儒家思想中，女性干政是不被允許的，所謂：「牝雞無晨，牝雞之晨，惟家之索。」武則天以女性而爲帝王，如欲證明其特殊地位，絕不能於儒家經典中求之。由於佛經素有女身受記爲轉輪聖王的教義，遂思加以利用。〔註 33〕永昌元年（西元 690 年）七月，有沙門十人上《大雲經》，盛言神皇授命之事，下制頒於天下，命諸州各置大雲寺，總度僧千人。〔註 34〕至九月，以時機成熟，自立爲帝，改之天授，遂移唐國祚。

天授二年（西元 691 年），以釋教開革命之階，令釋教在道法之上，僧尼處道士、女冠之前，〔註 35〕其利用佛教之心態已昭然若揭。此詔下後，釋道二教仍多爭毀，互相排擠，遂於聖曆元年（西元 698 年）下詔制止。〔註 36〕

武則天雖出身佛教世家，但其對佛教亦政治目的大於宗教情懷。長壽元年（西元 694 年）敕天下僧尼由舊隸司賓，改隸祠部。〔註 37〕表面上，這次的改隸，是將歷代奉行「示存異方之教」的作法，改爲隸屬國政的一部分，以示禮優。實質上，祠部所掌職責是「祠祀、享祭、天文、漏刻、國忌、廟諱、卜筮、醫藥、僧尼之事。」〔註 38〕可說是集上古半原始宗教信仰之大成，故此行動仍不出「聖人以神道設教」的範圍。

雖然武則天頗能禮遇神秀、實義難陀、菩提流支、義淨、法藏等高僧，但亦寵信劣僧薛懷義，以倡優蓄之，也曾令洪州僧胡超合長生藥，所費巨

〔註 32〕劉昫，《舊唐書》，卷六，〈則天皇后本紀〉，頁 115。李樹桐認爲武后削髮爲尼之事，係史官有計劃的僞造。李樹桐，〈武則天入寺爲尼考辨〉，收入《唐史考辨》（台北，中華書局，民國 54 年 4 月），頁 310～235。

〔註 33〕陳寅恪，〈盟墅與佛教〉，收入《陳寅恪先生論文集》（台北，九思出版社，民國 63 年 4 月），頁 43。

〔註 34〕劉昫，《舊唐書》，卷六，〈則天皇后本紀〉，頁 121。大雲經《舊唐書》認爲是出自沙門僞造。陳寅恪認爲是沙門取曇無識舊譯本，附以新疏，巧爲附會。（陳寅恪，〈武墅與佛教〉，頁 434）。

〔註 35〕宋敏求，《唐大詔令集》，卷一一三，〈釋教在道法之上制〉，（台北，鼎文書局，民國 61 年 4 月），頁 4。

〔註 36〕宋敏求，《唐大詔令集》，卷一一三，〈條流佛道二教制〉。頁 4～5。

〔註 37〕釋贊寧，《大宋僧史略》，卷中，頁 245。

〔註 38〕劉昫，《舊唐書》，卷四十三，〈職官志二〉，頁 1831。

萬。〔註 39〕亦曾廣建梵剎，但也因私心，贈僧人封爵、贈紫、賜夏臘等世俗恩寵，〔註 40〕導致僧侶嘯傲王侯，堅守所志之風漸泯，僧品日趨低下，對於佛法，實種大惡因。〔註 41〕

　　中宗、睿宗均崇信佛法，政策較為放任，故佛教得以自由發展。中宗與佛教因緣頗深，生時曾因玄奘之請，敕賜號佛光王，逾月請從奘師受戒。〔註 42〕即位後常幸佛寺設齋並營建伽藍。於神龍元年（西元 705 年）詔諸州置寺、觀各一所，以中興為名，三年（西元 707 年）改中興為龍興。同時為追薦武則天，於東都造聖善寺，立報慈閣，修大像。〔註 43〕竣工後僧會範、道士史崇玄等十餘人因功授官封公。中宗亦常幸佛寺行香及設無遮大齋，如景龍三年（西元 709 年）於安福門外，四年（西元 710 年）於化度寺門設無遮大齋。〔註 44〕

　　睿宗對佛道二教均不排斥，景雲二年（西元 711 年）下詔：「自今每緣法事集會，僧尼、道士、女冠等宜齊行道集。」這種平頭式的宗教政策，使「天下濫度僧尼、道士、女冠依舊。」〔註 45〕導致玄宗對佛教的限制。

　　玄宗在藩時，即與道士之流來往，即位後更加的寵信道士，於先天二年（西元 713 年）以葉法善為鴻臚卿，封越國公。〔註 46〕開元六年（西元 719 年）以盧鴻為諫議大夫。〔註 47〕十四年（西元 726 年）以王希夷為朝散大夫、國子博士。十五年（西元 727 年）追贈司馬承禎為銀青光祿大夫，號真一先生。〔註 48〕二十五年（西元 737 年）以尹愔為諫議大夫、集賢院學士兼史館事，許以道士服視事。〔註 49〕此外於開元中尚徵吳筠至京，待召翰林。〔註 50〕

〔註 39〕司馬光，《資治通鑑》，卷二○六，頁 6546。
〔註 40〕天授元年（西元 690 年）則天以撰述大雲經之功，賜僧雲宣等九人縣公、紫袈裟、銀龜袋。（司馬光，《資治通鑑》，卷二○四，頁 6469）。
　　　　萬歲登封元年（西元 696 年）洛陽弘道觀主杜義乞為僧，賜名玄嶷，賜臘三十夏。（釋贊寧，《大宋僧史略》，卷下，頁 251。）
〔註 41〕湯用彤，《隋唐佛教史稿》，頁 30。
〔註 42〕釋慧立，《大唐大慈恩寺三藏法師傳》，卷九，頁 271。
〔註 43〕王溥，《唐會要》，卷四十八，頁 848。
〔註 44〕劉昫，《舊唐書》，卷七，〈中宗本紀〉，頁 141～149。
〔註 45〕劉昫，《舊唐書》，卷七，〈睿宗本紀〉，頁 157。
〔註 46〕劉昫，《舊唐書》，卷一九一，〈方伎傳〉，頁 5108。
〔註 47〕歐陽修、宋祁，《新唐書》，卷一九六，〈隱逸傳〉，頁 5604。
〔註 48〕劉昫，《舊唐書》，卷一九二，〈隱逸傳〉，頁 5121、5128。
〔註 49〕王溥，《唐會要》，卷六十三，頁 1101。

以張果為銀青光祿大夫，號通玄先生。〔註51〕

與寵信道士並行者為提高道教在政治上的地位，開元二十一年《尚書》、《論語》（西元 733 年）玄宗親注《道德經》，制令士庶家藏一本，并減所貢舉《尚書》、《論語》兩條策，加老子策。〔註52〕二十三年（西元 735 年）用道門威儀司馬秀言，令天下應修官齋等州皆於一大觀立石臺刊勒御注《道德經》。〔註53〕二十五年（西元 737 年）令道士女冠隸宗正寺，用以滿足虛妄的政治神話，以裝點皇家門面。天寶二載（西元 743 年）又自覺無謂，下敕道士由司封檢校，不隸宗正寺。〔註54〕

開元二十五年（西元 737 年）置崇玄學於玄元皇帝廟，立玄學博士。〔註55〕二十九年（西元 741 年）制兩京諸州各置玄元皇帝廟，並置崇玄學，置生徒令習《老子》、《莊子》、《列子》、《文子》，每年准明經例考試。天寶元年（西元 742 年）玄宗親享玄元皇帝於新廟，為莊子、文中子、列子、庚桑子各上尊號，其四子所著書為真經。崇玄學置博士、助教各一員，學生一百人。二年（西元 743 年）追尊老君為「大聖祖玄元皇帝」，改兩京崇玄學為崇玄館，博士為學士。又改西京玄元廟為太清宮，東京為太微宮，天下諸郡為紫微宮，〔註56〕八載（西元 749 年）復尊老子曰「聖祖大道玄元皇帝」，十三載（西元 754 年）再上尊號為「大聖祖高上太道金闕玄元天皇大帝」。〔註57〕老子的名號至此達於極點。

玄宗尊禮道教，有其政治目的，一者傳說老子與李唐皇室同宗，可用以裝點門面。二者佛教在社會上勢力頗大，與達官顯宦之家既得利益衝突，故思藉道抑佛。

開元二年（西元 714 年），玄宗初以君主之尊干涉佛教，是年玄宗問左街僧錄，佛於眾生有何恩德，致捨君親妻子，說若有理，則當建立，否則除削。〔註58〕並從姚崇之請，命沙汰偽濫僧尼一萬二千餘人還俗。〔註59〕下「斷書

〔註50〕劉昫，《舊唐書》，卷一九二，〈隱逸傳〉，頁 5129。
〔註51〕劉昫，《舊唐書》，卷一九一，〈方伎傳〉，頁 5107。
〔註52〕劉昫，《舊唐書》，卷八，〈玄宗本紀下〉，頁 199。
〔註53〕王昶，《金石萃編》，卷八十三，〈玄宗御注金剛經〉，頁 9。
〔註54〕王溥，《唐會要》，四十九，頁 859～860。
〔註55〕歐陽修、宋祁，《新唐書》，卷四十八，〈百官志三〉，頁 1252～1253。
〔註56〕劉昫，《舊唐書》，卷八，〈玄宗本紀下〉，頁 213～216。
〔註57〕歐陽修、宋祁，《新唐書》，卷五，〈玄宗本紀〉，頁 147、149。
〔註58〕釋覺岸，《釋氏稽古略》，卷三，《大正藏》第四十九卷，（台北，新文豐出版

經及鑄佛像敕」，禁民間鑄像寫經。〔註60〕并敕百官家不得輒容僧尼，緣吉凶等事須設齋者，皆于州縣陳牒寺觀。〔註61〕又命毀除化度寺無盡藏院，將所得錢帛供京城諸寺。〔註62〕三年（西元715年）下「敕斷妖訛等敕」，此敕在基本上是繼承唐律禁妖書妖言精神。《唐律疏議》謂：「諸造妖書及妖言者絞。」〔註63〕若將此精神運用於宗教上，則顯示出不尋常的意義。

開元十三年（西元725年）敕諸寺三階院除去隔障，使與大院相通，眾僧錯居，不得別住，所行之《三階集錄》，悉禁斷毀除。若綱維縱其行化誘人而不糾者，勒還俗。〔註64〕此詔與二年（西元714年）之毀除化度寺無盡藏院，在歷史上影響相當的大。因化度寺無盡藏院爲三階教（隋唐之際盛行之佛教宗派）的經濟基礎；《三階集錄》爲三階教的理論基礎。二者經玄宗下詔毀除，終使該教一蹶不振，於會昌法難後在歷史上消失。

開元十五年（西元727年）以後，玄宗對僧政管理日趨嚴密。是年下敕天下村坊佛堂小者并拆除之，功德移入近寺，堂大者皆令封閉，公私望風，凡大屋大像亦被殘毀。十七年（西元729年）敕天下僧尼道士女冠三歲一造籍。天寶六載（西元747年）始今祠部給牒用綾素。〔註65〕這三次詔令，加強對佛教的管制，表示出皇權無限，政治在宗教之上，使佛教人士喪氣。十五年（西元727年）之敕可謂是一場小型法難。以後之僧籍、度牒政策，就造成「以官轄寺，以寺轄僧」制度，將傳統僧伽制度中依戒律規定獨立運作的功能喪失殆盡，佛教生機受到相當限制。

玄宗一朝爲佛道勢力消長的分水嶺，若由此發展，很可能會造成一場全面性的法難，但因安史之亂，使佛教得以苟延於一時。

安史亂起，北方凌替，肅宗在靈武，以軍需不足，宰相裴冕請鬻牒度僧，

公司，民國68年9月），頁824。

〔註59〕劉昫，《舊唐書》，卷九十六，〈姚崇傳〉，頁3023。
　　　　按：《唐會要》卷四十七作沙汰僧尼三萬餘人。

〔註60〕宋敏求，《唐大詔令集》，卷一一三，〈斷書經及鑄佛像敕〉，頁5～6。

〔註61〕王溥，《唐會要》卷四十九，頁860。

〔註62〕王溥，《唐會要》卷四十九，頁860。

〔註63〕長孫無忌，《唐律疏義》，卷十八盜賊律，（台北，台灣商務印書館，民國58年7月），頁56。

〔註64〕釋智昇，《開元釋教錄》，卷十八，《大正藏》第五十五卷，（台北，新文豐出版公司，民國68年9月），頁679。

〔註65〕以上均見釋志磐，《佛祖統紀》，卷四十，頁374～275。

解決燃眉之急。〔註66〕然以天下未定，乃詔沙門百人入行宮，朝夕諷唄以祈佛佑，聲聞於外。中書侍郎張鎬上奏，謂：「未聞區區僧教以致太平。」肅宗雖然其言，〔註67〕但不改變信佛行爲。

代宗初不信佛，後因王縉、元載、杜鴻漸等人影響，轉而信佛，常令僧百餘人於宮中，陳佛教經像念誦，謂之內道場，供養甚豐，出入乘廄馬，支具廩給。每西蕃入寇，必令群僧講誦《仁王經》以攘寇虜，幸其退，則加以錫賚。〔註68〕胡僧有官至卿監、封國公者，著籍禁省，勢傾公卿，特寵群居，更相凌奪，凡京畿上田美產，多歸佛門。〔註69〕引起民怨，流弊頗大。

肅宗、代宗二帝作法雖不當，然其爲國祈福之情可憫，德宗以降，此事亦不復見。德宗即位後，即罷內道場，並詔令毋得置寺觀及請度僧尼。〔註70〕其後宗教政策均以政治作用爲考慮。貞元四年（西元 788 年）置左右街功德使、東都功德使、修功德使、總僧尼之籍及功役。〔註71〕五年（西元 789 年）敕寺觀不得容外客居住。〔註72〕憲宗即位，對佛教仍採緊縮政策。元和二年（西元 807 年）三月詔謂「天下百姓，或冒僞僧道士，苟避徭役，有司宜備爲科制，修例聞奏。」〔註73〕

貞元六年（西元 790 年）二月，詔歸還岐州無憂王寺佛骨。該佛骨先是迎來禁中供養，後送京師佛寺，傾都瞻禮，供奉巨萬。〔註74〕憲宗元和十四年（西元 819 年）正月，迎鳳翔法門寺佛骨至京師，留禁中三日，乃送詣寺。王公士庶奔走施捨如不及，百姓有廢業破產燒頂灼背而求供養者。〔註75〕這兩次的迎佛骨均傾動京師，官宦士民均爭先布施。導致韓愈的不滿，上疏極陳其弊，爲士大夫排佛達到極點。

〔註66〕劉昫，《舊唐書》，卷一一三，〈裴冕傳〉，頁 3354。另卷四八，〈食貨志〉、〈宋高傳〉，均記載鬻牒以濟軍需之事。
〔註67〕劉昫，《舊唐書》，卷一一一，〈張鎬傳〉，頁 3327。
〔註68〕釋贊寧，《大宋僧史略》，卷中，頁 247。
〔註69〕歐陽修、宋祁，《新唐書》，卷一四五，〈王縉傳〉，頁 4716。
〔註70〕劉昫，《舊唐書》，卷十二，〈德宗本紀上〉，頁 321、326。
〔註71〕司馬光，《資治通鑑》，卷二四八，胡三省注，頁 8024。
〔註72〕釋志磐，《佛祖統紀》，卷四十一，頁 379。
〔註73〕王溥，《唐會要》，卷五十，頁 881。
〔註74〕劉昫，《舊唐書》，卷十三，〈德宗本紀下〉，頁 369。
〔註75〕劉昫，《舊唐書》，卷十五，〈憲宗本紀〉，頁 466。另見卷一六○，〈韓愈傳〉，頁 4198。

敬宗時，由於部分官宦鬻牒歛財，時議醜之，〔註76〕另朝廷自憲宗以降，皇帝服食丹藥之風益盛，對於道士無不極力延攬，使之出入禁中，日進其說，以惑人主。

文宗對道釋二家均不存好感，即位之初，將僧惟眞、齊賢、正簡、道士趙歸眞，並流配嶺南。這四人均是敬宗所寵信的方外之士。大和三年（西元829年）江西觀察使沈傳師奏請於皇帝誕月設方等戒壇，詔謂：「不度僧尼，累有敕命。傳師忝爲藩守，合奉詔條，誘至愚妄，庸非理道，宜罰一月俸料。」〔註77〕此後文宗僧政管理日趨嚴密，四年（西元830年）祠部請令僧尼冒名非正度者，許具名申省給牒，以憑入籍，時入申者七十萬人。五年（西元831年）令天下州縣造僧尼籍。〔註78〕這次的檢括造籍行動，是爲日後全面沙汰作準備。七年（西元833年）十月慶成節（文宗誕日）僧徒道士講論於麟德殿，翌日，文宗謂宰臣曰：「誕日設齋，起自近代，相承已久，未可便革，雖置齋會，僧道講論都不臨聽。」宰相路隋等，亦謂誕日齋會本非中國教法。〔註79〕在這上下交相厭惡佛道的背景下，九年（西元835年）文宗嘗詔近臣，天下有無補教化而蠹食於國者，可悉言之。有對者曰：祖宗已來，廣行佛教，緇徒益多，茲爲蠹物。乃命中外罷緇徒講說佛經。並罷長生殿內道場。〔註80〕是年翰林學士李訓亦請沙汰僧尼，詔所在試僧尼誦經不中格者，皆勒還俗，禁置寺及度僧人。〔註81〕這時佛教已處於山雨欲來風滿樓的危境中，一場轟轟烈烈的廢佛運動隨時都有可能爆發，後因甘露之變，使得這次法難延至武宗在位時始上場。

從唐代帝王的宗教信仰及政策來看當時佛教的政治地位，很明顯的可看出，由於唐代帝王以「亦將有以利吾身」的信仰層次，與「亦將有以利吾家」的宗教管理來對待佛教，使佛教的政治地位日趨下降，會昌法難，就是在這一背景下發生的。

〔註76〕劉昫，《舊唐書》，卷十七，〈敬宗本紀〉，頁519。

〔註77〕劉昫，《舊唐書》，卷十七，〈文宗本紀上〉，頁523～524、533。

〔註78〕釋贊寧，《大宋僧史略》，卷中，頁247～248。

〔註79〕劉昫，《舊唐書》，卷十七，〈文宗本紀下〉，頁552。

〔註80〕劉昫，《舊唐書》，卷三十七，〈五行志〉，頁1362。

　　　　釋志磐，《佛祖統紀》，卷四十二，頁385。

〔註81〕司馬光，《資治通鑑》，卷二四五，頁7906、7909。

　　會昌前，可能發生法難的時期是高祖、太宗晚年、玄宗及文宗時代，後來雖因特殊原因而未釀成行動，但這不利於佛教發展的環境並未消失。到了武宗時，以時機成熟，終於爆發全面的法難。

第二節　國家經濟與寺院經濟的衝突

一、日益萎縮的國家經濟

　　唐代自安史之亂後，外患頻仍，國勢陵替，導致產生各種問題，有待當政者努力解決。在各項亟待解決的問題中，以日益萎縮的國家經濟最受當政者的重視。中晚唐國力的消長，端賴政府解決經濟問題的成效而定。造成中晚唐國家經濟日益萎縮的因素很多，約略言之，可從外在及內在原因分析。

　　外在原因方面，最嚴重者是安史之亂後，藩鎮棋布於內地，大者連州十餘，小者猶兼三四，自國門以外，幾乎全是藩鎮的勢力。他們不但在軍事政治上不服從中央政府的命令，就是在財政經濟上也要自收自用。〔註82〕這種現象始自河北，《新唐書・藩鎮傳》謂：「安史亂天下，至肅宗大難略平，君臣皆幸安，故瓜分河北地，付授叛將，護養孽萌，以成禍根。亂人乘之，遂擅署吏，以賦稅自私，不朝獻於廷。」〔註83〕分而言之。李懷仙鎮盧龍，「文武將吏，擅自署置，貢賦不入於朝廷。」〔註84〕田承嗣鎮魏博，「戶版不籍於天府，稅賦不入於朝廷。」〔註85〕其他若李寶臣鎮承德，薛嵩鎮相衛（昭義），均「擁勁卒數萬，治兵完城，自署文武將吏，不供貢賦。」〔註86〕由於這批雖稱藩臣，實不稟王命武夫佔領河北，導致朝廷稅收大減。

　　德宗以後，藩鎮益盛，武夫悍將，據險要、專方面，以致「天下戶口什七八九，州縣多爲藩鎮所據，貢賦不入，朝廷府庫耗竭。」〔註87〕若韓弘鎮大梁二十餘載，四州征賦，皆爲己有，未嘗上供。〔註88〕河南、山東、荊襄、

〔註82〕全漢昇，〈唐宋帝國與運河〉，收入《中國經濟史研究》上冊，（香港，新亞研究所，西元1976年3月），頁310。
〔註83〕歐陽修、宋祁，《新唐書》，卷二一○，〈藩鎮傳〉，頁5921。
〔註84〕劉昫，《舊唐書》，卷一四三，〈李懷仙傳〉，頁3896。
〔註85〕劉昫，《舊唐書》，卷一四一，〈田承嗣傳〉，頁3838。
〔註86〕司馬光，《資治通鑑》，卷二二三，頁7175。
〔註87〕司馬光，《資治通鑑》，卷二二六，頁7284。
〔註88〕劉昫，《舊唐書》，卷一五六，〈韓弘傳〉，頁4136。

劍南有重兵處，亦皆厚自奉養，王賦所入無幾。〔註89〕

藩鎮割據對唐室歲入的影響，從憲宗元和二年（西元 807 年）李吉甫等撰元和國計簿可見一斑。《唐會要》卷八四謂是年：

> 總計天下方鎮，凡四十八道，管州府二百九十三，縣一千四百五十三，見定戶二百四十四萬二百五十四。其鳳翔、鄜坊、邠寧、振武、涇原、銀夏、靈鹽、河東、易定、魏博、鎮冀、范陽、滄景、淮西、淄青十五道，七十一州，并不申報戶口數。每歲縣賦入倚辦，止於浙西、浙東、宣歙、淮南、江西、鄂岳、福建、湖南等道，合四十州，一百四十四萬戶。比量天寶供稅之戶，四分有一。天下兵戎，仰給縣官八十三萬餘人。比量士馬，三分加一，率以兩戶資一兵，其他水旱所損，徵科妄斂，又在常賦之外。〔註90〕

由此可知，元和二年（西元 807 年）供賦稅者，僅南方八道，佔全國方鎮六分之一；所佔地域約為全國三分之一。不申戶口，不納賦稅者有十五道，佔全國方鎮三分之一強；所佔地域，亦約全國三之一。稅戶較天寶時僅四分之一，全國軍隊則增加三分之一。導致中唐以後，納稅戶口日削，政府又不得不竭財養兵，人民負擔益重，政府財政益窘，故有鹽鐵、和糴、括田、榷利、借商、間架、進奉、獻助等徵科妄斂。史載：「自大曆已來，節制之除拜，多出禁軍中尉。凡命一帥，必廣輸重賂。禁軍將校當為帥者，自無家財，必取資於人，得鎮之後，則膏血疲民以償之。」當非誣言。〔註91〕

造成中晚唐國家經濟萎縮的內在原因，是科舉制度的實施，政權無限制的解放，導致官員充斥，坐食俸祿。其流弊自高宗後陸續有人提出，如高宗時劉祥道謂：「今之選司取士，傷多且濫：每年入流數過一千四百，傷多也；雜色入流，不加銓簡，是傷濫也。」又謂：「今內外文武官一品以下，九品以上，一萬三千四百六十五員，略舉大數，當一萬四千人。……年別入流者五百人，經三十年便得一萬五千人。」〔註92〕道出每年入流人數多，而官員名額少，積三十年後，便有難以安插之感。武后時魏玄同謂：「諸色入流，歲以千計。群司列位，無復新加，官有常員，人無定限。選集之始，霧積雲屯，

〔註89〕劉昫，《舊唐書》，卷一一八，〈楊炎傳〉，頁3421。
〔註90〕王溥，《唐會要》，卷八十四，頁1552～1553。
〔註91〕劉昫，《舊唐書》，卷一六二，〈高瑀傳〉，頁4250。
〔註92〕劉昫，《舊唐書》，卷八十一，〈劉祥道傳〉，頁2751。

擢敍於終，十不收一。」〔註93〕玄宗時劉秩亦謂：「近則官倍於古，士十於官，求官者又十於士，故士無官，官乏祿，吏擾人。」〔註94〕從魏、劉二人的話中可知中唐以前，經科舉入流者當官已相當不易，大抵十人競一官，致有循資格、排祿位、分朋黨等流弊。〔註95〕

政府爲了安排士人求官，遂將政府組織不斷的擴大，形成官僚膨脹的臃腫病。太宗時，內外官定制爲七百三十員，然是時已有員外置官，又有特置，同正員等。其後又有置使之名，或因事而置，事已則罷，或遂置而不廢。其名類繁多，莫能徧舉。自中世以後，盜起兵興，又有軍功之官，遂不勝其濫矣。〔註96〕杜佑《通典》謂唐文武官及諸色胥吏等共計三十六萬八千六百六十八人。憲宗元和六年（西元 811 年）李吉甫疾吏員廣，繇漢至隋，未有多於當時者，乃上奏：「方今置吏不精，流品龐雜，存無事之官，食至重之稅，故生人日困，冗食日滋。」後經參閱蠲減，凡省冗官八百員，吏千四百員。〔註97〕

由於科舉的長期舉行，士人入流者多，政府爲安排職務，已費盡苦心。與官員日增相因並起的現象，便是官俸日高。唐初依品制俸，官一品月俸錢三十緡，職田祿米不過千斛。開元時一品月俸至二十六千。天寶數倍於開元，大曆又數倍於天寶，而建中又倍於大曆。大曆中，權臣月俸至九千緡。元載爲相，以任進者多樂京師，惡其逼己，厚增外官俸，刺史月給或至千緡。至常衮爲相，乃加京官俸，歲約十五萬六千緡，又加諸道觀察使都團練使副使以下料錢，使上下有敍。李泌爲相，又增百官及畿內官月俸。至會昌年間，三師至二百萬，三公百六十萬，侍中百五十萬，中書令兩省侍郎兩僕射百四十萬，尚書御史大夫百萬，節度使三十萬，上州刺史至八萬。這一趨勢，愈走愈失其本意，遂致爲官只是發財分贓，而不是辦事服務。〔註98〕

疆土陵替，導致全國稅收仰賴東南一隅；官俸日高及冗員充斥更增加百姓負擔。此時政府若能忍辱負重，生聚教訓，輕徭薄賦，減省不必要的開銷，

〔註93〕劉昫，《舊唐書》，卷八十七，〈魏玄同傳〉，頁2850。
〔註94〕劉秩，〈選舉論〉，收入《全唐文》，卷三七二，（京都，中文出版社，西元1976年），頁23。
〔註95〕錢穆，《國史大綱》（台北，台灣商務印書館，民國66年4月），頁325。
〔註96〕歐陽修、宋祁，《新唐書》，卷四六，〈百官志〉，頁1181～1182。
〔註97〕歐陽修、宋祁，《新唐書》，卷一四六，〈李吉甫傳〉，頁4741。
〔註98〕錢穆，《國史大綱》，頁332。
　　　有關唐代官員俸料詳載《唐會要》卷九十一—九三。

以蘇民困，中晚唐政局仍大有可為。惜當政者不能體恤時艱，生活競為侈靡，此一現象，於唐室有再造之功的郭子儀固不待言，其他武人若馬璘、馬璲、田神功等亦競務豪奢，力窮乃止。此風一開，一些魚躍龍門的科場舉子在及第之後，亦抱一種盡情享受的心理，這種情形，若韓愈之賢者亦不能免。而以世族門廕出身的李德裕更是此一時期的代表，關於李德裕的奢侈行徑，據近人朱桂的歸納，有營平泉山莊，備極莊麗；「隴右諸侯貢語鳥，日南太守送名花。」；「每食一杯羹，費錢約三萬。」；茶湯悉用常州惠山泉，令人傳遞至長安；終身食羊萬口。此外又以重金行賄宦官部屬，如借錢十萬貫與李國澄，以寶器書畫數床賄結楊欽義。以重金賄結王踐言，遺白敏中錢十萬貫。〔註99〕這些武將士人權臣的競相奢靡，所花費者無非是民脂民膏，此期農民的生活可謂是水深火熱，賣妻鬻子，輾轉溝壑，若觀中晚唐詩人描述即可略見一斑。

安史之亂後，國家經濟日益萎縮，當政者為圖國庫收入增加，無不絞盡腦汁的運用各種可行之法，德宗建中元年（西元 780 年）宰相楊炎看到國家在兵亂之後，人口凋耗，版圖空虛，科斂名目繁多，官吏因緣為姦，廢者不削，重者不去，百姓為繳科徵，致瀝膏血，鬻親愛，旬輸月送無休息，吏因其苛，蠶食於人。而富人多丁者，率為官為僧，以色役免，貧人無所入則丁存，故產生課免於上、而賦增於下之不合理現象。遂建議德宗實施兩稅法，向既得利益階級的仕宦之家徵稅，所謂「戶無主客，以見居為簿；人無丁中，以貧富為差。不居處而行商者，在所郡縣稅三十之一，度與所居者均，使無僥利。」這是將前全由貧民負擔的賦稅，轉由全民分攤，使賦稅分配趨於合理。史稱兩稅法實施後，人不土斷而地著，賦不加斂而增入，版簿不造而得其虛實，貪吏不誅而姦無所取。自是輕重之權，始歸朝廷。但楊炎也因此得罪既得利益的仕宦之家，引起非議。最後道因立家廟，被構以「此地有王氣，炎故取之，必有異圖。」罪名，貶官崖州賜死。〔註100〕

德宗時因運河被藩鎮控制，財賦不入關中，加以兵變迭起，不得不科徵妄斂，以渡難關，兩稅法的效用不彰。憲宗即位，以韓弘鎮汴州，誅殺常阻擾運河航運的亂兵，使江南財賦重輸京師。〔註101〕兩稅法實施後致中央稅收增加之

〔註99〕牛桂，《牛僧孺研究》（台北，正中書局，民國65年7月），自序頁5、頁227。
〔註100〕劉昫，《舊唐書》，卷一一八，〈楊炎傳〉，頁3421～2422。
〔註101〕全漢昇，〈唐宋帝國與運河〉，收入《中國經濟史研究》上冊，（香港，新亞研

成效乃漸明顯。憲宗於是利用這一經濟條件，討伐藩鎮，造成中興之局。〔註102〕

　　憲宗後，朝廷對藩鎮一味姑息，加上兩稅制日久弊生，地主豪右仕宦之家逃稅依然，農民負擔日重，此一趨勢，至武宗時李德裕爲相，欲廣籌財源以征討澤潞時，已感到相當的困難。因若增加稅目恐非農民所能負擔；若向既得利益徵稅，必定引起反對。在這背景下，日益成長的寺院經濟就成爲當政者覬覦的對象。

二、中晚唐寺院經濟的成長

　　佛教是以寺院爲中心，擁有眾多僧尼和檀越的團體。自魏晉以降，人民基於福田思想，向寺院佈施錢帛田產，以冀求福，同時佛教受到統治階層的擁護和支持，給與僧徒免稅免役的特權，使寺院經濟逐漸的成長，膾炙人口的中國佛教社會福利事業，就是在此經濟基礎下完成的。但寺院經濟如果發展過甚，逃稅逃役人口擁向寺院，勢必影響全國稅收，必須加以防制，導致政教關係蒙上一層陰影。

　　過去研究寺院經濟者均以寺領莊園，借貸碾磑，僧眾奴婢的增加來解釋寺院經濟和國家經濟的衝突，遂導致會昌法難，這在表面現象而言是正確的。但若從中晚唐寺院經濟發展的特性來看，仍可作補充說明。

　　中晚唐的寺院經濟與以前不同之處有二：一是寺院經濟與僧伽（團）經濟結合爲一。二是政府的鬻牒度僧，給逃稅逃役者大開方便之門。

　　就前者而言，在玄宗天寶六載（西元747年）建立「以官轄寺，以寺轄僧」的寺僧合一制度以前，僧是僧，寺是寺，各有其組織體系，僧侶雖然在寺院內修行辦道，可能並不干預行政事務，所以僧侶本身無經濟結構可言。寺院經濟由國王、大富長者派人管理或僧官執事掌管。等到僧寺制度合一之後，僧侶獲得寺院的管理權，寺院經濟方始含有僧伽（團）經濟的意味。〔註103〕在此制度之下，容易導致僧伽爲求財富的增加，汲汲逐利，忘却大乘菩薩道精神而興辦社會福利事業的意義所在。中唐以後，士大夫常指責佛殿爲貿易之場，當非空穴來風。

究所，西元1976年3月），頁310。

〔註102〕韓國磐，〈唐憲宗平定方鎮之亂的經濟條件〉，收入《隋唐五代史論集》（北京，生活、讀書、新知三聯書店，民國68年10月），頁321～235。

〔註103〕釋明復、張慧命，〈關於現代佛教寺院經濟的對話〉，《獅子吼月刊》二十四卷7期，民國74年7月。

就後者而言，政府的鬻牒度僧，原是非常時期的權宜措施，然此風一開遂不可收拾，一些軍閥政客均以鬻牒爲斂財手段，如王智興在泗州置僧尼戒壇，凡僧徒到者，人納二縞，給牒即回，別無法事。李德裕時爲浙西觀察使，奏言江淮之人聞之，戶有三丁者，必令一丁落髮，意在規避徭役，影庇資產，今蒜山渡日過百餘人，若不禁止，一年之內，即當失却六十萬丁。〔註104〕若以經濟利益而言，國家售賣度牒，雖可得錢，但人民得一度牒，即可免丁錢，庇家產，國家實暗虧丁田之賦，何利之有。若以佛教立場而言，在鬻牒之前，一些無知的僧官允許逃避賦稅的豪門刁滑之輩，納入寺中，導致寺院腐敗，已深爲有識者所詬病。今則國家公然大開方便之門，讓一些自私、不道德，逃避國家義務的人進入寺院，他們進入寺內，不會發心向道，精進修持，相反的，還會引誘無智的庸僧隨之墮落。更甚者，由於唐代有規定，死在俗家的僧人，遺產由俗家先占。如果僧尼以歸侍父母的口實，離開寺院，死在自己的俗家，則其財產與十方或僧眾無關，故唐代爲了避稅避役而出家僧人的遺產，仍可以回到俗家。可使我們想到富貴之家的子弟，爲了利用寺院財產而出家的可能性。〔註105〕這種現象唐代的當政者相當明白，故有禁止奏設寺院及施捨莊田的詔令，但成效不彰。

若從另一角度來看，李德裕爲廣籌財源，以濟軍需，所施行的檢括寺產，在經濟意義上，是追回地主豪右的賦役責任，也是將影庇的資產重新分配，既不增加農民的負擔。也不科斂既得利益階段的仕宦之家，其作法顯然較楊炎高明。唯因施行過甚，終至竭澤而漁，使佛教施行社會福利事業的經濟基礎破壞殆盡，自是有欠考慮。

第三節　唐代士大夫的排佛思潮

佛教發源於印度，有其殊勝的哲理，幽邃的思維，嚴密的僧伽組織。自傳入中國，與中土國情文化頗多扞格之處，故自東漢以降，造成儒釋道三家思想的訾應，這種訾應，亦可視爲本土文化與外來文化的衝突。

關於東漢迄於初唐，儒釋道三家思想的訾應，在《弘明集》及《廣弘明集》中載之甚詳，其間所爭論範圍甚廣，歸納言之，有下列各項：

〔註104〕劉昫，《舊唐書》，卷一七四，〈李德裕傳〉，頁4514。
〔註105〕陶希聖，《唐代寺院經濟》（台北，食貨出版社，民國63年1月），頁10。

一、倫理問題

沙門出家,拋妻棄子,遠離父母。與儒家孝順父母、蓄養妻子之觀念相背。自東漢以降,國人即以此問題加以責難評擊。佛教為了因應這種批判,除撰文反駁外,還積極譯出(或造出)許多與孝道有關的經典,如《佛昇忉利天為母說法經》、《六方禮經》、《佛說父母恩重難報經》、《四十二章經》、《佛說孝子經》、《佛說睒子經》等,〔註106〕以說明出家是基於報恩,為大孝行為。

二、君臣問題

儒者以「溥天之下莫非王土,率土之濱莫非王臣」的大一統思想,認為僧侶雖係方外,然君臣名份,無所逃於天地之間,必須禮拜君王。佛教戒律則以拜俗為戒,二者思想截然不同。東晉成帝時,庾冰輔政,下令僧尼禮拜君王,六十年後,桓玄執政,又重彈沙門禮拜君王的論調,導致熱烈的爭論。佛教的答辯以慧遠「沙門不敬王者論」為代表,主張在家居士應禮拜君王,出家僧侶則不必拘泥世間禮法。謂:

> ……凡在出家,皆遯世以求其志,變俗以達其道。變俗則服章不得
> 與世典同禮,遯世則宜高尚其迹。〔註107〕

此脫俗清逸,不畏權勢的話,成為日後「沙門不敬王者」的理論基礎。唐高祖時,因傅奕上奏廢佛僧,及高宗制敕僧尼禮拜君王,再度引發儒佛二者熱烈的爭論,迄龍朔二年(西元 662 年)高宗斟酌群情,體念不拜傳統,遂下詔僧侶可以不拜帝王,但須禮拜父母。〔註108〕關於禮拜君王議論遂止。

三、華夷之辨

佛教係外來宗教,傳入之前,中土華夷觀念已相當強烈,孔子「內諸夏而外夷狄」、「用夏變夷」的思想一直是士人所稱道者。佛教傳入後,士人即以地域、文化、風俗、種族殊異為題,暢論中外之優劣,作為排佛的理論基礎。在此爭論中,道士也附和儒生,其中較著名的有劉宋道士顧歡的〈夷夏論〉、齊梁間道士張融的〈三破論〉,直到初唐,相傳出身道士的太史令傅奕

〔註106〕楊惠南,〈一葦渡江,白蓮東來—佛教的輸入與本土化〉,收入《中國文化新論宗教禮俗篇》,敬天與親人,(台北,聯經出版社,民國 71 年 11 月),頁28。

〔註107〕釋僧佑,《弘明集》,卷五,《大正藏》第五十二卷,(台北,新文豐出版公司,民國 68 年 9 月),頁 30。

〔註108〕釋道宣,《廣弘明集》,卷二九,頁

亦以夷夏之辨爲排佛論證。〔註 109〕

四、財經、治亂問題

以財經與治亂問題作爲排佛理由，最能打動統治者的心弦，因僧侶出家修行，不事生產、規免租稅，於政治關係有實際上的利害衝突，歷史上著名的「三武一宗法難」是國家經濟萎縮，君主假手儒生道士毀法廢佛，以坐收漁利的行爲。

從東漢到初唐，排佛者均爲儒生和道士，其氣燄極盛，唯自則天後，排佛者以士人爲主，道士反居不重要地位，這與科舉取士，士人熟讀儒家經典，導致本土文化意識的興起有關。唯唐代士大夫的排佛思想，并無推陳出新的論點，且大都是針對某單一因素而發，故其對後代的影響，除韓愈外，並不顯著。

茲將唐代士大夫排佛論點歸納於左，以便說明：

表一：唐代士大夫排佛論分析表

姓　名	排佛時間	出　身	排佛論點					資料來源
			倫理	君臣	華夷	財經	治亂	
傅　奕	高祖、太宗	道士	√	√	√	√	√	《舊唐書》79／2715～2716
狄仁傑	武則天	明經	√			√	√	《舊唐書》89／2893～2894
李　嶠	武則天	進士				√		《舊唐書》94／2995～2996
張廷珪	武則天	制舉				√		《舊唐書》101／3150～3152
蘇　瓌	武則天	進士				√		《新唐書》125／4398
韋嗣立	中宗	進士				√		《舊唐書》86／2870～2871
桓彥範	中宗	門蔭		√				《新唐書》120／4311
呂元泰	中宗					√		《新唐書》118／4277
辛替否	中宗、睿宗			√		√	√	《舊唐書》101／3156～3161
宋務光	中宗	進士				√		《全唐文》268／18
裴　漼	肅宗	制舉				√		《舊唐書》100／3129

〔註 109〕關於傅奕的出身，兩唐書不載。《廣弘明集》，卷七，謂：「隋開皇十三年，與中山李播請爲道士。」（頁 1347）自來學者疑其僞。

姓名	帝王	出身						出處
姚 崇	中宗－玄宗	制舉				√	√	《舊唐書》96／3023、2027～3029
張 鎬	肅宗						√	《舊唐書》111／3327
高 郢	代宗	進士				√		《全唐文》449／15～19
李叔明	代宗	明經				√		《新唐書》147／4758
彭 偃	德宗					√		《舊唐書》127／3580～3581
裴 垍	德宗	進士			√			《新唐書》147／4758
李 岩	德宗	進士			√			《舊唐書》150／4044
舒元褒	憲宗					√		《文苑英華》490／1142
韓 愈	憲宗	進士	√	√	√	√	√	《舊唐書》160／4199～4200
崔 蠡	文宗	進士			√			《舊唐書》117／3403
蕭 俶	懿宗	進士			√	√		《舊唐書》172／4481
李 蔚	懿宗	進士	√			√	√	《新唐書》181／5354
孫 樵	宣宗	進士				√		《孫樵集》6／31～33

在上表二十四位排佛士大夫中，論點涉及倫理關係者四人，君臣關係者五人，華夷之辨者五人，財經問題者十九人，治亂問題者七人，可見財經問題仍是士大夫所關心者。個中原因，部分係因儒者貧困，寺院經濟勢力龐大，佛教流行，而儒學機關每下愈況，故部分儒者因羞妒而有排斥之舉。〔註110〕另部分原因則與部分帝王若武則天、中宗等人過份綴飾與窮奢極壯有關，如上表中狄仁傑、李嶠、張廷珪、蘇瓌四人，均因見則天於白司馬坡建大像而提出諫言。此外，由於中唐以後國家經濟迅速萎縮，相對的寺院經濟因爲逃稅避役特權份子的操縱而膨脹，亦給排佛士大夫有力的口實。代宗時劍南東川觀察使李叔明即以此爲藉口，上疏請求澄汰僧道，彭偃附會其議，德宗（以太子居攝）頗善其言，唯大臣以二教行之已久，列聖奉之，不宜頓擾，宜去其太甚，其議遂不行。〔註111〕但此後當政者重彈此調仍不乏其人，比較彭偃等人議論和武宗拆寺制，我們可以發現其心態與論調的一脈相承。

儒家思想，首重綱常倫理，君臣之義及父子之親的正名，爲儒者視爲天

〔註110〕參見費海璣，〈大唐『洛陽伽藍記』〉，收入《費海璣近作選集》（台北，作者自印，民國51年7月），頁135。
〔註111〕劉昫，《舊唐書》，卷一二七，〈彭偃傳〉，頁3579～2581。

經地義之事。佛教流傳中國，雖有其深邃的思想，然因中印國情不同，解脫涅槃之道無法取代固有的倫理思想，故排佛士大夫以此爲口實。如傅奕認爲僧侶「削髮而揖君親」，「佛踰城出家，逃背其父，以匹夫而抗天子，以繼體而悖所親。」〔註112〕韓愈亦認爲「佛本夷狄之人，與中國言語不通，衣服殊製。口不道先王之法言，身不服先王之法服，不知君臣之義，父子之情。」〔註113〕其說法頗爲動聽，成爲日後排佛思想的有力辯證之一。

安史亂後，夷狄交侵，社稷板蕩，唐室忱於禍害，夷夏之防，也因而轉嚴。韓愈的闢佛，可代表當時士大夫，受科舉制度薰習培養，所激發出民族本位文化的立場，對於外來文化發動猛烈攻擊的第一人。其理論純以儒家思想爲依據，於佛學並無深刻的認識，所言甚爲浮淺，在當時並未發生多大影響，但其在舉世滔滔之際，言人之所不敢言，與其民族思想的濃烈，對中國傳統文心態度的忠實，實爲有唐以來第一人。〔註114〕此後的儒者，也都採用本土文化立場來排斥佛教，雖然他們的思想與佛學有很密切的關係，但仍堅不承認受到佛教的影響。

治亂問題與國祚長短是人主最關心的問題之一，排佛者遂以此爲口實，抨擊佛教。在太宗與蕭瑀的手詔中，已露出對梁武、簡文二帝銳意法門，結果子孫覆亡、社稷化墟有輕視之意，狄仁傑亦重申其事。傅奕、韓愈、姚崇、辛替否等人亦言三代之時未有佛法而國祚長，六朝之際，君主普遍信佛，國祚反短，信佛無以救亡。此外魏晉以降，部分劣僧曾藉宗教之名謀亂，遂與排佛者有力口實，如傅奕謂：

> 寺饒僧眾，妖孽必作。如後趙沙門張光，後燕沙門法長，南涼道密，魏孝文帝法秀，太和時惠仰等，並皆反亂者。……況今大唐僧尼二十萬眾，共結胡法，足得人心，寧可不預備之哉。〔註115〕

事實上，歷代謀亂犯上者，僧侶所佔的數量較之俗人，百不及一，若以昔有叛僧而責今之法眾，實有構陷他人的嫌疑，唯事涉社稷安危，亦足傾動人主之視聽。

唐代士大夫因在政治立場上接近君主，故每當本土文化與外來文化發生

〔註112〕劉昫，《舊唐書》，卷七十九，〈傅奕傳〉，頁 2715～2716。

〔註113〕劉昫，《舊唐書》，卷一六〇，〈韓愈傳〉，頁 4200。

〔註114〕傅樂成，〈論漢唐人物〉，收入《時代的追憶論文集》（台北，時報出版社，民國 73 年 3 月），頁 49。

〔註115〕釋法琳，〈對傅奕廢佛僧事并啓引〉，收入《廣弘明集》，卷一一，頁 161。

扞格衝突時，君主的政策絕大多數支持士大夫，而替君主執行崇道抑佛政策
者亦是士大夫，佛教在此交相利的聯手打擊之下，能夠苟延殘喘已屬不易，
更遑論與之抗衡。

第三章　會昌法難始末

魏晉以降，服食之風盛行。迨迄有唐，上自帝王，下至公卿，服食之風未衰。武宗以前，已有太宗、憲宗、穆宗、敬宗四君爲丹藥所誤。大臣則有杜伏威、李道古、李抱眞、李千、李虛中、李遜、李建、盧坦等人，因服藥致死。〔註 1〕在這種風氣籠罩之下，武宗亦步上後塵，從喜好道術修攝之數，到聽信道士讒言，下詔全面廢佛，終於以服食丹藥暴崩，其間雖僅數年，然對佛教的傷害已是巨大且難以彌補。

第一節　武宗即位與崇道黜佛

開成五年（西元 840 年）正月四日，文宗崩於太和殿。十四日穎王李瀍以皇太弟即位，是爲武宗。武宗在藩時，頗好道術修攝之事，即位後，更積

〔註 1〕李抱眞以上諸人參見趙翼，《廿二史劄記》，卷十九，〈唐諸帝多餌丹藥〉條，
　　　　（台北，華世出版社，民國 69 年 9 月），頁 397～299。唯《劄記》敘事與史
　　　　實稍有出入。如（一）《劄記》謂：「穆宗即位，泌大通付京兆府，決杖處死。
　　　　是固明知金石之不可服矣。乃未幾聽僧惟賢，道士趙歸眞之說，亦餌金石。……
　　　　尋而上崩。」按《舊唐書・穆宗本紀》謂：「上餌金石之藥。」未言及聽信何
　　　　人之談。（二）《劄記》謂：「敬宗即位，詔惟賢歸眞，流嶺南，是更明知金石
　　　　之不可服矣。」按《舊唐書・武宗本紀》會昌五年（西元 845 年）李德裕言：
　　　　「臣不敢言前代得失，只緣歸眞於敬宗朝出入宮掖，以此人情不願陛下復親
　　　　近之。」另〈文宗本紀〉謂寶曆二年（西元 826 年）十二月甲辰，「僧惟貞、
　　　　齊賢、正簡，道士趙歸眞，並流配嶺南。」則趙歸眞在敬宗時見用，文宗即
　　　　位之初流配嶺南明矣。
　　　　其餘諸人參見韓愈，〈故太常博士李君墓誌銘〉，《韓昌黎全集》，卷三十四，（台
　　　　北，新興書局，民國 59 年 6 月），頁 14～16。

極從事。《舊唐書‧武宗本紀》謂：

> 帝在藩時，頗好道術修攝之事。是秋，召道士趙歸眞等八十一人入
> 禁中，於三殿修金籙道場，帝幸三殿，於九天壇親受法籙，右拾遺
> 王哲上疏，言王業之初，不宜崇信過當，疏奏不省。〔註2〕

趙歸眞曾在敬宗時，以神仙之道干求祿位，出入禁中，文宗即位被流配嶺南。
此事距武宗即位僅十四年，則武宗醉心道術之甌，不受前代帝王服毒致死影
響，最後竟以身殉，死而無悔，後世謂其「徒見蕭衍、姚興之謬學，不悟秦
王、漢武之非求。」〔註3〕當非厚誣。

武宗即位之初，不便公然禁止佛教活動，以招民怨，同時爲廣徠民眾，
爲道教在民間發展起見，於會昌元年（西元 841 年）下敕恢復停止多年的俗講。
此外，更積極的提升道講，希望由道講提高道教在人民心目中的地位。〔註4〕
這個措施，到了會昌三年（西元 843 年），因道教聲勢已壓倒佛教，遂將俗講取
消。

自高祖、太宗以降，每當君主誕日，即下詔令佛教大德、大臣、道士赴
宮議論三教高下，謂之「三教講論」，講論時三教講主各鼓舌簧，互揭瘡疤，
並爲排班次序問題，爭議不休。這種作法，本是出自君主私心，視僧道人士
爲優倡，不惜破壞宗教功能，以求一粲的行爲，也是君主爲抑制教權結合，
所採取各個擊破的辦法。

會昌元年（西元 841 年）的三教講論，武宗賜道士紫衣，藉以壯大道教
的聲勢，並令釋門大德不得穿著，〔註5〕終武宗之世，此政策仍持續著。在世
俗的恩寵裡，紫衣，爵位、諡號均被視爲無上的光榮；但若以出世的眼光視
之，這些世俗恩寵無非鏡花水月的假相，於修持精進無益，若連名利都勘不
破，如何追求永恒的涅槃之道呢？東晉沙門慧遠高唱沙門不拜王者，以維護
教權運作的自由。惜自中唐以降，頑俗劣僧自甘下賤，見王者禮拜稱臣，以
能膺封賜爲榮寵，開啓佛教世俗化與僧伽精神墮落之端。所謂物必自腐而蟲
生，武宗採取這種「趙孟貴之，趙孟賤之」的手段排除異己，頑愚僧侶視世
俗恩寵爲榮耀實不能辭其咎。

〔註2〕劉昫，《舊唐書》，卷十八上，〈武宗本紀〉，頁 585～586。
〔註3〕劉昫，《舊唐書》，卷十八上，〈武宗本紀〉，頁 661。
〔註4〕釋圓仁，《入唐求法巡禮行記》，卷三，頁 86。
〔註5〕釋圓仁，《入唐求法巡禮行記》，卷三，頁 86。

大致言之，武宗在會昌元年（西元 841 年）雖藉各種管道，讓臣庶明白
上之所好外，仍然允許佛教在民間活動。是年三月起，大莊嚴寺、薦福寺、
興福寺、崇聖寺等先後開佛牙供養大會，一時頗為熱鬧。又令章敬寺鏡霜法
師於諸寺傳阿彌陀淨土念佛法門。〔註6〕與佛教在民間相對的，是武宗對道士
的崇敬，《舊唐書・武宗本紀》謂是年六月：

> 以衡山道士劉玄靖為銀青光祿大夫，充崇玄館學士，賜號廣成先生，
> 令與趙歸真於禁中修法籙。左補闕劉彥謨上疏切諫，貶彥謨為河南
> 府戶曹。〔註7〕

佛道二教的消長，於會昌元年（西元 841 年）時已見端倪。二年（西元 842
年）因宰相李德裕的啟奏，下敕發遣保外無名僧，禁止置童子沙彌，並停止
內供奉兩街大德共二十員。十月，因僧眩玄的妄語，謂能自作劍輪，自領兵
打迴鶻國，結果試作劍輪不成。宰相李紳上疏，引發武宗條疏僧尼的舉動，
被敕令還俗的僧尼包括解燒術、咒術、禁氣、背軍身上杖痕鳥文、雜工巧、
曾犯淫、養妻、不修戒行、愛惜錢財不願收納入官者。還俗僧尼計左街一千
二百三十二人，右街二千二百五十九人。〔註8〕

武宗對佛教的政策若僅止於此，無論對國家，對佛教均有利益，因被條
疏者，均係僧伽制度中的附骨之蛆，破壞僧伽清淨與令譽，同時也是逃避國
家賦役責任的莠民，其來源大都是安史之亂後販賣度牒所形成的獅子蟲。武
宗此舉，頗能矯正流弊，惜武宗却以此行動為全面廢佛的試金石。

會昌三年（西元 843 年）武宗對佛教政策日趨緊收，二月一日，功德使
牒云：「僧尼已還俗者，輒不得入寺。又發遣保外僧尼，不許住京入鎮內。」
〔註9〕二十五日，太原軍大破迴鶻，迎回太和公主，遂下敕抽檢摩尼寺莊宅、
錢物等，摩尼寺僧委中書門下條疏。〔註10〕四月中命殺天下摩尼師，剃髮令
著袈裟作沙門形而殺之，〔註11〕京城女摩尼七十二人死，及在中國迴紇諸摩
尼等，流配諸道，死者大半。〔註12〕這次對摩尼教的迫害，主因是迴鶻國勢

〔註 6〕釋圓仁，《入唐求法巡禮行記》，卷三，頁 84～85。
〔註 7〕劉昫，《舊唐書》，卷十八上，〈武宗本紀〉，頁 587。
〔註 8〕釋圓仁，《入唐求法巡禮行記》，卷三，頁 90～91。
〔註 9〕釋圓仁，《入唐求法巡禮行記》，卷三，頁 91。
〔註10〕劉昫，《舊唐書》，卷十八上，〈武宗本紀〉，頁 594。
〔註11〕釋圓仁，《入唐求法巡禮行記》，卷三，頁 91。
〔註12〕贊寧，《大宗僧史略》，卷下，頁 251。

衰落，無法威脅中國，故武宗迫不及待的條疏摩尼師，以洩安史以來迴鶻驕縱，欺陵中國之怨氣。又從摩尼師被殺前須剃髮著袈裟作沙門狀，可知武宗對沙門憎恨之意，已有欲殺之而後快的心態。

繼條疏摩尼師後，五月二十五日勘問外國僧來由，到城兼住寺年月、年齡、解何藝業等。六月十一日武宗誕日，內裏設齋，僧道入內議論，道士二人敕賜紫衣，而僧則否。又此前十五日，內宮內諸司各赴諸寺，設齋獻壽。與此一行徑相對的是武宗敕焚燒內裏佛經，又埋佛菩薩天王像等。〔註13〕

是時太子詹事韋宗卿進《涅槃經疏》，《奉敕大圓伊字鏡略》各二十卷，武宗下敕焚之，毀其稿，並左遷成都府尹。敕文謂：

> ……韋宗卿參列崇班，合遵儒業，溺於邪說，是扇妖風，既開詉惑之端，全戾典墳之旨，籫纓之內，頹靡何深。況非聖之言，尚宜禁斥，外方教，安可流傳，雖欲包含，恐傷風俗，宜從左官，猶謂寬恩，可任成都府尹。〔註14〕

唐代帝王崇信道教者不乏其人，但未聞因此而焚燒臣下所注佛經疏義，武宗此舉，與貶劉彥謨爲河南府戶曹，同樣是出於不容異己的個性。

九月，澤潞節度使劉稹叛，朝廷派王元逵、何弘敬、李彥佐、石雄等人討伐。〔註15〕並敕下諸州府，抽兵馬都五萬軍攻打潞府，起初兩軍呈膠著狀態，朝廷軍入界不得，仍在界首相守，供軍每日用二十萬貫錢，諸道搬載不及，遂從京城內庫搬糧不絕。〔註16〕龐大的軍需，讓財源日絀的政府頗感爲難，宰相李德裕亦費盡心機的尋找財源，以應付戰爭需要。

是時位於京城左街平康坊的潞府留後院，押衙疂孫在院知本道事，武宗下敕捉其人，走脫不知去處，諸處尋捉不獲，唯捉得妻兒女等，斬殺破家。有人報告，潞府留後押衙疂孫剃頭，今在城僧中隱藏。遂敕令兩街功德使疏理城中等僧，公案無名等盡勅還俗遞歸本貫，諸道州府亦同斯例。近住僧寺，不委來由者盡捉京兆府，投新裏頭僧於府中，打殺三百餘人，其走藏者，不敢街裏行走。〔註17〕

這次潞府押衙事件，引發武宗全面毀法的決心，但武宗的舉動，實有借題

<hr />

〔註13〕以上均見釋圓仁，《入唐求法巡禮行記》，卷三一四，頁91～93。
〔註14〕釋圓仁，《入唐求法巡禮行記》，卷四，頁92～93。
〔註15〕劉昫，《舊唐書》，卷十八上，〈武宗本紀〉，頁597～598。
〔註16〕釋圓仁，《入唐求法巡禮行記》，卷四，頁94。
〔註17〕釋圓仁，《入唐求法巡禮行記》，卷四，頁94。按：潞府，原文作路府。

發揮嫌疑。有論者嘗謂這是武宗深恐澤潞叛將，與僧人相潛結以作亂之故，〔註18〕此乃厚誣之辭。因唐代對僧侶行動的控制，可謂相當的嚴密，尤其是在玄宗時確立「以官轄寺，以寺轄僧」政策以後，僧人一舉一動均要向住持和尚報告，然後住持和尚向僧官報告，僧人不得越級報告，否則處罰。又唐代僧侶未經許可，不得遊方腳，唐律謂：「諸私度關者，徒一年，越度者，加一等。不由門爲越。」「已至越所而未度者，減五等。謂已到官府應禁約之處，條餘未度準此。」〔註19〕行人欲過關須檢驗通行證（過所），否則不准通過，《舊唐書・職官志》云：「關令掌禁末遊，伺姦慝。凡行人車馬出入往來，必據過所以勘之。」〔註20〕唐代對於關禁的實施，直到晚唐宣宗時仍未鬆弛。日本留學僧圓珍於大中七年（西元 853 年）來華，其所持之通行證（過所）二紙，至今仍保存日本，其中一紙係圓珍自越州往長安之際，越州都督府所給過所，首載人數、年齡，并驢及隨身物品。次就越州至上都途中所在州縣鎮舖關津應檢驗之物品，再次交待從日本到中國行踪及目的地，並註明府方勘驗開元寺三綱僧長等所出狀與此相同，故給此過所，以備勘驗。〔註21〕圓珍持此官府通行證，似乎仍受滯留日數的限制，大中九年（西元 855 年）六月七日，長安春明門外街家盤問圓珍：「和上何久住店中，不入城耶？」圓珍答以同伴落後，相待彼人共同入城，街家警告謂：「和上明日入城去好，若過明日，將報官去。」〔註22〕據此，僧人與澤潞一起叛變的可能性甚小。

以佛教的立場而言，作姦犯科者剃髮爲僧，並不表示佛門廣大。因佛教教義，並不允許他們出家，若私度爲僧，佛教本身也是受害者，此種人一多，僧伽將不免被譏爲藏污納垢之所，給與排佛者有力口實。潞府押衙潛匿寺中，本身未具僧侶身份，政府只要透過僧官和寺中三綱執事，將可很快的查明是否屬實，武宗捨此途徑，其項莊比劍的企圖，實是相當明顯。

潞府押衙事件後，佛教各項活動陸續被禁止。會昌四年（西元 844 年）正月，中書奏定斷屠日，遂下敕謂：

〔註18〕湯承業，《李德裕研究》（台北，學生書局，民國 63 年 8 月），頁 542。

〔註19〕長孫無忌，《唐律疏義》，卷八，〈衛禁律〉，頁 66～67。

〔註20〕劉昫，《舊唐書》，卷四十四，〈職官志三〉，頁 1924。

〔註21〕內藤虎次郎著，萬斯年譯，〈三井寺藏唐過所考〉，國立北平《圖書館館刊》第五卷 4 期，民國 20 年 7 月。

〔註22〕釋圓珍，《行歷抄》，收入大日本國史料第一編之一，（東京，東京大學史料編纂所，昭和四十三年四月覆刻），頁 632。

齋月斷屠，出於釋氏，國家創業，猶近梁、隋，卿相大臣，或沿茲弊，鼓刀者既獲厚利，糾察者潛受請求。正月以萬物生植之初，宜斷三日，列聖忌斷一日。仍准開元十二年敕，三元日各斷三日，餘月不禁。〔註23〕

唐初曾於武德二年（西元 619 年）下詔，每年正月、五月、九月禁止屠宰殺戮、網捕掠獵，〔註 24〕是為三長月。武宗於是年改三長月為三元日（正月、六月、十月十五日）斷屠三天。

三月敕不許供養佛牙。又敕代州五台山、泗州普光王寺、終南山五台、鳳翔法門寺，寺中有佛指節者，不許置供及巡禮，如有人送一錢、僧尼在前件處受一錢，諸道州縣送供養者，如被捉獲，均脊杖二十。因此四處靈境，絕人往來，無人送供。准敕勘責彼處僧人無公驗者，並當處打殺，具姓名聞奏，恐潞府留後押衙作僧潛在彼處也。〔註 25〕禁供佛牙，主要在隔絕佛教與社會上的關係，打殺無公驗僧侶，亦顯示出趁機消滅佛教的意圖，按唐制，凡決死者，皆於中書門下詳覆，並有十惡、八議、五聽、六贓之典。〔註 26〕對於人權的考慮不可謂不周，武宗此舉，顯係輕率與不恤民情。

此後武宗令焚燒長生殿內道場經教，毀拆佛像，並令僧眾各歸本寺，在道場內安置天尊老君之像。是年武宗降誕日一反常態的只請道士，不請僧侶入內議論，故道士乘機進言，謂：「孔子說云，李氏十八子，昌運方盡，便有黑衣天子理國。臣等竊惟，黑衣者，是僧人也。」武宗信其誑惑，因此憎嫌僧尼，遂敕僧尼不許街裏行、犯鐘聲，若有出者，須於諸寺鐘聲未動前歸，又不許別寺宿，違者罪之。

這年七月，因征討潞府兵眾，每日用二十萬貫錢，諸州搬載不及，又京城官庫物欲盡，遂敕分欠百司判錢，依官階尊卑，納錢多少，用充攻圍潞府兵糧，在外諸州道府官，亦遵此例。由於既得利益的仕宦之家，寧願以鉅額經費營名園，而不願略盡棉薄之力以助軍費，故武宗遂下敕毀拆天下山房蘭若、普通佛堂、義井、村邑齋堂等未滿二百間，不入額者，其僧尼等盡敕還俗，充入邑役，具分分拆聞奏。是時京師長安城內，坊內佛堂三百餘所被毀，其內佛像經幢，

〔註23〕劉昫，《舊唐書》，卷十八上，〈武宗本紀〉，頁599。
〔註24〕宋敏求，《唐大詔令集》，卷一一三，〈禁正月五月九月屠宰詔〉，頁2。
〔註25〕釋圓仁，《入唐求法巡禮行記》，卷四，頁95。
〔註26〕劉昫，《舊唐書》，卷四十三，〈職官志二〉，頁1838。

莊嚴如法，盡是名工所作，一個佛堂院，敵外州一大寺，遵敕併除。罄盡諸道天下佛堂院等，不知其數，又敕毀天下尊勝石幢、僧墓塔等。〔註27〕

當武宗正積極毀法之際，長安城內流言四起。日僧圓仁在《入唐求法巡禮行記》一書中記載甚詳，如是年二月，武宗駕幸金仙觀，觀中有女道士甚有容，天子召見如意，敕賜絹一千疋，遂宣中官修造觀，特造金仙樓。其觀本來破落，後因修造華麗，天子數駕幸。八月中，太和皇后郭氏薨，緣太后有道心，信佛法，每條疏僧尼時，皆有諫詞，皇帝令進藥酒而殺之。又義陽殿皇后蕭氏，是武宗阿孃，甚有容顏，武宗召納為妃，而太后不肯同意，天子索弓射殺，箭透入胸中而薨。〔註28〕

近代以來，學者均謂郭后當即憲宗懿安皇后，係死於大中二年（西元848年），蕭后當指穆宗貞獻皇后，死於大中元年（西元847年），且《新唐書》載武宗對郭、蕭二太后均甚敬重，圓仁所記，為僧人有計劃之造謠，以洩心中積怨。〔註29〕獨陳寅恪懷疑義陽，係義安之譌，蓋因穆宗恭僖皇后王氏崩於會昌五年（西元845年）正月庚申，王太后於大和中居義安殿，是為義安太后，圓仁所記，適當會昌時，斷無預書之理。〔註30〕故義安一訛為義陽，再訛為懿安，圓仁所記，當非全係空穴來風。在專制時代，天子所居，號為禁中，皇帝之生活如何，人民莫能知道，然巷議街言亦足以誣蔑天子的神聖。人類最愛談又最愛聽者，乃是性生活的行為，所以要破壞皇室的尊嚴，莫若宣傳宮廷內性生活之骯髒。〔註31〕由於廢佛牽涉廣大，事關民眾信仰，其無法服眾是必然的現象。又如《太平廣記》謂：

> 長安城北有古塚，高十數丈，傳云周穆王陵也。唐會昌六年（西元846年），正月十五日，有人夜行至陵下，聞人語於林間，意其盜也，因匿於草莽中伺焉。俄有人自空而來，朱衣執版。宣曰：「塚尉何在？」二吏出曰：「在位。」因曰：「錄西海君使者，何時當至？」吏曰：「計

〔註27〕釋圓仁，《入唐求法巡禮行記》，卷四，頁96～97。

〔註28〕釋圓仁，《入唐求法巡禮行記》，卷四，頁96～97。

〔註29〕參見湯用彤，《隋唐佛教史稿》，頁53。梁容若，〈圓仁與其入唐求法巡禮記〉，《大陸雜誌》第六卷6期，民國42年6月，頁177。湯承業，《李德裕研究》，頁546。

〔註30〕蔣天樞，《陳寅恪先生編年事輯》（台北，弘文館出版社，民國74年10月），頁94。按憲宗懿安皇后郭氏薨於大中二年，本文誤作大中元年。穆宗貞獻皇后蕭氏薨於大中元年，本文誤作會昌中，不知何故。

〔註31〕薩孟武，《社會科學概論》（台北，三民書局，民國64年元月），頁166。

程十八日方來。」朱衣曰：「何稽？」對曰：「李某（武宗名）坐毀
聖教，減一計算，當與西海君同日錄其魂。」忽有賈客鈴聲自東來，
朱衣與二吏俱不復見。後數月，帝果宴駕。帝英毅有斷，勤於庶政。
至如迎貴主以破羌族，復內地而殲狡穴，武功震耀，肅憲之次也。
然金人之教，不可厚誣，則秦時焚書坑儒，後華山中有告祖龍之死
者，事不謬矣。〔註32〕

此雖齊東野語，却反映出民眾雖讚賞武宗的安內攘外，但不苟同其廢佛毀法。
流言四起，不必盡歸咎僧人誹謗造謠。

會昌四年（西元 844 年）七月，澤潞平定，劉稹被殺。九月，傳首京師。
武宗坐銀臺門樓上，看大笑曰：「昭儀已破，今未除者，准是天下寺舍，兼條
疏僧尼都未了，卿等知否？」遂敕令毀拆天下小寺，佛經搬入大寺，鐘送道
觀。其被拆寺僧尼，粗行不依戒行者，不論老少，盡勅還俗，遞歸本貫，充
入邑役。年老身有戒行者配大寺，雖有戒行，若是年少者，盡勅還俗。城中
毀拆三十三處小寺。〔註33〕

是年三月，武宗志學神仙，以趙歸眞爲左右街道門教授先生。歸眞乘寵，
每對武宗言，輒排毀釋氏，言非中國之教，蠹耗生靈，盡宜除去。〔註34〕九
月，趙歸眞又謂武宗曰：「佛生西戎，教説不生。夫不生者，只是死也，化
人令歸涅槃，涅槃者死也。盛談無常苦空，殊是妖怪。」並於內禁築起仙臺。
〔註35〕至會昌五年（西元 845 年）正月又敕造望仙臺於南郊壇。

時趙歸眞特承恩禮，諫官上疏，論之延英。武宗謂宰臣曰：「諫官論趙歸眞，
此意要卿等知。朕宮中無事，屏去聲技，但要此人道話耳。」李德裕對曰：「臣
不敢言前代得失，只緣歸眞於敬宗朝出入宮掖，以此人情不願陛下復親近之。」
武宗曰：「我爾時已識此道人，不知名歸眞，只呼趙鍊師。在敬宗時亦無甚過。
我與之言，滌煩爾。至於軍國政事，唯卿等與次對官論，何須問道士。非直一
歸眞，百歸眞亦不能相惑。」歸眞自以遭受非議，遂舉羅浮道士鄧元起有長年
之術，帝遣中使迎之。〔註36〕武宗所言，似乎對於政治與信仰能劃分清楚，不

〔註32〕 李昉，《太平廣記》，卷一一六，〈報應十五〉，（台北，古新書局，民國 69 年
　　　　元月），頁 235。
〔註33〕 釋圓仁，《入唐求法巡禮行記》，卷四，頁 98。
〔註34〕 劉昫，《舊唐書》，卷十八上，〈武宗本紀〉，頁 600。
〔註35〕 釋圓仁，《入唐求法巡禮行記》，卷四，頁 98。
〔註36〕 劉昫，《舊唐書》，卷十八上，〈武宗本紀〉，頁 603。

因信仰而害軍國大政，實際上，此乃文過飾非之語。趙歸真於敬宗時出入禁中，敬宗服金丹暴崩後被流放至嶺南，這在當時是一件大事，武宗不可能不知道。若說武宗此時已識此道人，不知名歸真，只呼趙鍊師。但可以在即位之初，即召趙歸真等八十一人入禁中。如武宗對趙歸真的寵信僅止於道話滌煩，諫官當不至逆麟進諫，重蹈劉彥謨之覆轍。從李德裕的話中也可看出其對武宗的不滿，只不過為保持祿位不便明說而已。再者，趙歸真本人對老子無為之理並未研究，既知遭受非議，自當急流勇退，明哲保身，何況更引進鄧元起、劉玄靖等人，自結黨羽，排毀釋氏，終至身首異處，貽笑後代。

　　會昌五年（西元 845 年）正月三日，拜南郊，不准僧人觀看，發表南郊赦文，內中提及對佛教的政策。三月，敕天下寺舍不許置莊園，又令勘檢天下寺舍奴婢多少，并及財物。〔註37〕四月祠部檢括天下寺及僧尼人數，凡寺四千六百，蘭若四萬，僧尼二十六萬五百人。〔註38〕自四月一日起，年四十以下僧尼盡勅還俗，遞歸本貫。每日三百人還俗，十五日方訖。十六日起令僧尼五十以下還俗，至五月十日方盡。十一日起無牒者還俗，最後有牒者亦須還俗，五月終，長安僧尼盡。寺惟留三綱，檢財物訖再還俗，時外國沙門無祠部牒者亦須還俗，天竺沙門難陀、寶月、日僧圓仁等均依令還俗。〔註39〕

　　七月敕併省天下佛寺，中書門下條疏聞奏：

　　　據令式，諸上州國忌日，官吏行香於寺，其上州望留寺一所，有列
　　　聖尊容，便令移於寺內；其下州並廢。其上都、東都兩街請留十寺，
　　　寺僧十人。

武宗下敕曰：

　　　上州合留寺，工作精妙者留之；如破落，亦宜廢毀。其合行香日，
　　　官吏宜於道觀。其上都、下都每街留寺兩所，寺留僧三十人。上都
　　　左街留慈恩、薦福、右街留西明、莊嚴。

中書又奏：

　　　天下廢寺，銅像、鐘磬委鹽鐵使鑄錢，其鐵像委本州鑄為農器，金、
　　　銀、鍮石等像銷付度支。衣冠士庶之家，所有金、銀、銅鐵之像，
　　　敕出後限一月納官，如違，委鹽鐵使依禁銅法處分。其土木、石像

〔註37〕釋圓仁，《入唐求法巡禮行記》，卷四，頁99。
〔註38〕王溥，《唐會要》，卷四九，頁864。
〔註39〕釋圓仁，《入唐求法巡禮行記》，卷四，頁99～101。

合留寺内依舊。

又奏：

> 僧尼不合隸祠部，請隸鴻臚寺。其大秦穆護等祠，釋教既以釐革，
> 邪法不可獨存。其人並敕還俗，遞歸本貫充稅戶。如外國人，送還
> 本處收管。〔註40〕

全面廢佛的原則，至此已決定。八月時武宗頒〈拆寺制〉，一場前所未有的法
難遂正式展開。

第二節　從〈拆寺制〉看武宗廢佛動機

　　會昌五年（西元 845 年）正旦，宰臣李德裕、杜悰等率文武百僚上武宗
「仁聖文武章天成功神德明道皇帝」尊號，三日，拜南郊，〔註41〕其儀仗威
儀，一似元年，不准僧尼參與。〔註42〕禮畢，御承天門，大赦天下，發表南
郊赦文。在此赦文中，武宗指示了對佛教的政策，其文如下：

> 京師佛刹相望，其數已多，既臨康莊，足壯都邑，近緣疏理僧尼，
> 訪問大寺，房院半已空閒，其坊内小寺或產業素貧，或殿宇摧毀，
> 僧數既少，不足住持，併同合居，事從簡當。委功德使條疏，各具
> 去者名額，奉聞其所拆寺僧尼如何行迹，非違不守佛禁戒者，亦宜
> 揀選勅令還俗，仍依前勅處分兼具。數聞奏其餘僧尼，即令移入側
> 近大寺，有房院居住。又京城諸市亦不盡有產業，就中即有富寺，
> 今既疏理僧尼，兼停修造，所入厚利，恐皆枉破，委功德使檢責富
> 寺邸店多處，除計料供常住外，賸者便勅貨賣，不得廣佔求利，侵
> 奪疲人，所去不均之患，冀合哀多之義。
>
> 又諸州府所申還俗僧尼已有定額，若無私度，日當滅耗，諸道每至
> 年終，各具見在僧尼數申省，續有死亡及犯事還俗，並分析申報本
> 司磨勘奏聞。如聞兩浙宣鄂潭洪福三川等道，緣地稍僻，姑務寬容，
> 僧尼之中尚多踰濫，委長吏更加揀其有年少無戒行者，雖先在保内，
> 亦須沙汰。〔註43〕

〔註40〕劉昫，《舊唐書》，卷十八上，〈武宗本紀〉，頁 604～605。
〔註41〕劉昫，《舊唐書》，卷十八上，〈武宗本紀〉，頁 603。
〔註42〕釋圓仁，《入唐求法巡禮行記》，卷四，頁 99。
〔註43〕唐武宗，〈加尊號後郊天赦文〉，收入《全唐文》，卷七八，頁 16。

或許是因赦文性質關係，武宗在此文中就尙未條疏之僧尼及寺院下達處理原則，而未表示全面廢佛的意願。若以此後行徑相勘，則武宗廢佛之意早已決定，致有三月下敕不許置莊園，檢勘天下寺舍奴婢。四月祠部檢括天下寺及僧尼人數，並依年齡依次勅令僧尼還俗。七月下敕併省天下佛寺等舉動。（見上節）

　　到了八月，因機緣成熟，遂發表〈拆寺制〉，以說明此次廢佛的理由，其文如下：

　　　朕聞三代已前，未嘗言佛。漢魏之後，像教寖興，是逢季時，傳此異俗，因緣染習，蔓衍茲多。以至於耗蠹國風，而漸不覺；以至於誘惑人心，而眾益迷。洎乎九有山原，兩京城闕，僧徒日廣，佛寺日崇，勞人力於土木之功，奪人利爲金寶之飾，遺君親於師資之際，違配偶於戒律之間。壞法害人，莫過於此。且一夫不田，有受其餒者；一婦不織，有受其寒者。今天下僧尼，不可勝數，皆待農而食，待蠶而衣。寺宇招提，莫知紀極，皆雲構藻飾，僭擬宮殿。晉宋齊梁，物力凋瘵，風俗澆詐，莫不由是而致也。況高祖太宗，以武定禍亂，以文理華夏，執此兩柄，足以經邦，而豈可以區區西方之教，與我抗衡哉。貞觀開元，亦嘗釐革，剗除不盡，流衍轉滋。朕博覽前言，旁求輿議，弊之可革，斷在不疑。而中外諸臣，叶予至意，條疏至當，宜從所請。誠懲千古之蠹源，成百王之典法，濟物利眾，予不讓焉。其天下所拆寺四千六百餘所，還俗僧尼二十六萬餘人，收充兩稅戶，拆招提蘭若四萬餘所，收膏腴上田數千萬頃，收奴婢爲兩稅戶十五萬人。隸僧尼屬主客，顯明外國之教。勒大秦穆護祆三千餘人還俗，不雜中華之風。於戲！前古未行，似將有待，及今盡去，豈謂無時。驅游惰不業之徒，已踰千萬，廢丹艧無用之居，何啻億千。自此清淨訓人，慕無爲之理，簡直爲政，成一俗之功。將使六合黔黎，同歸皇化。尚以革弊之始，日用不知，下制明廷，宜體予志，宣布中外，咸使知聞。〔註44〕

武宗在此文中所提及廢佛理由，不外乎下列諸項：

〔註44〕王溥，《唐會要》，卷四十七，頁840～841。
　　　另見劉昫，《舊唐書》，卷十八上，〈武宗本紀〉，頁605～606。宋敏求，《唐大詔令集》，卷一一三，〈拆寺制〉，頁12～13。三者文字稍有出入。

一、華夷之辨

武宗認爲三代以前，未嘗言佛，佛教是外來的宗教，於漢魏之後傳來中國，以至於耗蠹國風。故在拆寺及勅令僧尼還俗之後，隸僧尼屬主客，以顯明爲外國之教，另大秦穆護祆教之屬，同時禁止，以明中外之別、華夷之辨。

二、財經、勞役問題

佛教因僧徒日廣，皆待農而食，待蠶而衣，於國家經濟及稅收多所妨害。佛寺日崇，窮土木之功，且極其金寶之飾，華麗程度且僭擬宮殿。故需勅令僧尼還俗以充兩稅戶，並收寺院田產重新分配，以解決財經難題。

三、倫理、君臣關係

認爲佛教僧尼遺君臣關係於師資之間，有礙君權至上理念；且佛教戒律，不許僧侶蓄養妻子，於人倫有所缺欠。

四、宗教原因

望廢佛之後，政治能臻於清淨訓人，慕老子無爲之理，簡易爲政，以成一俗之功。

五、行祖宗未竟之志

貞觀開元均曾釐革，唯剗除不盡，流衍轉滋。故此次廢佛須「除惡務盡」，以免重蹈覆轍。

關於華夷之辨，財經勞役，倫理君臣關係等問題，從晉代以後，一直都是排佛者所提的問題，武宗於此亦未推陳出新。武宗自謂其「博覽前言，旁求輿議」，但我們不知道休是否曾閱讀韓愈的文章，[註45] 是否直接受其影響。唯自中唐後，儒學復興，韓愈及其門人李翱、孫樵皆以排佛著稱，武宗在此風氣下，提出毀法之詔，雖曾引起「女泣於閨，男號於途，廷臣辯之於朝，褻臣爭之於旁，群疑膠牢，萬口一辭。」[註46] 這種議論紛紛的場面，唯有主客郎中韋博言敕令太暴列，宜近中和，爲宰相李德裕所惡，出爲靈武節度副使。[註47] 其他大臣則不見堅決反對者，排佛理論的暗潮，或係一重要原因。

[註45] Kenneth K.S. Ch'en，*Buddhism in China，A Historical Survey*（Princeton ,N.J.：Princeton University Press，1966），P.226。

[註46] 孫樵，《孫樵集》，卷二，〈武皇遺劍錄〉，（台北，台灣商務印書館，民國 54 年 8 月），頁 28。

[註47] 歐陽修、宋祁，《新唐書》，卷一七七，〈韋博傳〉，頁 5289。

高祖、太宗、玄宗、文宗時期，均有發生法難的可能，後因特殊事例而未實施（見第二章第一節）。值得注意的是高祖、玄宗、文宗均於詔令中痛詆佛教對財政、勞役的影響，如佛祖在武德九年（西元 626 年）沙汰僧尼詔中謂：

> 自覺王遷謝，像法流行，末代陵遲，漸以虧濫。乃有猥賤之侶，規自尊高，浮惰之人，苟避徭役。妄為剃度，託號出家，嗜慾無厭，營求不息。出入閭里，周旋闤闠，驅策田產，聚積貨物。耕織為生，估販成業，事同編戶，迹等齊人。〔註48〕

玄宗於「誡勵僧尼敕」謂：

> 朕念彼流俗，深迷至理，盡驅命以求緣，竭資財而作福，……近日僧道此風尤甚，因依講說，煽惑閭閻，谿壑無厭，惟財是歛。

又於「不許私度僧尼及住蘭若敕」謂：

> 夫釋氏之教，義歸真寂，爰置僧徒，以奉其法。而趨末忘本，去實據華，假託方便之門，以為利養之府，徒蠹賦役，積有姦訛。至使浮俗奔馳，左道穿鑿。

文宗於「條流僧尼敕」中亦謂：

> ……黎庶信苦空之說，衣冠敬方便之門，異同之論雖多，俗尚訛未革，遂使風驅成俗，雲構滿途，丁壯苟避於征徭，孤窮實困於誘奪。……夫一夫不耕，人受其飢，一女不織，人受其寒。安有廢中夏之人，習外蕃無生之法。〔註49〕

在唐代無論是富豪仕宦或貧苦無託之人，均喜依附佛門以求逃避賦稅徭役，君主及當政者也相當明白，所以在詔令或奏議中屢次提及，武宗在此制中也特別強調毀法後所收的經濟效益，有論者謂：「會昌滅佛不是突然發生，乃是由歷朝的漸進的限制與禁令，發展為急進的運動。」〔註50〕這是正確的。在另一角度來看，武宗的毀法，同時也是執行祖宗之法，前代祖宗廢佛未竟之事，至此以機緣成熟而爆發，故武宗特別提出貞觀、開元之事作為根據。

武宗的崇信道教，受道士趙歸真等人蠱惑，亦是廢佛的主要原因，故其在文末露出「自此清淨訓人，慕無為之理，簡易為政，成一俗之功」的期望。此一行徑，歐陽修謂：

〔註48〕劉昫，《舊唐書》，卷一，〈高祖本紀〉，頁 16。

〔註49〕三敕均見宋敏求，《唐大詔令集》，卷一一三，頁 6～7；頁 13。

〔註50〕陶希聖，《唐代寺院經濟》，自序頁 14。

> 余修唐本紀，至武宗，以謂奮然除去浮圖銳矣，而躬身受道家之籙，服藥以求長年，以此知其非明智不惑者，特其好惡有所不同爾。及得會昌投龍文，見其自稱承道繼玄昭明三光弟子南嶽炎上眞人，則又益以前言爲不繆矣。蓋其所自稱號者，與夫所得菩薩戒弟子者亦何以異。余曾謂佛言無生，老言不死，二者同出於貪，信矣。會昌之政，臨事明果，有足過人者，至其心有所貪，則其所爲與庸夫何異。〔註51〕

歐陽修對廢佛政策的看法，頗類似於本章第一章所引《太平廣記》之記載，即對會昌政治，相當的推崇，唯於廢佛向道，不表苟同。

從唐代政治發展與武宗即位後行徑，可知會昌法難形成的因素甚爲複雜，浮在表面上的信仰問題，僅是冰山之一角，由此我們可看到唐代君主信仰和宗教政策的制定，對佛教地位之不利。中唐後日益困窘的經濟問題，一直是當政者亟待解決的難題，而佛教則是富豪仕宦逃避賦役之所，當政者也明白這一問題，由楊炎兩稅法實施後，富豪逃稅依然的經驗。至武宗時，因澤潞用兵，軍需甚殷，故武宗及李德裕等人以檢括寺產，條疏僧尼爲解決經濟問題的途徑。經濟原因，可說是沈在海中的廣大冰山，唯有透過深入探討，纔可以看清。至於從六朝以來的排佛思想，及中唐以後儒學復興，士大夫本土文化意識的興起，則是構成會昌法難的一股暗潮。關於這三個原因，在武宗的拆寺制中均可得到明證。

第三節　宣宗即位與法難結束

會昌六年（西元 846 年）三月，武宗服方士金丹，至是藥發，脾氣暴躁，喜怒無常，疾既篤，旬日不能言，二十三日崩。諸宦官立光王李怡爲帝，是爲宣宗。宣宗在蕃時，歷大和、會昌朝，愈事韜晦，群居游處，未嘗有言。文宗、武宗幸十六宅宴集，強誘其言，以爲戲劇，謂之「光叔」。武宗氣豪，尤不爲禮。〔註52〕宣宗即位後，以白敏中爲相，李德裕被貶，於大中三年（西元 849 年）

〔註51〕歐陽修，《集古錄跋尾》，卷九，石刻史料叢書甲編，（台北，藝文印書館），頁9。

〔註52〕劉昫，《舊唐書》，卷十八，〈武宗本紀〉、〈宣宗本紀〉，頁610、613。

十二月卒於崖州。〔註53〕是時君相務反會昌之政，對於武宗施政多與更改。

自會昌六年五月起，宣宗放寬對佛教寺院的管制，《舊唐書·宣宗本紀》謂：

> 會昌六年（西元846年）五月，左右街功德使奏：「准今月五日敕書節文，上都兩街舊留四寺外，更添置八所。兩所依舊名興唐寺、保壽寺。六所請改舊名，寶應寺改爲資聖寺，青龍寺改爲護國寺，菩提寺改爲保唐寺，清禪寺改爲安國寺，法雲尼寺改爲唐安寺，崇敬尼寺改爲唐昌寺。右街添置八所。西明寺改爲福壽寺，莊嚴寺改爲聖壽寺。舊留寺，二所舊名，千福寺改爲興元寺，化度寺改爲崇福寺，永泰寺改爲萬壽寺、溫國寺改爲崇聖寺，經行寺改爲龍興寺，奉恩寺改爲興福寺。」敕旨依奏。誅道士劉玄靖等十二人，以其說惑武宗，排毀釋氏故也。

大中元年（西元847年）閏三月，敕：

> 會昌季年，併省寺宇。雖云異方之教，無損致理之源。中國之人，只行其道，釐革過當，事體未弘。其靈山勝境，天下州府，應會昌五年四月所廢寺宇，有宿舊名僧，復能修創，一任住持，所司不得禁止。〔註54〕

寺宇的茸修，是宣宗恢復佛教的第一步，但僅有寺宇而缺乏僧侶，寺宇也無法發揮推動法輪的力量，是以大中元年（西元847年）有定策之功的統左禁軍楊漢公，請復佛教，并訪求沙門知玄，于是復爲僧入居寶應寺。壽昌節講贊，署爲三教首座，宣宗以藩邸造法乾寺，命知玄居之。〔註55〕大中二年（西元848年）復命上都、東都、荊、揚、汴、益諸州建寺，立方等壇爲僧尼再度者重受戒法；五台山建五寺，各度僧五十人。〔註56〕大中五年（西元851年）正月，又下詔重申勿禁京畿及郡縣士庶建寺宇村邑，兼許度僧尼，住持營造。〔註57〕唯在此佛教漸露復興徵兆之際，反對聲浪自朝廷傳出。六月，進士孫樵上書諫復寺，謂：百姓男耕女織，不自溫飽，而群僧安坐華屋，美衣精饌，率以十戶不能養一僧。武宗憤其然，髮十七萬僧，是天下一百七十

〔註53〕陳寅恪，〈李德裕貶死年月及歸葬傳說辨〉，收入《陳寅恪先生論文集》，頁473。
〔註54〕劉昫，《舊唐書》，卷十八下，〈宣宗本紀〉，頁615。
〔註55〕釋志磐，《佛祖統紀》，卷四十二，頁386。
〔註56〕釋贊寧，《宋高僧傳》，卷二十七，〈智顥傳〉，頁881。
〔註57〕王溥，《唐會要》，卷四十八，頁854。

萬戶始得蘇息也。陛下即位以來，修復廢寺，天下斧斤之聲至今不絕，度僧幾復其舊矣。陛下縱不能如武宗除積弊，奈何興之於已廢乎！日者陛下欲脩國東門，諫官上言，遽爲罷役，今所復之寺，豈若東門之急乎？願早降明詔，僧未復者勿復，寺未脩者勿脩，庶幾百姓猶得以息肩也。〔註58〕

孫樵爲昌黎門人，其論點與昌黎有異曲同工之處，雖然書上，帝怒不納，但朝廷中持有此論點者大有人在。七月，宰臣奏曰：

> 陛下崇奉釋教，臣子皆願奔走，慮士庶等物力不逮，擾人生事，望令兩畿及州府長吏，與審度事宜，撙節聞奏，不必廣爲建造，驅役黎氓。其所請度僧尼，亦須選有道行，爲州縣所稱信者，不得容隱凶惡之流，却非敬道，望委長吏，精加揀擇。其村邑堂，望且待兵罷建置爲便。

同年十月十七日宰臣等又上言謂：

> 近有勅許罷兵役後建置佛堂蘭若，若今邊事寧息，必恐奏請繼來，若不先議條流，臨事恐難止約。伏以釋門之教，本貴正眞，奉之精嚴，則人用加敬。今諸州府寺宇新添，功悉未畢，百姓等若志願崇奉，則宜並力同修。自今已後，有請置佛堂蘭若者，望所在長吏，分明曉示，待一切畢後，或有云州府遠處大縣，即許量事建置一所，其餘村坊，不在更置佛堂蘭若。制可。〔註59〕

從上述二件奏文可看出宰臣對佛教的態度，由於大中五年（西元 851 年）正月宣宗下詔百官勿禁士庶營建寺宇，並許度僧尼住持，宰臣不便公然持相反議論，故於七月時建議宣宗，在兵罷之後再行建置；同時在度僧尼之時須選有道行，爲州縣所稱信者，這二建議於表面上看，相當合理，也無可厚非，但在實際上，却反映出宰臣對宣宗的復興佛教並不熱中。由於不便反對，遂提出兵罷之後再行建置的拖延對策，另在度僧尼方面，爲州縣上下其手預留伏筆，以達變相阻撓之目的，其法爲賦予州縣審核僧尼道行之權。此外，亦可藉此安排私人達到逃稅目的，同時又可以劣幣驅逐良幣，爲下次大規模法難提供藉口。但宰臣未料到的，是年八月沙州刺史張義潮遣兄義澤以瓜、沙、伊、肅等十一州戶口來獻，隴右故地陷於吐蕃百餘年，至是悉復。〔註60〕由

〔註58〕 孫樵，《孫樵集》，卷六，頁 31～23。
〔註59〕 王溥，《唐會要》，卷四十八，頁 854～855。
〔註60〕 劉昫，《舊唐書》，卷十八下，〈宣宗本紀〉，頁 629。

於軍事的捷報，更加強州縣士庶建置佛堂，修葺寺院的信心，在朝的士大夫雅不願見此，遂於十月上奏宣宗，建議對於寺院的增建，若是正在進行中者，則許其並力同修，另在州府遠處大縣，只許建置一所，其餘村坊，不再更置。這種對於佛寺的限額政策和心理，仍不能脫離高祖、武宗等人的作法，且於大中六年（西元852年）十二月得到宣宗本人的同意。《通鑑》卷二四九載中書門下奏曰：

> 度僧不精，則戒法墮壞；造寺無節，則損費過多。請自今諸州準元敕許置寺外，有勝地靈迹許脩復，繁會之縣許置一院。嚴禁私度僧尼；若官度僧尼有缺，則擇人補之，仍申祠部給牒。其欲遠遊尋師者，須有本州公驗。從之。〔註61〕

會昌澄汰之後的佛教，復舊最困難的首推經典的輯佚，因法難的範圍幾乎遍及全國，在同時發動「巾其徒，火其書，毀其居」的行動下，無數珍貴經典燼於旦夕。而大中年間的僧侶，卻在艱難險阻中，排除萬難，搜尋斷簡殘篇，使佛法得以常存。大中八年（西元854年）潭州岳麓寺沙門疏言往太原求佛經，河東節度使司空盧鈞、副使韋宙以經施之，共得佛經五千四十八卷。〔註62〕其對佛教誠摯的情操，使得部分士人為之側目，大中九年（西元855年）河東節度巡官李節謂：

> 儒學之人，喜排釋氏，其論必曰：「禹、湯、文、武、周、孔之代皆無有釋；釋氏之興，源於漢，流於晉，瀰漫於魏、宋、齊、梁、陳、隋、唐，此衰世之所奉也，宜一掃絕之，使不得滋。」論者言粗矣，吾請精而言之。……釋氏之教，以清淨居，柔和自抑，則怨爭可得而息也，以因果為言，窮達為分，則貴賤可得而安也；怨爭息，則干戈盜賊之不興；貴賤安，則君臣民庶之有別，此佛聖人所以救衰世之道也，不有釋氏，尚安救之哉；今論者不責衰世之俗為難移，而尤釋氏之徒為無用，是不憐抱病之夫，而詬醫禱之為何人也；不思釋氏教世行化之為大益，而且疾其宮墻之麗，徒眾之蕃，摘其猥庸，無檢者為口實，而欲一槩以廢棄之，是見其末而遺其本也。〔註63〕

大中八年（西元854年）以後，宣宗雖依舊准許佛教復舊，唯其信仰已

〔註61〕司馬光，《資治通鑑》，卷二四九，頁8052。
〔註62〕釋志磐，《佛祖統紀》，卷四十二，頁387～288。
〔註63〕釋志磐，《佛祖統紀》，卷四十二，頁388。

偏向道教。是年下令茸修武宗所築之望僊台，因右補闕陳嘏抗論乃罷修，營改文思院。〔註64〕十一年（西元857年），遣中使往羅浮山迎道士軒轅集，右補闕陳嘏、左拾遺王譜、右拾遺薛庭杰上疏極諫。宣宗謂聞軒轅集能攝生益壽，故遣使迎之，或冀有少保理。又謂每觀前史，見秦皇、漢武爲方士所惑，當以之爲戒。次年（西元858年）軒轅集至京師，宣宗召入禁中，問長生可致否，答以王者棄欲從德，則自然受福，何以別求長生。留之月餘，堅求還山，乃遣之。〔註65〕軒轅集較之趙歸眞、劉玄靖等人可謂有道之士，這可能是集數百年來服食暴卒的慘痛經驗，民間漸漸明白「金石有毒，不宜服食」的道理。〔註66〕雖宣宗仍執迷不悟，軒轅集走了之後，又召見人謂「能役使鬼神」的江南術士董光素，賜賚甚多。十三年（西元859年）終以餌醫官李玄伯、道士虞紫芝及山人王樂藥，痕發於背崩。〔註67〕宣宗的宗教政策與情操，仍然不出李唐諸帝「亦將有以利吾國」與「亦將有以利吾身」的範疇，故其在位時，表現出佛門護法與丹鼎弟子的兩極化作風。

　　從武宗、宣宗二位君主的宗教政策，可更加印證道安所謂「不依國主，法事不立」的理論，在晚唐的佛教發展中，確是顛撲不破的眞理，亦顯現出帝王在君臨天下勢力籠罩下，佛教的無奈。

〔註64〕王溥，《唐會要》，卷五十，頁881。

〔註65〕劉昫，《舊唐書》，卷十八下，〈宣宗本紀〉，頁640～642。

〔註66〕劉昫，《舊唐書》，卷一五八，〈韋澳傳〉，頁4177。

〔註67〕范祖禹，《唐鑑》，卷二十一，（台北，台灣商務印書館，民國66年3月），頁590。

第四章　法難下的佛教

第一節　僧侶的志行節操

　　武宗拆寺制頒下後，身無寸鐵，毫無政治憑介的僧侶被迫還俗，寺院被毀，經典被焚，中國佛教遭遇空前浩劫。雖云：「一切有爲法，如夢幻泡影，如露亦如電，應作如是觀。」（金剛經語）世間的一切法，均是因緣和合，流轉變遷。但因宗教情操，僧侶們無不希望法輪常轉，正法永駐，故在艱難橫逆的情況下，表現出慰辱負重、堅毅不拔的情操，爲中國佛教保存一分元氣，中國佛教亦因這批忍辱負重、委曲求全的高僧大德，纔不致如景教、祆教、摩尼教般似的一蹶不振，這也是他們受到四眾弟子景仰的原因。

　　茲將大藏經史傳部、方志及其他撰著中所載僧侶行迹，按照類別加以敍述。

一、逆鱗力爭

　　武宗決定廢佛之前，曾在麟德殿召集緇素議論，沙門知玄因陳帝王教化根本，謂神仙羽化，乃山林匹夫獨善之事，非帝王之所宜而忤旨，幸宦官仇士良、楊欽義等人救護，得免於難。及至簡汰沙門，知玄歸巴蜀，後至湖湘。宣宗即位後重返釋門，建議宣宗再興佛教。[註1]

　　沙門玄暢在京師僧侶徬徨無主之際，上表論諫，撰歷代君王錄以規諫，[註2]武宗不納。法難時，玄暢被迫還俗，蟄伏待時。宣宗即位，重返釋門，

[註1] 釋戒珠，《往生淨土傳》，《大正藏》第五十一卷，（台北，新文豐出版公司，民國68年9月）頁316。

[註2] 《歷代帝王錄》一作《三寶五運圖》，二者或係同書異名。

於誕日入內道場談論,宣宗賜紫袈裟以示禮遇。〔註3〕

　　知玄、玄暢二師均犯顏直諫,結果武宗不從,廢佛之際遁隱山林,宣宗時復出,表現出天下有道則現,無道則隱的情操,這種行爲在對僧伽制度限制嚴密的中晚唐,已是難能可貴。唯近代學者頗多認爲會昌之際,僧侶已無周武帝時代慧遠與初唐法琳等聲勢,非難會昌法難時之僧侶。如湯用彤謂:

　　　　時朝臣未聞有諫者,僧人抗議亦不如周武之甚,佛教勢力之已衰,
　　　　可知也。〔註4〕

陶希聖謂:

　　　　武宗會昌廢法時,教下諸宗已衰,所留下的祇是寺廟財產及腐敗的
　　　　僧眾。當時抗辯的只有知玄法師,他的論旨頗爲拙劣,他的賦詩更
　　　　是拙劣,詩有:「鶴背傾危龍背滑,君王且住一千年。」的諷刺,把
　　　　皇帝給鬥翻了。這回爭論比之於初唐沙門議論風生、權機萬變的景
　　　　象,眞有今昔之感。當時希運(黃蘗,死八四九)、靈祐(溈山,死
　　　　八五三)、宣鑒(德山,死八六五)、義玄(臨濟,死八六六),這些
　　　　禪師或正受禪僧的崇拜,或正在求法行道的當中。他們有沒有反抗
　　　　呢?……這在一個有組織的教會的教徒看來,豈不羞死?這若與惠
　　　　(慧之誤)遠抗周武比來,豈不愧死。〔註5〕

以上兩種說法,實是不明瞭武宗時僧伽制度的被箝制,及僧官制度下造成的麻痺。考之史實,玄暢是受兩街僧錄靈宴、辯章的推舉而上表論諫。知玄是在麟德殿議論,纔有發言機會。至於希運(時在湖南、江西一帶)、靈祐(時在福建)、宣鑒(時在湖南)、義玄(廣東人,行迹不詳),他們將以何種身份發言,如何取得過所、公驗入京論諫,均值得商榷。

二、保全典籍

　　會昌廢佛,釋子承此大變,護教心切者,無不盡力保藏經典,行徑有如秦火下之伏生,令人欽佩。

　　五台僧元堪在沙汰之際,哀慟累夕,以其師志遠章疏文句秘藏於屋壁。宣宗即位,重闡釋門,趁重茸舊居之際,再行取出。高麗沙門元表在官吏搜

〔註3〕釋贊寧,《宋高僧傳》卷十七〈玄暢傳〉,頁818。
〔註4〕湯用彤,《隋唐佛教史稿》,頁56。
〔註5〕陶希聖,《中國政治思想史》第四編,(台北,食貨出版社,民國61年4月台再版),頁234。

索之際，將佛經以華櫚木函蓋，深藏於石室中。宣宗即位時，保福慧評禪師素聞往事，躬率信士，佛經取出，紙墨猶如新繕寫。宗亮在武宗廢佛之時，隱居深山巖洞。宣宗大中年間再造國寧寺，徵選清高者隸名，宗亮預焉，遂求正本以繕寫，選紙墨鳩聚嚫親。沙門藏奐在內典焚毀，梵夾煨燼之際，手輯散落經典。〔註6〕大中八年（西元854年）疏言往太原府訪經，得河東節度使盧鈞、副使韋宙之助，得經律論文五千四十八卷，滿載而歸。〔註7〕

　　雖然以上諸人保全尋訪經典有限，但在經典全面焚燼煨燼之後重現，其價值絕非以數量可以衡量。

三、終老山林

　　會昌毀法，敕僧侶還俗編入兩稅戶，唯自中唐之後，僧侶授田制度已不行，還俗僧侶貧無立錐之地，仍需繳交稅賦，且佛教在社會上的福利事業慘遭摧毀，貧民借貸無門，老弱衣食不繼，造成許多社會問題，形成民間對政府的不信任和疏離感。故宣宗即位，重興釋法之際，仍有許多僧侶不願復出，表現出皎然如月的情操。

　　福建廈門名剎鼓山湧泉寺，原係一水潭，據傳上有毒龍居住，德宗建中四年（西元783年）僧人靈嶠居住潭旁，毒龍遂去不爲害，從事裴冑奏建華嚴寺。會昌澄汰之後，靈嶠遂隱居山林不復出。〔註8〕慧忠禪師在沙汰之際，作十偈以明志，現《景德傳燈錄》保存三首。宣宗即位重興釋教，慧忠笑謂：「仙去者未必受錄，成佛者未必須僧。」故不復披緇，不出山者垂二十年。〔註9〕常達在滅法時謂：「我生不辰，不自我後。」由是隱居山林。宣宗時重建法幢荐興精舍，合境人民皆望達師化導，太守韋曙特加崇重。唯常達身不衣繪，繼室惟蒙薜蘿，四眾知歸慕化，其行潔白如鶴鷺。〔註10〕巖頭在沙汰之際，於湖邊作渡子，以禪機示人，後竟卒於洞庭臥龍山。〔註11〕無斆因遭沙汰，

〔註6〕元堪、元表、宗亮、藏奐等人分見於釋贊寧，《宋高僧傳》，頁545、895、881、778。

〔註7〕釋志磐，《佛祖統紀》卷四十九，頁387～288。

〔註8〕黃任，《鼓山志》卷二，（台北，明文書局，民國69年1月），頁1。

〔註9〕釋道源，《景德傳燈錄》，《大正藏》第五十一卷，（台北，新文豐出版公司，民國68年9月），頁270。

〔註10〕釋贊寧，〈吳郡破山寺常達傳〉，收入《唐四僧詩》卷六，（台北，台灣商務印書館，四庫全書珍本，六集），頁2。

〔註11〕福建通志局，《福建通志》卷十二，（民國12年刊本），頁11。

隱居禪定十餘年，藤蘿繞身，時人稱爲藤蘿尊者。〔註12〕

山林生活原爲文人隱士所嚮往，但生活清苦，非有堅強的毅力不能辦到，上述諸人，其行皎然，難能可貴，唯這畢竟是一獨善其身的作法，與「佛法在世間，不離世間覺」的大乘菩薩道精神仍有一段距離，也不符儒家「用之則行，舍之則藏」的情操，其作法算是消極的。

四、待機而出

與終老山林相異者爲蟄伏以俟機，此亦僧侶最常用之法，不但顯示不與惡勢力妥協情操，亦表現重建大乘菩薩道精神，後人最欽佩者亦是此類中人。

現存史料，以此類僧人最多，舉其犖犖大者，如沙門日照深入巖窟，飯栗飲流而延喘息。宣宗大中年間重興佛法，率門徒六十餘人，重回昂頭山舊基，結苫蓋構寺宇。宣鑒避難於獨浮山石室，泊大中年間還復法儀，大闡宗風。藏廙避居柯山，大中六年（西元 852 年）因郡牧崔壽禮敬，於蘇州龍興寺別構禪寺延居。義存於十七歲落髮，後至芙蓉山（今浙江樂清）禮恒照法師，而止於其所。至宣宗重興釋氏，義存褒然而出。〔註13〕文喜在澄汰時變換素服，大中初年，重新懺度，於鹽官齊豐寺講說。楚南深竄林谷，宣宗時裴休出撫宛林，請黃蘗出山，南隨侍詣姑蘇報恩寺專行禪定。智頵遁入五台山谷，不捨文殊之化境。宣宗即位，敕五台山度僧五十人宣供衣帔，頵爲十寺僧長，兼山門都修造供養主。文質隱居樂成縣大芙蓉山，大中年間太守強置榻舁出開元寺，迴造佛殿講堂、房廊形像，并寫藏經以供時需。〔註14〕義忠避隱廣東三平山，宣宗後至大潙山，因好世者數十人至，請而方轉法輪。〔註15〕全歲在鄂州遇沙汰，先在湖邊作舡人，後往依高麗僧卓庵。〔註16〕高麗僧梵日於文宗時往遊中國，會昌沙汰時東奔西走，竄身無所，遂隱商山，獨居禪定，拾墜果以充饑，掬泉流而止渴，形容枯槁，氣力疲羸，未敢出行。會昌六年（西元 846 年）八月還歸故里，弘宣佛法，成一代高僧。〔註17〕元修原駐錫福州，澄汰時深入巖谷中，

〔註12〕沈翼機，《浙江通志》，卷一○一，（商務印書館影印乾隆元年本，民國 25 年），頁 4。
〔註13〕日照、宣鑒、藏序、義存四人分見釋贊寧，《宋高僧傳》，頁 778、780、782。
〔註14〕文喜、楚南、智頵、文質四人分見釋贊寧，《宋高僧傳》，頁 783、817、881。
〔註15〕釋靜脩，《祖堂集》卷五，（京都，中文出版社，民國 63 年 12 月），頁 106。
〔註16〕釋靜脩，《祖堂集》卷七，頁 139。
〔註17〕釋靜脩，《祖堂集》卷十七，頁 320。
　　按：韓人李能和《朝鮮佛教通史‧梵日傳》中未引用《祖堂集》，故此節未記

大中年間復出，詣闕貢金買山，始創精舍，名翠石院。〔註18〕

　　另有部分僧侶受澄汰，信徒保護，隱姓埋名，俟機復出。此因唐代士人信佛風氣頗盛，士子中舉前，往往利用山林寺院讀書，多少明白佛教的福利事業在社會上的安定力量，故於法難之際，挺身而出，保護少數僧侶。如寰中衣短褐，居戴氏別墅，宣宗時重盛禪林。〔註19〕從諫鳥帽麻衣，潛於皇甫氏之溫泉別業後岡上，宣宗重興釋門，重回洛邑舊居。〔註20〕洪諲應長沙信士羅晏之請，居其家若門客，二年後重返故鄉吳興西峰院。〔註21〕

　　另在《酉陽雜俎》中也有記載：

> 武宗六年，揚州海陵縣還俗僧義本且死，托其弟言：「我死必爲我剃鬚髮，衣僧衣三事。」弟如其言，義本經宿却活。言見二黃衣追至冥司，有司若王者問曰：「此何州縣？」吏言：「揚州海陵縣僧。」王言：「奉天府沙汰僧尼，海陵無僧，因何作僧領來？令迴，還俗了領來。僧遽索俗衣，衣之而卒。〔註22〕

雖然此事可信度值得懷疑，但反映出僧侶重返佛門的意願迫切，與廢佛政策執行的徹底。

五、改當道士

　　會昌年間，道士極受武宗寵信，不時受到賜紫衣錢財等恩寵，會昌四年（西元844年）下敕天下小寺佛經搬入大寺，鐘送道觀。〔註23〕澄汰僧尼時，部分不願還俗，又不願隱居山林的僧侶改穿道袍，成爲一名道士。如全眞蓄鬚髮，披披紫霞衣，戴青空冠。宣宗復興佛法之際，全眞不願返回空門。〔註24〕栖玄改穿道士服，詩人許渾以其裝扮行徑不類，曾作詩規勸，中有：「今日勸師師莫感，長生難學證無生」之語。〔註25〕

　　載。（見李能和，《朝鮮佛教通史》，漢城，慶熙大學出版社，西元1968年3月影印）。

〔註18〕徐景熹，《福州府志》（乾隆十九年刊本，成文出版社影印），卷十六下，頁30。

〔註19〕釋贊寧，《宋高僧傳》卷十二〈寰中傳〉，頁778。

〔註20〕皇甫枚，《三水小牘》（台北木鐸出版社，民國71年5月），頁37。

〔註21〕釋贊寧，《宋高僧傳》卷十二〈洪諲傳〉，頁781。

〔註22〕段成式，《酉陽雜俎續集》卷二，（台北，源流出版社，民國71年12月），頁219。

〔註23〕釋圓仁，《入唐求法巡禮行記》卷四，頁98。

〔註24〕釋志磐，《佛祖統紀》卷四十二，頁388。

〔註25〕許渾，《丁卯集》卷上，（台北，台灣商務印書館，四庫叢刊初編），頁7。

以出世間之立場而言，改當道士的僧侶，爲缺乏宗教情操，不能爲教犧牲者。但若以世間立場來看，這些僧侶出家因緣未必具有宗教情操，或係其他因素使然，其目的無法達成，改弦更張是很自然的。王夫之謂：

> 天下之僧寺蘭若，欲毀則一旦毀之，此其無難者也。敕二十餘萬僧尼使之歸俗，將奚歸哉？人之爲僧尼者，類皆孤露惰游無賴罷民也，如使有俗之可歸，而晏然爲匹夫匹婦，以田爾田廬爾廬，尚寧幹止也，則固十九而不爲僧尼矣。〔註26〕

明白乎此，我們對於此類僧侶，不必作求全苛責。

六、遣送回國

會昌之際，滯留我國的外籍僧侶人數很多，據日僧圓仁《入唐求法巡禮行記》中記載，會昌三年（西元 843 年）時有青龍寺南天竺三藏寶月等五人、興善寺北天竺三藏難陀一人、慈恩寺師子國僧一人、資聖寺日本國僧一人，其他寺院新羅僧、龜茲國僧二十一人。〔註27〕這些僧侶在會昌五年（西元 845 年）沙汰之時，除日本國僧惟曉病故外，悉被遣送回國。當這些僧侶回國時，頗多大臣釋子相送，如圓仁回國，寺中三綱相送謂：

> 遠來求法，遇此王難，應不免改服。自古至今，求法之人足（或定）有艱難，請安排也，不因此難，則無因歸國，且喜將聖教得歸本國，便合本願。〔註28〕

大理寺卿楊敬之送行亦謂：

> 我國法既以滅絕，佛法隨和尚東去，自今以後，若有求法者，必當向日本國也。〔註29〕

詩僧棲白作〈送圓仁三藏歸本國〉詩一首，其詞曰：

> 家山臨晚日，海路信歸橈；樹滅渾無岸，風生只有潮。歲窮程未盡，天末國仍遙；已入閻王夢，香花境外邀。〔註30〕

〔註26〕王夫之，《讀通鑑論》卷二十六，（台北，世界書局，民國 51 年 4 月），頁 559 ～560。

〔註27〕釋圓仁，《入唐求法巡禮行記》卷三，頁 91。

〔註28〕釋圓仁，《入唐求法巡禮行記》卷四，頁 101。

〔註29〕朱雲影，〈中國佛教對於日韓越的影響〉，引日本三代實錄貞觀六年正月十四日條，《師大歷大學報》第 4 期，民國 65 年 4 月，頁 57。

〔註30〕李龔，《廣僧弘秀集》卷八，收入禪門逸書初編二冊，（台北，明文書局，民國 69 年 1 月），頁 7。

白居易亦謂新羅僧無染曰：

> 吾閱人多矣，罕有如是新羅子矣，他日中國失禪，將問之東夷耶！
> 〔註31〕

以上諸人均表現出佛法東傳的慶幸與關切，希望有朝一日，中土能派人到日本、新羅求法回國，以延繼法脈。五代時吳越王果眞派代表向韓日諸國求法，足證朝臣釋子的關切是有道理的。

從上述各種型態可知法難對僧侶的衝擊，也因這些僧侶對佛教的執著與情操，爲歷史留下證言，同時也保存中國佛教的法脈，俗謂「疾風知勁草，板蕩識忠貞」，其行徑相當值得後人欽佩。

第二節　各地區佛寺經像的破壞

武宗拆寺制中謂：「其天下所拆寺四千六百餘所，還俗僧尼二十六萬五百人，收充兩稅戶；拆招提蘭若四萬餘所，收膏腴上田數千萬頃，收奴婢爲兩稅戶十五萬人。」〔註32〕這是會昌法難時所斥寺宇蘭若數量的概略估計，由於被廢之寺，「寺材州縣得以恣新其公宇傳舍。」〔註33〕故全國各地執行程度相當徹底，使佛教遭到無情的打擊。

茲根據方志寺觀篇、藏經史傳部、金石史料、《古錢大辭典》等資料，按現行省分，將各地區寺院，在法難時所受破壞鈎劃出來。

一、上都、東都

上都長安、東都洛陽，唐代的兩京，也是全國政治、宗教、文化中心。段成式〈寺塔志〉謂其與朋友在會昌三年（西元 843 年）遊京師寺塔，自靖善坊大興善寺起，止於晉昌坊慈恩寺，初知官府將并寺，僧眾草草，乃泛問一二上人及記塔下畫跡，遊於此遂絕。宣宗大中七年（西元 853 年）段成式重回京師，見所記寺塔已十亡五六。〔註34〕大中元年（西元 847 年）段成式出任吉州盧陵郡，作〈桃源僧舍看花〉詩一首。詩云：

〔註31〕崔致遠，〈有唐新羅國故兩朝國師教諡大朗慧和尚白月葆光之塔碑銘并序〉，收入《朝鮮佛教通史》上篇，頁 14。

〔註32〕劉昫，《舊唐書》卷十八上，〈武宗本紀〉，頁 606。

〔註33〕趙令時，《侯靖錄》卷二，（知不足齋叢刊，藝文印書館影印），頁 4。

〔註34〕段成式，《酉陽雜俎續集》卷五，頁 245。

前年帝里探春時，寺寺名花我盡知。今日長安已灰燼，忍能南國對
芳枝。

此詩所記前年春，即會昌五年（西元 845 年）春季。其時段成式任職於京師，
長安寺猶未毀，百花繁茂，春尚可探，七八月間法難事起，景色全非。故段
成式憶寺懷人，於南國桃園僧舍，面對盎然芳枝，感慨係之。〔註35〕

長安是唐代的首都廢佛政策執行的最徹底，除左街慈恩、薦福，右街西明、
莊嚴寺外，全數悉遭破壞。廢寺中藏有不少名畫，均遭破壞，亦有好事者揭取，
加以收藏。〔註36〕執行政令官員，有因此而發財者，如護鳳翔軍王義逸以家財
易諸瓦木，取其精者，遂大營市邸，并治其第，為岐下之甲。〔註37〕

洛陽一如長安，各寺保存名畫甚多，會昌之厄，悉遭破壞。時致仕尚書
白居易寓居洛陽，會昌拆寺時，遭中貴人勒索，要其出錢添補聖壽寺銀佛，
可知法難在社會上亦產生諸多問題。〔註38〕

茲將長安、洛陽地區廢寺情形表列於左：

表二：兩京廢寺一覽表

寺 名	地點	沿 革	資料來源
千福寺	陝西西安	△會昌中毀寺，寺額上官昭容所書，後有僧收得再置懸之。	《歷代名畫記》3／122
寶雲寺	陝西臨潼	△本名慶山寺，唐武后建，有緣閣複道而上，德宗時改，……唐會昌五年廢，咸通六年再置，名鷲嶺寺。	《陝西通志》28／32
崇聖寺	陝西西安	△崇聖寺佛牙寶塔碑，高宗儀鳳中始建崇聖寺於京師，武宗廢佛法，寺亦被廢，宣宗初復，以太平坊之溫國寺為崇聖寺。	《集古錄目》10／10
總持寺	陝西西安	△太（大）中七年，上華莊嚴寺禮佛牙，因登大塔四望，見西北有廢址，曰：此其總持寺也。悵然久之，詔耆年間往事，眾推（慧）靈對，上嘉其詳盡，即賜紫且詔復修總持寺。三月十一日，三教首座辨章勾當，修寺六月畢工，詔靈為綱任。	《六學僧傳》18／371

〔註35〕方南生，〈段成式年譜〉，收入《酉陽雜俎‧附錄》，頁 335。
〔註36〕張彥遠，《歷代名畫記》卷三，（台北，台灣商務印書館，民國 60 年 4 月），頁 141～142。
〔註37〕李昉，《太平廣記》卷一一六，頁 235。
〔註38〕王讜，《唐語林》卷七，（台北，台灣商務印書館，民國 68 年 7 月），頁 188。

章敬、青龍、安國寺	陝西西安	△（會昌五年）五月廿九日，……諸寺見下手毀拆，章敬青龍安國三寺，通爲內閣。	《入唐求法巡禮行記》4／104
聖善寺	河南洛陽	△聖善寺銀佛，天寶亂，爲賊將截一耳。後少傅白公奉佛，用銀三鋌添補，然不及舊者。會昌拆寺，命中貴人毀像，收銀送內庫。	《唐語林》7／237
安國寺	河南洛陽	△節愍太子宅，太子升儲，神龍三年建爲崇因寺，復改衛國寺，景雲元年改安國寺，會昌中廢，後復葺之，改爲僧居。	《河南志》1／17
景福寺	河南洛陽	△本唐千金公主宅，垂拱中自教業坊徙景福寺於此，會昌中廢，晉時爲宣徽院軍將朱崇口宅，因穿地得石佛，遂奏建爲寺。	《河南志》1／17
衛國寺	河南洛陽	△神龍二年節愍太子建，以本封爲名，會昌中廢，光化中復建。	《河南志》1／24
淨土寺	河南洛陽	△後魏建淨土寺，隋大業四年自故城徙建陽門內，唐正（貞）觀三年復徙於此，長壽二年改大雲，會昌中廢，後唐同光二年重建。	《河南志》1／25
天女尼寺	河南洛陽	△唐正（貞）觀九年建景福寺，武后改天女，會昌中廢，後唐同光二年重建。	《河南志》1／25
荷澤寺	河南洛陽	△唐神龍二年，睿宗在藩爲武太后追福建慈澤寺，景雲三年改荷澤，會昌中廢，後重建。	《永樂大典》引《洛陽志》13823／7
芳桂寺	河南洛陽	△唐大帝儀鳳四年造紫桂宮，宮有九玄殿，永淳元年改芳桂宮，弘道元年廢之，後立爲芳桂寺，會昌中廢。	《永樂大典》引《河南府志》13824／8

　　長安地區將被毀佛像、鐘磬鑄成會昌開元通寶，背文標以「京」；洛陽地區所鑄則標以「洛」。（圖一）

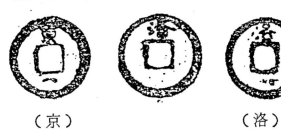

（京）　　　　　　　（洛）

圖　一

二、浙　江

安史亂後，江南地區漸成全國經濟重心，社會富裕，寺院發展迅速。現存方志，以江浙地區爲最多，對於廢寺考察也較易，茲表列於左：

表三：浙江地區廢寺一覽表

寺　名	地　點	沿　革	資料來源
大中禹跡寺	浙江紹興	△晉義熙十二年驃騎郎將軍捨宅置寺，名覺嗣，唐會昌五年例廢，大中五年僧居玄詣闕請僧契眞復興此寺，并置禪院於北廡，詔賜名大中禹跡寺。	《嘉泰會稽志》7／10
長慶院	浙江紹興	△本晉尚書陳矗竹園，因號竹園寺，唐會昌五年毀廢。周顯德五年，僧德欽重建，號廣濟院，大中祥符元年七月改賜今額。	《嘉泰會稽志》7／13
淳化寺	浙江紹興	△義熙三年有五色祥雲見，安帝詔建雲門寺，會昌毀廢，大中六年觀察使李褒奏再建，號大中極迷寺，淳化五年十一月改今額。	《嘉泰會稽志》7／23
大禹寺	浙江紹興	△梁大同十一年建，會昌五年毀廢，明年重建。	《嘉泰會稽志》7／26
福慶寺	浙江紹興	△晉將軍何充宅也，……捨爲靈嘉寺，唐會昌五年廢，晉天福七年重建，大中祥符六年改賜今額。	《嘉泰會稽志》7／27
隆慶院	浙江紹興	△晉元嘉三年建，號長樂寺，會昌廢，建隆元年重建。	《嘉泰會稽志》7／27
淨住院	浙江紹興	△齊永明二年建，號淨心寺，會昌廢，漢乾祐三年陸君泰重建，治平三年九月改賜今額。	《嘉泰會稽志》7／29
石佛妙相寺	浙江紹興	△唐大和九年建，號南崇寺，會昌廢，晉天福中僧行欽於廢寺前水中得石佛遂重建，治平三年賜今額。	《嘉泰會稽志》7／30
稱心資德寺	浙江紹興	△梁大同三年建，會昌中廢，大中五年觀察使李褒奏重建。	《嘉泰會稽志》7／31
明覺寺	浙江紹興	△唐開元十八年建，會昌毀廢，晉天福八年復建，號大明院，治平二年改今額。	《嘉泰會稽志》7／32
戒珠寺	浙江紹興	△初名昌安，後值會昌廢毀，大中初復許郡府量立寺宇，而越州得其五，昌安在詔中，六年六月又別以戒珠爲名。	《寶慶會稽續志》3／10

雲秘寺	浙江紹興	△梁大同十年將軍毛寶捨宅建,會昌毀廢,大中五年重建。	《嘉泰會稽志》7／35
奉聖院	浙江紹興	△唐開元十六年建,爲玄儼律師度僧戒壇院,會昌毀廢,漢乾祐二年吳越重建,改明思院,大中祥符元年七月改賜今額。	《嘉泰會稽志》7／36
安隱院	浙江紹興	△清開皇十三年建,唐武德中重修,會昌毀廢,後唐清泰元年高伯興等重建,號安養院,治平三年改賜今額。	《嘉泰會稽志》7／38
龍興寺	浙江紹興	△宋太始元年建,號香嚴寺,唐神龍元年改爲中興寺,神龍二年改爲龍興寺,……會昌五年毀廢,大中二年僧契眞重建。	《嘉泰會稽志》7／40～41
大慶尼寺	浙江紹興	△西晉永康元年……置靈寶寺,會昌毀廢,大中元年觀察使李褒奏重建。	《嘉泰會稽志》7／41
惠安寺	浙江嵊縣	△晉義熙二年南天竺國有高僧二人入金華,……復於剡山立般若臺寺,會昌廢,咸通八年重建,改法華臺寺,天祐四年吳越武肅王改興邑寺。	《嘉泰會稽志》8／1《剡錄》8／3～4
寶性寺	浙江嵊縣	△唐乾元中建清泰院,會昌廢,晉天福七年重建,大中祥符元年賜今額。	《剡錄8／5》《嘉泰會稽志》8／2
普安寺	浙江嵊縣	△宋元嘉二年建,會昌廢,後唐清泰二年重建。	《剡錄8／7》《嘉泰會稽志》8／3
尊勝寺	浙江嵊縣	△宋元嘉二年日厚山院,會昌廢,天福六年建。	《剡錄》8／7《嘉泰會稽志》8／4
上乘寺	浙江嵊縣	△梁永明二年置安福寺,會昌廢,景福元年興建。	《剡錄》8／8
法祥寺	浙江嵊縣	△宋元嘉二年建,號延福院,會昌廢,後唐清泰二年重建。	《剡錄》8／8《嘉泰會稽志》8／4
明覺寺	浙江嵊縣	△梁大通元年智遠法師建,號禪林寺,會昌廢,晉天福元年重建,大中祥符元年改賜今額。	《剡錄》8／8《嘉泰會稽志》8／2
禪惠寺	浙江嵊縣	△傳者以爲齊景明元年安南將軍黃僧家天雨錢捨以造寺,號錢房院,梁天監中改禪房寺,會昌毀壞,咸通二年重建。	《剡錄》8／9《嘉泰會稽志》8／2
顯淨寺	浙江嵊縣	△齊永明三年建,號青林寺,會昌廢,後唐長興元年重建,大中祥符元年改賜今額。	《剡錄8／9》《嘉泰會稽志》8／5
宣妙寺	浙江	△宋元嘉二年建,號崇明寺,會昌廢,晉天	《剡錄》8／10

	嵊縣	福四年重建，治平三年改賜今額。	《嘉泰會稽志》8／1
戒德寺	浙江嵊縣	△齊永明三年建，號光德院，會昌廢，晉天福七年重建，治平二年改賜今額。	《剡錄》8／10《嘉泰會稽志》8／3
普惠寺	浙江嵊縣	△齊永明三年建，號安養法華院，會昌廢，乾符六年重建，治平三年改賜今額。	《嘉泰會稽志》8／3
定林寺	浙江嵊縣	△宋元嘉二年建，號松山院，會昌廢，晉天福八年重建，有響巖龍潭，治平三年改賜今額。	《剡錄》8／11《嘉泰會稽志》8／3
下鹿苑寺	浙江嵊縣	△宋元嘉二年建，號靈鷲寺，會昌廢，咸通十四年重建，有瀑布及龍潭寺，治平元年改賜今額。	《剡錄》8／11《嘉泰會稽志》8／2
安福寺	浙江嵊縣	△梁永明二年置，唐會昌五年廢，景福元年重建。	《嘉泰會稽志》8／1
上鹿苑寺	浙江嵊縣	△宋元嘉七年姚聖姑於西白山造寺，賜披雲院，會昌廢，咸通七年重建，改咸通披雲院，晉天福七年吳越改披雲寺。	《嘉泰會稽志》8／1～2
龍藏寺	浙江嵊縣	△梁天監二年建，號龍官院，會昌廢，咸通十四年重建。浙東觀察使李紳少年寓此肄業，存紳所爲碑存，大中祥符元年改賜今額。	《嘉泰會稽志》8／3
大雄寺	浙江諸暨	△梁普通六年大智禪師建，號法樂寺，會昌廢，大中二年重建，改報國寺，後改賜今額。	《嘉泰會稽志》8／6
永壽寺	浙江諸暨	△梁大同二年左僕射吳文寵捨宅建，號延壽寺，會昌廢，咸通十年重建，後唐天成三年改長壽寺，後改今額。	《嘉泰會稽志》8／7
香社院	浙江諸暨	△隋樓世幹捨宅建，會昌廢，大中元年重建，院有連理木，咸通元年賜木連院，後改今額。	《嘉泰會稽志》8／8
崇勝院	浙江諸暨	△唐貞觀十五年千歲禪師開巖建，會昌廢，大中重建，咸通二年改華嚴般若院，後改今額。	《嘉泰會稽志》8／9
延慶院	浙江諸暨	△唐貞觀元年建，有千歲禪師修行於此，因號道場院，會昌廢，咸通八年重建，又號溪山院，周顯德五年改興福永安院，大中祥符元年改賜今額。	《嘉泰會稽志》8／9
化城院	浙江	△梁大同二年建，會昌廢，開寶四年重建，	《嘉泰會稽志》

	諸暨	號紫巖院，後改今額。	8／11
永福院	浙江	△因梁武帝書堂基建，號應國禪院，有碩水井，會昌廢，晉天福七年重建，改今額。	《嘉泰會稽志》8／11～12
淨住院	浙江諸暨	△唐永貞二年建，號龍潭禪院，會昌廢，建隆三年重建，改安福院。	《嘉泰會稽志》8／12
崇教院	浙江諸暨	△唐貞觀元年建玄寂禪師塔院，會昌廢，周廣順元年重建高松院，後改今額。	《嘉泰會稽志》8／12
祇園寺	浙江蕭山	△東晉咸和六年許詢捨山陰永興二宅建寺，號崇化，穆帝降制云山陰舊宅名曰祇園，永興新宅號曰崇化，會昌廢，建隆元年重建。	《嘉泰會稽志》8／14
覺苑寺	浙江蕭山	△齊建元二年江淹子昭玄捨宅建，會昌廢，大中二年重建，賜名昭玄寺。	《嘉泰會稽志》8／14
廣化寺	浙江蕭山	△梁大通二年建，號法興寺，會昌廢，咸通十三年重建，治平三年改賜今額。	《嘉泰會稽志》8／15
覺海寺	浙江蕭山	△唐會昌元年建，號政信寺，五年廢，晉天福四年重建。	《嘉泰會稽志》8／15
慈雲寺	浙江蕭山	△梁天監十二年僧寶誌於許玄度宅基上建，號開善資寶寺，會昌廢，晉天福三年重建。	《嘉泰會稽志》8／15
眞濟院	浙江蕭山	△唐武德七年建，會昌廢，晉天福六年重建，吳越文穆王給興國禪院額。	《嘉泰會稽志》8／16
重興院	浙江蕭山	△本晉許徵君巖下寺，會昌廢，咸通十四年重建。	《嘉泰會稽志》8／17
淨土院	浙江蕭山	△梁大同二年白敏將軍捨宅建，號白墅寺，會昌廢，咸通九年重建。	《嘉泰會稽志》8／17
龍泉寺	浙江餘姚	△東晉咸康二年建，會昌五年廢，大中五年重建，咸通二年改今額。	《嘉泰會稽志》8／19
九功寺	浙江餘姚	△齊建元中越州刺史榮穎捨宅建，號休光寺，會昌廢，大中十二年重建。	《嘉泰會稽志》8／20
圓智寺	浙江餘姚	△齊永明元年建，號禪房寺，唐天寶四年改大法寺，會昌廢，咸通元年重建。	《》嘉泰會稽志8／20
建初寺	浙江餘姚	△晉大和元年建，號平元寺，會昌廢，周顯德四年重建。	《嘉泰會稽志》8／20
長慶院	浙江餘姚	△唐長慶四年建，號柯城道場院，會昌廢，大中二年重建。	《嘉泰會稽志》8／20

羅漢院	浙江餘姚	△梁大同元年建，號棲賢院，會昌廢，周顯德四年高景淮重建改賜今額。	《嘉泰會稽志》8／20
悟法院	浙江餘姚	△梁天監元年建，會昌廢，大中元年重建，號四明寺。	《嘉泰會稽志》8／21
東福昌院	浙江餘姚	△唐長慶四年建，大中二年重建，……大中祥符元年改賜今額。	《嘉泰會稽志》8／23
靜凝教忠寺	浙江餘姚	△本號姜山院，……會昌廢，晉天福二年重建，改報國興福院。	《嘉泰會稽志》8／23
等慈寺	浙江上虞	△梁天監二年建，始曰化民院，後改上福禪院，會昌毀廢，咸通元年重建。	《嘉泰會稽志》8／25
上乘院	浙江上虞	△在唐爲休光寺，大善道場嘉猷禪師奏建，會昌毀廢，大中五年三白和尚道全重建。	《嘉泰會稽志》8／25～26
天宮院	浙江新昌	△本號靈居院，梁普通元年建，會昌廢，大順元年重建。	《嘉泰會稽志》8／31
明因寺	浙江新昌	△舊名妙喜，梁天監中周豹二女捨宅建，唐會昌中廢，大順中復建。	《浙江通志》231／41
白巖寺	浙江新昌	△唐貞觀十年賜號白嚴寺，會昌中廢，咸通二年重建。	《浙江通志》232／5
雲林禪寺	浙江杭州	△舊名靈隱寺，晉咸和元年僧慧理創建，……唐會昌毀教寺毀，後稍稍興復，規制未宏，吳越錢氏命僧延壽開拓，建經幢於寺門左右	《杭州府志》29／2
北高峯塔	浙江杭州	△唐天寶中建，高七層，會昌中燬，錢武肅王重修。	《杭州府志》29／4
海會寺	浙江臨安	△舊名竹林寺，大同中建，會昌五年廢，大中五年重建。	《咸淳臨安志》83／14
興教院	浙江臨安	△唐天寶中賜額興善，會昌五年廢，天祐元年吳越王重建。	《杭州府志》32／15
寶乘寺	浙江新域	△舊名靈遠寺，上元二年建……會昌間廢，大中十三年復建爲聖像寺。	《咸淳臨安志》85／6
棲禪院	浙江上虞	△唐開成三年建，號錢溪院，會昌廢，光化元年重建。	《嘉泰會稽志》8／26
雲居寺	浙江新昌	△宋元嘉二年建，會昌毀廢，晉天福九年吳越重建，號石門寺。	《嘉泰會稽志》8／29
大明寺	浙江	△昔沙門法乾支林白道猷下築東岇山，晉隆	《嘉泰會稽志》

	新昌	和元年賜號東岬寺，會昌毀廢，後唐同光元年重建。	8／29
七寶院	浙江新昌	△舊號元華寺，齊永明中盂蘭法師建，會昌廢，晉開運三年趙仁爽見巖龕有石佛千身，重建院宇，改千佛院。	《嘉泰會稽志》8／29～30
興善院	浙江新昌	△晉太康十一年，西域僧幽開卜築於此，號新建寺，會昌廢，大中元年重建。	《嘉泰會稽志》8／30
祖印院	浙江新昌	△宋元嘉中建，號南巖院，會昌廢，咸通八年重建。	《嘉泰會稽志》8／30
沃洲眞覺院	浙江新昌	△舊名眞封寺，不知其始，晉白道猷竺法潛支道林乾興淵支道開威蘊崇實光誠斐藏濟度逞印皆嘗居焉，會昌廢，大中二年有頭陀白寂然來游，戀戀不能去，廉使元微之始爲卜築。	《嘉泰會稽志》8／31
鷲峯院	浙江新昌	△本號靈巖院，唐天寶三載建，會昌廢，後唐清泰二年重建。	《嘉泰會稽志》8／31
安國禪寺	浙江海寧	△唐開元元年建，名鎭國海昌，會昌五年廢，大中四年復置，名齊豐。	《咸淳臨安志》85／12
薦福寺	浙江海寧	△永明二年建，舊名安善，會昌五年廢，大中十三年重建。	《咸淳臨安志》85／14
崇福寺	浙江海寧	△乾元元年建，舊名靈池，會昌五年廢，大中元年重建。	《咸淳臨安志》85／18
廣嚴寺	浙江杭縣	△西晉義熙十二年通法師建，以供華嚴故名華嚴院。隋大業間燬，唐高祖時元覽法師即其舊址恢拓之，會昌中寺燬，大中間里人濬井得石函華嚴經六十一卷遂捨宅爲寺，建塔以藏焉。	《杭州府志》31／1
護聖院	浙江鄞縣	△唐貞元中法常禪師始誅茅結庵，開成元年建寺，名曰上禪定，會昌廢大中間復建。	《寶慶四明志》13／19
開元寺	浙江鄞縣	△開元二十八年建，以紀年名，會昌五年毀佛祠，此寺例廢，大中初刺史李敬方請於朝，詔復開元寺，乃即國寧寺舊址建焉。	《寶慶四明志》11／9
保國教寺	浙江慈谿	△始建於唐，名靈山，會昌中廢，廣明元年賜保國額。	《寧波府志》18／12
大中岳林寺	浙江奉化	△舊名崇福院，梁大同二年置，在大溪西，唐相李紳爲書院額，廢於會昌中，大中三年間曠禪師復建於溪東。	《寶慶四明志》15／11

翠蘿寺	浙江定海	△成於唐開成，廢於會昌，往宋建隆中賜以銅鐘，吳越國受封奉國，又鎮以鐵塔寺。	《昌國州圖志》7／14
資聖院	浙江嘉興	△唐會昌五年建，當年廢，大中年間重置。	《至元嘉禾志》10／3
惠寂院	浙江嘉興	△唐乾元間創，會昌間廢，咸通六年復立。	《至元嘉禾志》11／3
祥符禪寺	浙江嘉興	△東晉興寧間，哀帝詔剡山法師竺潛講般若于禁中，還止檇李貴氏家，因舍宅爲精舍，梁天監中盛行法事，口水陸院，唐會昌五年廢，大中元年復立。	《嘉興府志》4／2
能仁院	浙江嘉興	△舊名福業院，唐武宗會昌五年廢，宣宗大中二年給元額。	《至元嘉禾志》11／3
崇福寺	浙江崇德	△梁天監二年名常樂寺，唐會昌年廢，大中十年重立。	《至元嘉禾志》11／10
寶巖院	浙江臨海	△舊名香積，唐會昌中廢，乾寧元年重建，改名香嚴。	《嘉定赤城志》27／14
延慶院	浙江臨海	△舊名龍山，梁天監初建，唐會昌中廢，開平中改龍潭院。	《嘉定赤城志》27／17
永壽院	浙江黃巖	△晉永和二年建，唐會昌中廢，咸通中復建，周朝大中元年改賜今額。	《嘉定赤城志》28／10
香嚴院	浙江黃巖	△唐開元元年建，會昌中廢，大中復建。	《嘉定赤城志》28／10
報恩寺	浙江天台	△唐大和七年僧普岸建，……會昌中廢，大中六年號鎮國平田。	《嘉定赤城志》28／13
景德國清寺	浙江天台	△舊名天台，隋開皇十八年爲僧智顗建，大業中改名國清，……唐會昌中廢，大中五年重建。	《嘉定赤城志》28／14
大慈寺	浙江天台	△舊名修禪或禪林，陳時爲僧智顗建，……隋創國清乃更寺爲道場，唐會昌中廢，咸通八年重建。	《嘉定赤城志》28／19
妙智寺	浙江天台	△宋末僧普（孝廟嫌諱）建，舊傳（孝廟嫌諱）感江白郎之異，遂以名巖，隋大業中僧純陀徒平地五十步，唐貞觀十年賜號白巖寺，會昌中廢，咸通二年重建。	《嘉定赤城志》28／21
寧國寺	浙江天台	△梁普通三年僧智達居焉，後建寺爲棲禪，唐會昌中廢，大中五年建。	《嘉定赤城志》28／22

白馬寺	浙江天台	△陳時建，唐會昌中廢。	《嘉定赤城志》28／22
佛窟寺	浙江天台	△僧遺則卓庵居之，唐會昌中廢。	《嘉定赤城志》28／26
顯慶寺	浙江僊居	△梁天監二年建，隋大業元年廢，唐貞觀十年重建，天寶六年有神光現今址，遂徙之，改光明山，會昌五年廢，大中二年重建。	《嘉定赤城志》29／1
廣度院	浙江僊居	△唐天寶元年建，會昌中廢，晉天福中重建。	《嘉定赤城志》29／2
崇教寺	浙江寧海	△舊在縣北三十里，名清泉，梁天監元年建，隋大業元年廢，唐乾元元年徙今地，會昌中廢，大中元年復建。	《嘉定赤城志》29／8
鴻禧寺	浙江吳興	△梁大同二年侍中蕭翼捨宅建，舊名寶勝寺，唐會昌中廢，咸通十二年僧法珍請為崇福寺。	《嘉泰吳興志》13／20
報恩光孝禪寺	浙江吳興	△陳永定三年章皇后捨宅建，名龍興寺，神龍二年改孝義寺，中宗時復舊名，會昌五年廢，次年再置。	《嘉泰吳興志》13／22
開元寺	浙江吳興	△天監中尚書右僕射徐勉以居宅有慶雲之瑞，捨為尼寺，號八政。武德元年改居僧，開元二十六年改今名，殿內有明皇真容，武宗初例廢，會昌五年奉敕再置。	《嘉泰吳興志》13／22
淨眾院	浙江吳興	△唐元和十四年建，會昌中廢，天復三年有僧立庵以金蓋道場，名上金院。	《嘉泰吳興志》13／28
獅子吼寺	浙江吳興	△吳太元中有居人劉鍼嘗與費長房睹空中奇獸金毛五色，哮吼之聲三振，遂奏捨宅為寺，因以為名，唐會昌中廢，中和二年重建。	《嘉泰吳興志》13／30
無為寺	浙江吳興	△晉王衍捨宅建，士人馮倫沈演復建，移郡城興國寺廢額榜之，會昌中廢，咸通三年又建。	《嘉泰吳興志》13／31
開化院	浙江吳興	△晉永嘉元年孫德宗捨宅建，唐會昌五年廢，錢氏重建，號菩提寺，當周廣順三年。	《嘉泰吳興志》13／31
崇勝院	浙江吳興	△晉永嘉元年孫德宗捨宅建，會昌五年廢，號幽嚴院，當周廣順三年。	《嘉泰吳興志》13／34
制勝院	浙江	△舊號清異寺，梁大同元年江州刺史錢道居	《嘉泰吳興志》

	長興	捨宅爲寺，唐會昌中廢，錢氏重建。	13／36
覺海寺	浙江德清	△唐時武康縣，元和十年，……烏程令朱集捨田宅金錢，賈彝昌相與九成之，武宗時廢毀，宣宗時彝昌重建。	《嘉泰吳興志》13／43
報恩光孝教寺	浙江安吉	△宋元嘉元年信義太守施彬捨宅建，唐會昌中廢，後復舊。	《嘉泰吳興志》13／46
崇福寺	浙江石門	△梁天監二年建，名常樂寺，唐會昌年廢，大中十年重立。	《浙江通志》228／19
官巖教寺	浙江浦江	△梁大同間比邱尼元淨始建院，唐會昌之際燬，咸通初祖燈大師自越之上虞飛錫而來，遂縛禪巖內，會歲旱，獨上絕頂，祈請捐身，投巖下而卒，俄傾大雨，火化得五色舍利，民感之，就巖之西爲建今院。	《浙江通志》232／37
天寧寺	浙江吳興	△唐天寧寺經幢　佛頂尊勝陀羅尼經。會昌三年十月九日樹，會昌五年六月十七日准敕廢，至大中元年十一月廿八日重建。	《兩浙金石志》3／5～6
		般若波羅密多心經　唐會昌五年詔大除佛寺，凡唐閣室宇關於佛祠者，掊滅無遺，分遣御史發視之，州縣祇畏，至於碑幢銘鏤贊述之類，亦多毀廢，不及三年，盡皆重立矣。	《兩浙金石志》3／7

　　浙江境內佛教名山天台山，法難時，智者大師道場國清寺、大慈寺均遭廢棄。宣宗大中年間，日僧圓珍到天台山巡禮，所看到的仍是滿目瘡痍，圓珍並出錢修復國清寺止觀堂，士人沈懂作記。〔註39〕

　　浙江地區所鑄之錢，背文曰「越」。（圖二）

圖二

三、江蘇

　　江蘇地區，在唐代大部分屬於淮南節度使領地，當時節度使是李紳，李

〔註39〕釋圓珍，《行歷抄》，頁625。

紳少時在佛寺讀書，常以經文背紙爲文稿，爲寺僧所毆，終生憾之。〔註40〕
在政治上，李紳與策動廢佛的宰相李德裕，同爲李黨「三俊」，故江蘇地區廢
佛政策相當徹底。

江蘇地區被廢寺宇如下列：

表四：江蘇地區廢寺一覽表

寺名	地點	沿革	資料出處
祈澤寺	江蘇南京	△宋少帝景平元年建，名祈澤治平寺，會昌中廢，南唐昇元間復，宋治平間改祈澤。	《金陵梵刹志》9／3
清眞寺	江蘇南京	△舊名清玄寺，梁大通元年置，復廢，唐大中中復置。	《金陵梵刹志》29／7
天竺山能仁寺	江蘇南京	△劉宋元嘉中文帝建，名能仁寺，唐會昌中廢，楊吳太和中改報先院。	《金陵梵刹志》32／1
靜居寺	江蘇南京	△本唐天福寺基，會昌中廢，南唐復爲淨住院。	《金陵梵刹志》44／5
龍光寺	江蘇南京	△宋元嘉二年號青園寺，高僧傳云竺道生後還上都青園寺。寺是惠恭皇后褚氏所立，本種青處因以爲名。……元嘉五年有青龍見覆山之陽，帝捨果園建青園寺，西置龍王殿，今沼止見存，至會昌年廢，咸通二年重建。	《金陵梵刹志》48／5
崇教禪院	江蘇武進	△梁大同二年邑人王建捨宅爲之，名祇院，大業五年廢，唐上元初重建，會昌中又廢，乾符二年復舊。	《咸淳毘陵志》25／19
靜教禪院	江蘇武進	△陳至德元年建，名善寂，隋開皇中吳郡刺史陳子邁捐資增創，大業盡燬，唐上元間重繕，會昌又廢，尋復舊。	《咸淳毘陵志》25／19
旌忠薦福禪寺	江蘇武進	△梁大同三年建，名法雲，唐會昌中廢，咸通重建，亦名慧山。	《咸淳毘陵志》25／20
法藏禪寺	江蘇宜興	△蕭齊時建，名重居，……會昌廢，咸通中復。	《咸淳毘陵志》25／21
廣教禪院	江蘇宜興	△齊建元二年以祝英台故宅建，唐會昌中廢，地爲海陵鍾離簡之所得。至太和中李	《咸淳毘陵志》25／22

〔註40〕范攄，《雲溪友議》卷上，（台北，台灣商務印書館，四部叢刊續編），頁12。

		司空於此借榻，肄業後第進士，咸通間贖以私財重建，刻奏疏于石。	
慧明禪寺	江蘇宜興	△唐上元二年建，名淨土，後改善覺，會昌中廢，南唐保大八年僧惠正重建，復號淨土。	《咸淳毘陵志》25／24
靈巖寺	江蘇吳縣	△即晉東亭獻穆公王珣及弟珉之宅，咸和二年捨建精廬於劍池，分為東西二寺，寺皆在山下，蓋自廢昌廢毀後，人乃移寺山上。（會昌）五年詔毀天下寺四十（千）餘所而靈巖與焉，大中既復教，寺亦仍舊。	《吳郡圖經續記》卷中頁13《六學僧傳》26／445
天峯院	江蘇吳縣	△昔唐自有報恩寺，……自武宗時報恩寺廢，雖興葺不能復，……其後益淪壞。所謂南峯者，乃古之報恩之屬院耳。	《吳郡圖經續記》卷中頁14
寶巖院	江蘇常熟	△梁天監初建，舊名延福禪院，唐會昌中廢，宋端拱中再行葺治。	《重修琴川志》10／13
破山興福寺	江蘇常熟	△此寺始自齊始興五年，因邑人彬州牧倪德光捨居第置之，是為大慈寺。至梁大同三年，改為興福寺，自是邑為寺，歷陳隋四代，迄於我唐甲辰歲，歲逾三百年。會昌末，釋教中圮，僧難聿興，武宗斥去浮屠，法寺毀，大中踐祚，再恢釋教，俾飭伽藍。	《破山興福寺志》1／2～3
報恩寺	江蘇吳縣	△唐之報恩寺，在吳縣之報恩山，即支硎山也。自梁武帝建寺，經唐武宗殘毀，至是乃移額於此（開元寺）寺。	《吳郡圖經續記》卷十頁10
穹窿禪寺	江蘇吳縣	△舊名福臻禪院，梁天監二年建，唐會昌六年復建。	《姑蘇志》29／37
昭明教寺	江蘇吳縣	△相傳為昭明太子所建，或謂山產文石故名，然不可考矣。唐會昌中廢，宋嘉泰中白馬寺僧南公重建。	《姑蘇志》29／44
慧聚教寺	江蘇崑山	△梁天監十年吳興沙門惠嚮建，……會昌中寺廢，以柱藏郡中，大中間復興，賜金書字牌銅鐘，復以柱還寺。	《姑蘇志》30／1～2
嚴因崇報禪寺	江蘇南京	△齊永平七年明僧紹捨宅為寺，……（唐）高宗御製明隱君碑，改為隱居棲霞寺，……武宗會昌中廢，宣宗大中五年重建。	《景定建康志》46／14
隆報寶乘禪寺	江蘇南京	△即舊草堂寺，唐會昌中寺廢，國朝復建，治平中賜額。	《景定建康志》46／17

向善寺	江蘇鎮江	△祥符圖經云：宋將軍劉（亡其名）捨宅爲之，唐會昌中廢，咸通中復，曰僧伽禪院。	《至順鎮江志》9／15
慧聚寺		△張僧繇繪神於兩壁，畫龍於四柱，每陰雨欲晦，畫龍鱗鱗皆潤，鱗甲欲動，又敕僧繇畫鎖以制之。會昌寺廢，以柱藏郡中，至宣宗大中間復興，賜金畫寺牌銅鐘，郡復以柱還寺。	《玉峯志》卷下頁7
惠山普利院	江蘇無錫	△梁大同間入于僧創招提號法元禪院，……後廢于唐武宗垂拱（疑衍文）間，宣宗時寺復興。	《無錫縣志》3／28

　　江蘇地區被保留的是開元寺，爲玄宗二十六年所置，內有玄宗聖容。〔註41〕另李德裕在浙西觀察使任內（駐潤州），爲求穆宗冥福所建的甘露寺，亦被保留。〔註42〕廢寺之際，將管道內廢寺所藏名賢壁畫置之於室，內有顧愷之、戴安道、謝靈運、陸探微、張僧繇、展子虔、韓幹、吳道子等人作品。〔註43〕

　　廢寺之初，李紳以揚州所鑄新錢背文「昌」字以表年號，呈進朝廷，遂敕鑄錢之所，各以本州郡名爲背文。〔註44〕另有背文「潤」者，爲浙西觀察使所鑄之錢。（圖三）

（昌）　　　　　　　　　　（潤）

圖　三

四、江西、福建

　　江西地區廢寺資料不多，僅延慶、棲賢、東林、龍興四寺。其中東林、

〔註41〕朱長文，《吳郡圖經續記》卷中，（台北，中國地志研究會，民國67年8月），頁10。

〔註42〕盧憲，《嘉定鎮江志》卷八，（台北，中國地志研究會，民國67年8月），頁1。

〔註43〕郭若虛，《圖畫見聞志》卷五，（台北，台灣商務印書館，四部叢刊續編），頁9。

〔註44〕丁福保，《古錢大辭典》下編，（台北，世界書局，民國54年3月），頁389。

棲賢位於廬山。東林寺為東晉慧遠所建，會昌法難依例廢止，大中年間，刺史崔黯修復並撰文，柳公權書之。福建在中唐以後，佛教漸盛，會昌拆寺亦遭波及。茲將兩地被廢寺宇表列於後：

表五：江西、福建地區廢寺一覽表

寺 名	地 點	沿 革	資料出處
延慶寺	江西南昌	△唐大和三年文宗以夢寐交感，特詔修崇，有僧普願者，率勵眾力創造飛閣，極高明之制，盡臨觀之美，瞻仰之徒勝賞，仍在會昌沙汰，旋復珍夷。	《江城名蹟》，頁25
棲賢院	江西廬山	△始南齊永明七年，議參軍張希奏置寺於尋陽西南二十里。唐寶曆初，刺史李渤徙置是山，以僧智常居之，智常學者數百人，春夏居棲賢，秋冬居歸宗。會昌中廢寺，景福中僧懷祐復興焉。	《廬山記》2／1035
東林寺	江西廬山	△復東林寺碑殘刻　崔黯撰柳公權書　唐有天下一十四帝，見其非理而汰之，而持事之臣不以歸元（民）返本，以結人心，其道甚桀，幾為一致。今天子取其有益生人，稍復其教，通而流之，以濟天下，於是江州奉例詔，余時為刺史，前詔茲地，……得舊僧正言，問能復東林乎？曰：能。即斷其髮，佳而勉之，又命言擇其徒，得二十九以隸其下，皆心生力完臂股相用，言則隨才賦事，分命告復，所至響應。	《八瓊室金石補正》，頁25
龍興寺	江西吉安	△廬陵龍興寺西北隅，先有設色遺像，武宗五年毀廢，至大中初重建寺。	《塑像記》
懷安大中寺	福建福州	△梁太守袁士俊地，內有小山，時聞鐘聲，因名鍾山，普通二年捨以為寺，號袁寺。隋仁壽二年始以舍利為塔，……唐上元元年更名福唐寺，會昌例廢，大中四年復之，賜今額。	《三山志》，頁2975
侯官神光寺	福建福州	△唐大曆三年析南澗為金光明院，七年改為大雲，會昌例廢，大中三年監軍孟彪亭池其間，號南莊，明年捨為寺。又明年觀察使崔于請名于朝，宜宗夜夢神人發光，殿廷遲明，覽奏異之，遂與今名。	《三山志》，頁2976

東禪院	福建福州	△舊名淨土,唐武宗廢爲白馬廟,咸通十年郡人迎僧惠筏居之,及夜禪定,有戎服若拜而辭者,是夕或見白馴東之,觀察使李景溫因撤祠爲寺,號東禪院。	《三山志》,頁2983
大乘愛同寺	福建福州	△唐神龍中律師懷道懷一相繼居之,會昌例廢,大中十一年復之。	《三山志》,頁2984
東山文殊般若院	福建福州	△會昌廢,大中復,咸通賜今額。	《三山志》,頁2985
護國天王院	福建連江	△本會昌竹林廢寺,大中初復之,咸通中改今額。	《三山志》,頁7996
雲峯院	福建連江	△建中初僧義延開山,會昌毀法,大中中鄭氏黃氏復之。	《三山志》,頁8001
建善寺	福建長溪	△齊永明元明置,舊號建福,……景雲二年遂移建寺在縣城東,改號建善,會昌例廢,大中四年僧大千令弇奏復之,賜大中建善爲額。	《三山志》,頁8012
廬山寺	福建福清	△陳永定元年置,……唐會昌例廢,大中初有僧澄善望氣,往來其間,乃丐廬居宅以廣之,號廬山。	《三山志》,頁8026
靈石俱胝院	福建福清	△先是唐武宗時僧元修始庵於此,誦七俱祇治疾祟,後深入巖谷中,人以爲遁去矣,有蔬甲泛流而下,乃泝源訪而得之,再往則廬已虛矣,蓋避會昌禁也,宣宗時出,詣闕貢金買山,始創精舍,名翠石院,庄是錫今額。	《三山志》,頁8028
安國寺	福建羅源	△始曰龍邱,會昌例廢,乾寧二年忠懿王復之。	《三山志》,頁8061

　　江西、福建地區所保存的寺宇均是開元寺,內有玄宗聖容銅像。[註45]江西地區所鑄的會昌開元通寶,背文曰「洪」。福建地區則標以「閩」、「福」。(圖四)

〔註45〕陳宏緒,《江城名蹟》(台北,台灣商務印書館,四庫全書珍本五集),頁13。
　　　　梁克家,《三山志》(台北,中國地志研究會,民國67年8月),頁2957。

（洪）　　　　（福）　　　（閩）

圖 四

五、廣東、廣西

　　廣東地處南疆，佛教傳佈以廣州爲盛，至於飛鳥猶是半年程（李德裕詩）的南中小郡，則多無緇素，每宣德音，須假作僧道陪位。〔註 46〕會昌厄，著名之光孝寺被改作道觀，大中年間復舊。

　　廣西佛教，在中唐以前，以桂林西山最盛，會昌廢佛，摩崖造像多爲所毀，雖宣宗繼統，而元氣已傷，終難回復。〔註 47〕今據《桂林風土記》、《嘉慶廣西通志》僅得延慶寺、淨土院二所，爲廢於法難者。

　　廣東地區所鑄會昌錢，背文標以「廣」，廣西地區則曰「桂」。（圖五）

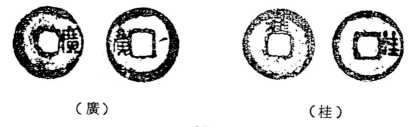

（廣）　　　　　　　　　（桂）

圖 五

六、安徽

　　安徽地區被廢寺院有下列數所：

表六：安徽地區廢寺一覽表

寺 名	地 點	沿　　革	資料出處
會勝寺	安徽旌德	△梁滕公慶和故居，捨宅爲寺，唐會昌中廢，宋太平興國中重建	《安徽通志》57／18

〔註46〕李昉，《太平廣記》卷四八三，頁 1028。
〔註47〕羅香林，《唐代文化史研究》（台北，台灣商務印書館，民國 69 年 6 月），頁 83。

漢洞院	安徽歙縣	△唐建，會昌中廢，大中二年復建。	《徽州府志》10／52
陳塘院	安徽歙縣	△唐會昌以前有之，唐大中七年復建。	《徽州府志》10／53
新興寺	安徽宣城	△新興寺在宣州，宣宗大「和」中（和疑衍文）初悉復武宗所毀佛寺，刺史裴休修之。	《集古錄目》10／6
普光王寺	安徽盱眙	△泗州普光王寺，是天下著名之處，今者庄園錢物奴婢盡被官家收檢，寺裡寂寥，無人來往，州司准敕，欲擬毀拆。	《入唐求法巡禮行記》4／104

　　武宗會昌年間，李黨當權，牛黨俱遭排斥。詩人杜牧，在政治立場上親近牛黨，廢佛時，爲宣州團練判官，出牧黃池睦三州，他看到廢佛令甫下，地方官吏就迫不及待的將寺產竹園砍伐易錢，留下一首即景詩－〈斫竹〉，詩曰：

　　　　寺廢竹色死，宦家寧爾留；霜根漸隨斧，風玉尚敲秋；江南苦吟客，
　　　　何處送悠悠。

寺院被廢後，是一片蕭條荒涼，即作〈池州廢林泉寺〉，詩曰：

　　　　廢寺碧溪上，頹垣倚亂峯；看棲歸樹鳥，猶想過山鐘；石路尋僧去，
　　　　此生應不逢。

被迫還俗的僧侶，境況更爲凄慘，於是以悲天憫人的心懷，寫下〈還俗老僧〉，詩曰：

　　　　雲髮不長寸，秋寒力更微；猶尋一徑葉，猶挈納殘衣；日暮千峯裡，
　　　　不知何處歸。〔註48〕

因廢佛所造成的社會問題，在杜詩筆下，歷歷如繪。安徽地區所鑄的開元錢，背文曰「宣」。（圖六）

（宣）

圖六

〔註48〕杜牧，《樊川文集》卷三，（台北，台灣商務印書館，四部叢刊初編），頁39、
　　　43。

七、湖南、湖北

中唐以後，湖南、江西是禪宗二大中心，唯現存法難史料不多，據《南嶽總勝集》僅得廢寺淨業禪寺一所而已。另從《往生淨土傳》知被保存爲開元寺。湖北地區則未留下文獻資料。

湖南地區所鑄會昌開元通寶，背文曰「潭」；湖北地區有「鄂」、「襄」、「荊」三種。（圖七）

（潭）　　　（鄂）　　　（襄）　　　（荊）

圖　七

八、四川

據日人山崎宏之研究，四川在中晚唐時代的佛教活動僅次於兩都，會昌拆寺，損毀情形如下表：

表七：四川地區被廢佛寺一覽表

寺　名	地　點	沿　革	資料出處
聖興寺	四川成都	△大歷中杜鴻漸領東西川節度使，改爲永泰寺，武宗時例毀廢，大中三年僧定蘭……詔至長安，得對稱旨，遂予優加，遂丐西還，復構此寺。	《四川通志》38／11
梵安寺	四川成都	△前代爲尼居，名桃花寺，隋文帝易以僧，……會昌中欲焚寺，夜聞女子啼泣之聲乃止。	《四川通志》38／11
龍興寺	四川彭縣	△彭州九隴縣再建龍興寺碑　陳會初寺號大空，天授二年爲大雲，我唐開元中詔號龍興，會昌五年廢爲開地，僧俄巾像示滅，鐘聲絕耳，樓台爲薪。……（大中）復詔天下，使率士郡府各復其寺，寺之數郡府有差，釋之數男女一致，其與夫彭爲郡得復寺之二焉，二之數龍興居一，一寺度僧三十，精選進行能臻不二之門者居其右焉。	《古今圖書集成·神異典》卷114／281

開元寺	四川廣漢	△漢州開元寺，有菩薩像，自頂及焰光坐趺，都是一般青石，雕琢極工，高數尺。會昌毀寺時，佛像多遭摧折刓缺，惟此不傷絲毫。及再立寺，僧振古寶而置放西廊。	《因話錄》6／50
空慧寺聖壽寺	四川成都	△本古龍淵寺，隋更名空慧寺。在城西南石牛門市橋處，俗稱石牛寺、石犀寺。元和二年勅於成都府置聖壽寺，在萬里橋之南。會昌中，兩寺皆毀。大中元年，李回於空慧寺舊址重建一寺，摹聖壽寺額豎此，僖宗更御書之，然非元和聖壽寺也。	《唐代成都寺觀考略》（嚴耕望）

據《益州名畫錄》得知，被保存的寺宇爲成都大聖慈寺，寺額爲玄宗所題。廢寺之時，成都及附近寺宇壁畫、大鐘有少部分移至大聖慈寺。亦有人在靜德精舍、福聖寺的頹垝當中，操刀力剟，得像三十七所，馬八蹄，及展子虔天樂部二十五身。〔註49〕

四川地區因地域遼濶，所鑄會昌錢，背文標有「梓」、「益」、「蜀」三種。（圖八）

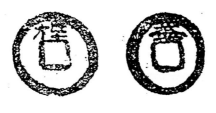

（梓）　　　　（益）

圖　八

（蜀缺）

九、陝西、河南

陝西、河南地區，除兩京外，廢寺資料不多，僅得陝西臨潼寶雲寺、河南氾水定覺寺二所。定覺寺被拆的目的，是要以建材修昭武廟，供奉高祖、太宗聖容。〔註50〕

陝、豫地區所鑄的開元通寶，背文有「藍」、「興」（陝西）；「梁」（河南）。（圖九）

〔註49〕郭若虛，《圖畫見聞志》卷五，頁9～10。
〔註50〕劉昫，《舊唐書》卷十八上〈武宗本紀〉，頁607。

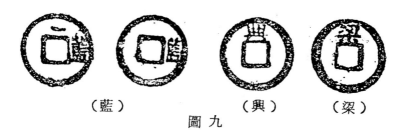

（藍）　　　　　　　（興）　　　　　（梁）

圖　九

十、北方諸鎮

中唐以後，北方為藩鎮所統治，因藩鎮對中央順逆不一，故廢佛程度有深淺。《資治通鑑》卷二四八載法難時，五台僧多亡奔幽州，幽州節度使張仲武因李德裕之言，乃封二刀付居庸關，令斬入境游僧。《畿輔通志》載幽州（北平）尉使君寺廢於會昌法難，可知五台、幽州均有佛情事發生。《入唐求法巡禮行記》謂鎮幽魏路四節度使，原來敬重佛法，不毀拆寺舍，不條疏僧尼，佛法之事，一切不動之，云：「天子自來毀拆焚燒，即可然矣，臣等不能作此事也。」〔註51〕除幽州一地與現存史料不符，有待進一步研究外，其他三地則尚未發現有關史料，也許是執行程度不徹底。河北地區所鑄會昌開元錢，背文有「平」、「丹」二種。（圖十）

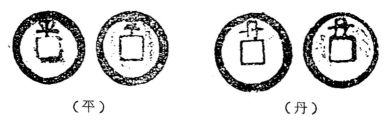

（平）　　　　　　　　　　（丹）

圖　十

山東方面，《入唐求法巡禮記》謂：

> 雖是邊地，條疏僧尼，毀拆寺舍，禁經毀像，收檢寺物，共京城無
> 異。況乃就佛上剝金，打碎銅鐵佛，稱其斤兩，痛當奈何。〔註52〕

山西方面，雖曾利用寺銅鑄成背文「并」字的開元通寶。但據現存資料判斷，於僧侶、經典未加以迫害、損毀。如沙門增忍在會昌初遊古賀蘭山（朔方節度使領地），羌胡之族供獻酪酥，至五年（西元845年）節度使李彥佐嘉其名

〔註51〕釋圓仁，《入唐求法巡禮行記》卷四，頁109。
〔註52〕釋圓仁，《入唐求法巡禮行記》卷四，頁107。

節，於龍興寺建別院以居之，忍刺血寫諸經。〔註53〕疏言於大中七年（西元853年）往太原取經，得五千四十八卷，載之而歸。〔註54〕

從上所述，可知會昌法難，全國各地均遭波及，被保留的均為政治廟宇，如南方各地的開元寺，四川的大聖慈寺，江蘇的甘露寺。北方各地開元寺，在安史之亂時，悉被拆毀，玄宗聖容銅像，亦遭鎔毀。〔註55〕所保留寺院，因資料缺乏，有待進一步考察。

第三節　佛典的散佚

隋代牛弘曾對我國書籍毀於兵刼火厄，感慨係之，提出「五厄」之說。在中國佛教史上，佛典的散佚，以會昌毀法時最為嚴重，程度不下於「五厄」之刼。惜會昌所損毀之佛典，詳細書目已不易考察，我們僅能從後人對佛典尋訪過程中，略窺一二。

會昌教難時，凡「言論於紙素者投諸火」，致佛典遭遇無情的火刼。地方官吏執行命令，對於碑幢銘贊之類，無不鑿毀，或坎地而瘞之，其中見於後代史料者有〈魯公八關齋報德記〉、〈牟瓖方山證明功德記〉、〈大雲寺經幢〉等。清人葉昌熾謂：

> 余所藏唐幢，往往有大中重建題字。五代宋初，尚有發地得之，而
> 再立者，皆因會昌之刼也。〔註56〕

由於執行政令徹底，造成日後散佚經典不易尋回的一個重要原因。大中年間，沙門元堪等人將秘藏經典取出，疏言往太原府訪經，這些行動，雖有益於經典復原工作，唯所得有限，日後佛子若非主動向國外尋訪佚經，則國內抱殘守闕之憾將無以避免。

懿僖之際，司空圖撰〈為東都敬愛寺講律僧惠確化募雕刻律疏〉一文，謂：

> 自洛城罔遇時交，乃楚印本漸虞散失，欲更雕鏤。惠確無愧專精，
> 頗嘗講授，遠欽信士，誓給良緣，所希龜鏡，益昭津梁靡絕。〔註57〕

〔註53〕釋贊寧，《宋高僧傳》卷二十，頁716。
〔註54〕釋志磐，《佛祖統紀》，卷四十九，頁387～288。
〔註55〕劉昫，《舊唐書》，卷一四二，〈李寶臣傳〉，頁3866。
〔註56〕葉昌熾，《語石》卷九，（台北，台灣商務印書館，民國59年2月），頁302。
〔註57〕司空圖，〈為東都敬愛寺講律僧惠確化募雕刻律疏〉，收入《全唐文》卷八○

所謂「自洛城罔遇時交，乃楚印本漸虞散失。」是指敬愛寺在法難時受到破壞，該寺律典有散佚之虞，故以講律僧惠確曾經講授律疏之故，請司空圖撰文以化募雕刻。唐代律宗有南山、東塔、相宗三宗之別，至唐末時，東塔、相宗俱已式微，僅南山宗流傳，懿宗咸通十年（西元 869 年）十月左右街僧令霄、玄暢等上表乞追贈南山初祖道宣，敕贈「澄照」，塔曰「淨光」，〔註58〕司空圖所化募之律疏當屬南山宗。東塔、相宗之注疏或因無人化募雕印以致湮沒。

　　五代之際北方亂起，擾攘不安，加上後周世宗毀法，佛教發展不易。南方則社會較安定，且國君多崇信佛法，派遣使者遠至高麗、日本求法，致法脈得以重續中國。《佛祖統紀》記四明沙門子麟海外求法事，謂：

> 法師子麟，四明人，五代唐清泰二年（西元 935 年），往高麗、百濟、日本諸國援智者教。高麗遣使李仁日送師西還，吳越王鏐於郡城建院以安其眾。〔註59〕

《佛祖統紀》亦載天台宗經典散佚情形及遣使海外求經事，其文曰：

> 初天台教迹，遠自安史挺亂，近從會昌焚毀，殘篇斷簡，傳者無憑。師（義寂）每痛念，力網羅之，先於金華古藏僅得《淨名》一疏。吳越忠懿王，因覽《永嘉集》，有「同除四住以此為齊，若伏無名三藏即劣」語，以問（德）韶國師。韶云：「此是教義，可問寂師。」王即召，師出金門，建講以問前義。師曰：「此出智者妙玄，自唐末散亂教籍散毀，故此諸文多在海外。」於是吳越王遣使十人，往日本國求取教典。既回，王為建寺溪，扁（區）曰定慧，賜號淨光法師。……案二師口義云：「吳越王遣使，以五十種寶，往高麗求教文，其國令諦觀來奉諸部，而智者論疏，仁王疏、華嚴骨目、五百門等不復至。」〔註60〕

從上述可知天台教典在會昌之厄損毀十分嚴重，以致陷於斷簡殘篇，傳者無憑的困境，四明子麟、吳越忠懿王，往海外求經。惜日本對這兩次求經反應冷淡，除惠心僧都外，不見積極行動。日人牧田諦亮曾引用日本紀略，謂吳越文穆王於後晉天福元年（西元 936 年），遣使蔣承勳赴日，尋求佛書。

　　八，頁 4。

〔註58〕釋贊寧，《宋高僧傳》卷十四，頁 769。

〔註59〕釋志磐，《佛祖統紀》卷二十二，頁 246。

〔註60〕釋志磐，《佛祖統紀》卷八，頁 189～190。

〔註 61〕唯此說不見於中國，未審是否與子麟之事有關。

　　據韓國佛教史載，我國天台九祖荊溪湛然（西元 711～782 年）傳法新羅法融，開新羅天台法脈，法融三傳弟子諦觀於高麗光宗四年（西元 960 年）持論疏諸文，至螺溪謁義寂法師，天台經典，復還中國。諦觀來華，乃高麗應吳越王之請而遣，觀師至中國，禮義寂為師，留螺溪十年而卒，著《天台四教儀》一書行於世。〔註 62〕高麗國遣諦觀來華前，曾誡以於中國求師問難，若不能答，則奪教文以回。同時將智論疏、仁王疏、華嚴骨目、五百門論等禁不令傳。〔註 63〕由此觀之，高麗送回天台教典，猶多保留。由於諦觀持天台教典來華，致日後天台人才輩出，造成北宋天台宗的復興。

　　諦觀在中國圓寂，致高麗天台法脈斷絕，致日後有僧統義天持華嚴經典至中國求天台教法之事。義天是高麗文宗仁孝王四子，出家後受封「祐世僧統」，宋神宗元豐八年（西元 1085 年）入宋求法。〔註 64〕上表乞傳賢首教，敕兩街舉可教授者，以東京覺嚴誠禪師對，誠舉錢唐慧因寺淨源以自待，乃敕主客楊傑送至慧因寺受法。義天持華嚴疏鈔諮決所疑，閱歲而畢，於是華嚴一宗，文義逸而復得。

　　義天後見天竺寺慈辯，請益天台教觀之道，並遊佛壠，禮智者大師塔，為文誓曰：「已傳慈辯教觀歸國敷揚，願賜冥護。」又請靈芝大智法師說法，持所著文歸國。〔註 65〕時為哲宗元祐二年（西元 1086 年），歸國後獻釋典及經書一千卷，與以後陸續購自宋遼日本之書四千卷，悉皆刊行。〔註 66〕撰有《新編諸宗教藏經總錄》行世。

　　義天來華將華嚴疏鈔傳回我國，回國後又將金書晉譯華嚴五十卷，唐則天時譯八十卷，德宗朝譯四十卷，附海舟捨入院。天符二年（西元 1099 年）又施金建華嚴大閣（俗稱高麗寺）以供奉之。〔註 67〕淨源因得義天傳回《華

〔註 61〕牧田諦亮，〈贊寧與其時代〉，（台中，《新覺生月刊》九卷 10 期，民國 60 年 10 月），頁 13。
〔註 62〕李能和，《朝鮮佛教通史》下編，頁 295～296。
〔註 63〕釋志磐，《佛祖統紀》卷十，頁 206。
〔註 64〕李能和，《朝鮮佛教通史》上編，頁 232。
　　　　按：《佛祖統紀》卷十四，〈義天傳〉作「元祐初入中國問道。」
〔註 65〕釋志磐，《佛祖統紀》卷十四，頁 223。
〔註 66〕李能和，《朝鮮佛教通史》上編，頁 233。
〔註 67〕譜說友，《咸淳臨安志》卷七十八，（台北，中國地志研究會，民國 67 年 8 月），頁 14。

嚴疏鈔》之故，故能融會其師長水子璿所授之《楞嚴》、《圓覺》、《起信論》之學，時人稱為華嚴中興之祖。〔註68〕

從上述天台、華嚴二宗傳回中國的經過，及對這二宗復興的影響，可看出會昌法難時，天台、華嚴經典散佚的嚴重性。

北宋立國後，曾先後派使者到荊南、蜀、南唐、吳越諸國，盡數其地文書以歸汴京，乾德四年（西元 966 年）又下詔搜求逸書，〔註69〕又遣使者到峨嵋、五台、泗州等地莊嚴佛像。太祖并於開寶四年（西元 971 年）遣高品、張從信至益州雕造大藏經，至太宗太平興國八年（西元 983 年）完成，此即「開寶藏」的由來，亦是我國雕印大藏經之始。開寶藏雕刻之際，曾將天台智者之科教經論一百五十卷入藏，經版係向杭州取來。〔註70〕吳越時向高麗所求天台經典，亦應於此時入藏。此後兩宋政府陸續雕刻藏經，先後完成崇寧藏、毘盧藏、圓覺藏。這些藏經與元明時修的磧砂藏、普寧藏、嘉興藏，以卷帙函號來看，均以唐智昇撰《開元釋教錄》（完成於開元十八年，西元 730 年）為依據，屬於同一系統。

另外，遼、金、高麗亦雕刻大藏經，其編纂方式係根據後晉釋可洪的《新集藏經》，融合了《開元釋教錄》與《貞元新定釋教目錄》（唐圓照撰，完成於貞元十六年，西元 800 年）的編排方式，屬於另一系統。史載耶律德光破晉軍後，備法駕入汴，盡擄晉圖像經文，運往上京，釋可洪《新集藏經》亦歸契丹。〔註71〕

金藏所收唐代以前諸家譯撰典籍約可分以下三類：

第一類是金藏、高麗《再雕藏》（完成於西元 1251 年）、日本《大正新脩大藏經》（簡稱大正藏，完成於西元 1934 年）、《卍續藏》（完成於西元 1912 年）所收輯，而為中國所刊行各版藏經所未收入者。此類經典大部分是唐代以前僧侶所譯的顯教經典，及金剛智、不空等人所譯的密教經文。茲將目錄表列於下。

〔註68〕黃公偉，《中國佛教思想傳統史》（台北，《獅子吼雜誌社，民國 61 年 5 月），頁 237～238。
〔註69〕方豪，《宋史》（台北，華岡出版部，民國 64 年 10 月），頁 60。
〔註70〕釋道安，《中國大藏經雕刻史話》（台北，廬山出版社，民國 67 年元月），頁 62、71。
〔註71〕陳玉書，〈談遼版大藏經〉，北平，《光明日報》，民國 50 年 11 月 22 日。

表八：金藏所收唐代以前顯密經典目錄——宋元明中國刊行藏經未收入部分

經典譯、疏名	著、譯者	卷數	函號	備　註	頁數
波若波羅蜜多心經	唐般若共利言等譯	一卷	磻		29
佛說普門經	西晉竺法護譯	一卷	乃		36
大乘文殊師利菩薩佛刹功德莊嚴經	唐不空譯	三卷	實		37
須摩提經	唐菩提流支譯	一卷	服	大寶積經卷九八妙慧童女會第三十別行	39
大乘虛空藏菩薩所問經	唐不空譯	八卷	茂	大正藏在經題前加大集二字	46
佛說般舟三昧經	後漢支婁迦讖譯	一卷	伐		48
佛說阿難問事佛吉凶經	後漢安世高譯	一卷	思		56
佛說申日經	西晉竺法護譯	一卷	敢		61
佛說樹提伽經	劉宋求那跋陀羅譯	一卷	景		61
大花嚴長者問佛那羅延力經	唐般若共利言譯	一卷	磻		62
五母子經	吳支謙譯	一卷	思		63
佛說月燈三昧經	劉宋先公譯	一卷	鞠	高麗藏注：一名文殊師利菩薩十事行經	72
金光明經	北涼曇無讖譯	四卷	傾		75
大方廣如來藏經	唐不空譯	一卷	碑		75
佛說罪福報應經	劉宋求那跋陀羅譯	一卷	無		84
佛說五無反復經	劉宋沮渠京聲譯	一卷	無		84
佛說十力經	唐勿提提犀魚譯	一卷	時		87
佛說時非時經	西晉若羅嚴譯	一卷	無		89
佛說貧窮老公經	劉宋慧簡譯	一卷	辭		89

金剛頂經金剛界大道場毘盧遮那如來身受用身內證智眷屬法身異名佛最上乘秘密三摩地禮懺文	唐不空譯	一卷	功		98
蘇悉地羯囉經	唐輸波迦羅譯	三卷	詩	麗本出丹藏三十七品	100
金剛頂經觀自在王如來修行法	唐不空譯	一卷	刻		105
五佛頂三昧陀羅尼經	唐菩提流志譯	四卷	悲		107
金剛頂經一字頂輪王瑜珈一切時象念誦成佛儀軌	唐不空譯	一卷	碑	麗藏輪上無頂字處上無時字	108
佛說廻向輪經	唐尸羅達摩譯	一卷	時		113
金剛光熖止風雨陀羅尼經	唐菩提流志譯	一卷	讚		116
金剛頂降三世大儀軌法王教中觀自在菩薩心眞言一切如來蓮華大曼拏攞品	唐不空譯	一卷	刻	麗藏無法至品二十三字	118
千眼千臂神咒經	唐智通譯	二卷	潔		120
千手千眼觀世音菩薩大身呪本	唐金剛智譯	一卷	祿		121
觀自在隨心呪經	唐智通譯	一卷	良		126
金剛頂勝初瑜伽經中略出大樂金剛薩埵念誦儀	唐不空譯	一卷	勒		128
修習般若波羅蜜菩薩觀行念誦儀軌	唐不空譯	一卷	銘		132
佛說文殊寶藏經	唐菩提流志譯	一卷	讚	大正藏作佛說文殊師利法寶藏陀羅尼經	136
聖迦柅忿怒金剛童子菩薩成就儀軌經	唐不空譯	三卷	碑		140
迦陀野儀軌	唐金剛智譯	三卷	車		143
佛說摩利支經	唐不空譯	一卷	碑		144

囊麌哩童女經	唐不空譯	一卷	駕		145
東方最勝燈王陀羅尼經	隋闍那崛多譯	一卷	知		155
百千印陀羅尼經	唐實叉難陀譯	一卷	羔		156
佛說玄師 陀所說神咒經	東晉曇無蘭譯	一卷	讚		157
彌沙塞五分戒本	劉宋佛陀什等譯	一卷	隨		162

本表根據蔡運辰：《二十五種藏經目錄對照考釋》製成，表中底格頁數係該書頁碼。
（表九、表十均同）〔註72〕

　　這類經典，可能係直接參考高麗初雕藏，續藏，或間接得自日本，為義天向日本所求得，而為中國會昌厄所散佚者。

　　第二類的經典是金藏、大正藏、卍續藏收輯，但高麗再雕藏及中國各版本均未收入者，這類經典有左列數種：

表九：金藏所收唐代以前經典目錄──高麗再雕藏、中國各版本藏經未收入部分

經典譯、疏名	著、譯者	卷數	函號	備　註	頁數
金剛般若論	隋達摩笈多譯	二卷	傳		173
般若波羅蜜多心經幽贊	唐窺基撰	二卷	稅		195
妙法蓮華經玄贊	唐窺基撰	二十卷	熟貢		197
觀音玄義	隋智顗說、灌頂記	二卷	稼		197
觀音義疏	隋智顗說、灌頂記	二卷	畝		197
佛說觀無量壽佛經疏	隋智顗說	一卷	稼		200
阿彌陀經通贊疏	唐窺基撰	一卷	稅		201
涅槃經疏	隋灌頂撰	三三卷	務茲		202
觀彌勒菩薩上升兜率天經疏	唐窺基撰	二卷	黍		202
金光明經玄義	隋智顗說、灌頂錄	一卷	稼		204
金光明經文句	隋智顗說、灌頂錄	六卷	稼		204
菩薩戒義疏	隋智顗說、灌頂記	二卷	稼		207

〔註72〕蔡運辰，《二十五種藏經目錄對照考釋》，（台北，新文豐出版公司，民國72年12月），頁529。

瑜伽師地論記	唐遁論集撰	二四卷	魚至庶		209
瑜伽師地論略纂疏	唐窺基撰	十六卷	新勸		209
成唯識論述記	唐窺基撰	二十卷	我藝		209
成唯識論掌中樞要	唐窺基撰	三卷	黍	大正藏作四卷	209
因明入正理論疏	唐窺基撰	三卷	稅		210
法苑義林	唐窺基撰	六卷	稷	大正藏作大乘法苑義林章	212

　　這類經典絕大部分是唐代窺基的著作，窺基係玄奘弟子，唯識宗的開創者，因唯識細膩瑣屑，不合國人習性，安史亂後，習者漸少，宗風轉衰，不待會昌法難之影響。〔註73〕金藏所錄窺基著作，或係北方所保留下來，因中唐以後未受重視，致疏言太原訪經時未被運往南方，直到編輯金藏時纔被收錄。清人楊仁山在《等不等觀雜錄》中窺基撰〈成唯識論述記〉條謂：

　　　　此書元末失傳，後人以不見爲憾。今從日本來，慈恩一宗，其再興乎。〔註74〕

言下之意，頗覺遺憾未被後人收錄。高麗再雕藏未收原因則是其國所傳爲圓測系統，爲安慧的思想，與窺基所傳護法的思想不同。

　　第三類的經典是金藏首次收錄，並爲以後中國、高麗、日本雕刻各版藏經收錄者。其目錄如左表：

表十：金藏所收唐代以前經典目錄──高麗、日本、中國各版藏經均
　　　收錄者

經典譯、疏名	著、譯者	卷數	函號	備　註	頁數
止觀義例	唐湛然述	一卷	俶	大正作二卷	218
止觀大意	唐湛然述	一卷	稿		218
四教義	隋智顗撰	四卷	稿	大正作十二卷	220
金剛錍	唐湛然述	一卷	稿		220
龍樹菩薩傳	姚秦鳩摩羅什譯	一卷	畫		234

〔註73〕嚴耕望，〈唐代佛教地理分佈〉，收入《中國佛教史論集‧隋唐五代篇》（台北，大乘文化出版社，民國66年11月），頁88～89。

〔註74〕楊仁山，〈等不等觀雜錄〉，收入《楊仁山居士遺書》（台北，文海出版社，民國58年9月），頁777。

眾經目錄	唐靜態撰	五卷	設		246
出家功德因緣經	後漢安世高譯	一卷	甚		282
大唐開元釋教廣品歷章	唐玄逸撰	三十卷	振至世		282
木槵經	唐不空譯	一卷	刻		283
圓覺經道場修證儀	唐宗密述	十八卷	丹青		283
雙峯山曹溪寶林傳	唐智矩集	九卷	秦		283
華嚴經清涼疏科	唐澄觀撰	十卷	昆		283
維摩疏記	唐湛然述	六卷	畝		284
因明論理門十四道類疏	唐窺基撰	一卷	黍		284
百法明門論決頌	唐窺基撰	一卷	黍		284
大乘瑜伽劫章頌	唐窺基撰	一卷	黍		284
百法論疏	唐義忠撰	二卷	稷		284
異部宗輪論疏	唐窺基撰	一卷	稅		284
彌勒下生成佛經疏	唐窺基撰	一卷	稅		284
瑜伽師地論義演	清素述	四一卷	賞至史		284
上生經會古通今新鈔	唐銓明集	存二四卷	卷末		285

　　這類的經典，大部分屬於天台華嚴的撰注，這類著作，當係五代以後陸續傳回與發現的結集，在海外者也因金藏的雕刻而被收錄，這是由於天台華嚴二宗在北宋時已復興，其宗派經典也較爲時人所重，金藏收錄後就廣爲流傳，爲往後所雕印之各版本大藏經所收錄。〔註75〕

　　會昌法難時「巾其徒，徹其居，火其書」的政策執行的相當徹底，對中國佛教的打擊異常沉重，象徵當時佛教的三寶－寺院（佛像供奉之處）、經典（法的結集，尤其是宗派祖師的著作）、僧侶均受到破壞，由於毀法遍及全國

〔註75〕　明僧蓮池大師謂：「古來此方著述入藏者，皆依經論入藏成式，梵僧若干員，漢僧若干員，通佛法宰官若干員，群聚而議之。有當入而未入者，……則一二時僧與一二中貴草草自定，而高明者或不與其事故也。嗟乎！天台師種種著述，及百年然後得入藏，豈亦時節因緣使之然歟！」（釋蓮池，《竹窗隨筆》，台灣印經處，民國60年6月，頁189）由此觀之，天台經典爲金藏先收錄，是因官刻與民刻（金藏由法珍尼刊刻）不同的緣故。

各地，致佛教的社會基礎幾乎被連根拔起，終致中國佛教由盛轉衰，盛況不再。

第五章　法難的影響

第一節　社會功能方面

　　佛教在中國發展，自魏晉以降，逐步走向制度化與社會化，道安法師建立僧伽組織，使佛教得與民眾接近，以平等觀開導眾生，與眾生結緣。其後慧遠法師在廬山立蓮社，與名士發心往生淨土，因此持名念佛易行道，致民眾不再視成佛理論為畏途，為佛教奠下深厚根基。

　　僧伽制度確立後，僧侶往往基於大乘菩薩道精神，從事許多社會福利事業，其較具體者，首推北魏時曇曜為救濟飢民罪犯所創之僧祇戶及佛圖戶。《魏書・釋老志》謂：

> （和平初西元 460 年）曇曜奏：平齊戶及諸民，有能歲輸穀六十斛入僧曹者，即為僧祇戶，粟為僧祇粟，至於儉歲，賑給飢民。又請民犯重罪及官奴以為佛圖戶，以供諸寺掃洒，歲兼營田輸粟。高宗並許之。於是僧祇戶、粟及寺戶，徧於州鎮矣。〔註1〕

僧祇戶的形成，當為平齊戶與諸民的組合。諸民係指一般百姓，平齊戶當係平齊郡戶之意，平齊郡是在帝都平城附近，雁門以北新設之郡，北魏皇興三年（西元 469 年）平定齊地，將原居其地之漢民，移住於此，其中包括戰俘及投降戰士。〔註2〕曇曜法師建立這個制度的主要目的是拯救死囚和重罪犯

〔註1〕魏收，《魏書》，卷一一四，〈釋老志〉，頁 3037。
〔註2〕道端良秀著，關世謙譯，《中國佛教與社會福利事業》（高雄，佛光山出版社，民國 70 年 4 月），頁 65。

人。遏止了元魏對南朝軍民俘虜的屠殺與長期迫害，並將被壓迫的勞力導向生產與防災救難事業，是一種化暴戾為祥和的作為。可惜這種社會福利事業，在半個世紀之後，因曇曜法師及平齊戶民均先後去世，新換上的當政者及平齊戶民後代，已將設立這個制度的原意忘却，大家重視的是經濟意義與實用效能，行政者為扮作同情僧祇戶農民，用法令的力量為之伸冤，農民取得了少許土地，而政府却收入大批的田賦。〔註3〕《魏書·釋老志》載永平四年（西元 511 年）之詔曰：

> 僧祇之粟，本期濟施，儉年出貸，豐則收入。山林僧尼，隨以給施；
> 民有窘弊，亦即賑之。但主司冒利，規取贏息，及其徵責，不計水
> 旱，或償利過本，或翻改卷契，侵蠹貧下，莫知紀極。細民嗟毒，
> 歲月滋深。非所以矜此窮乏，宗尚慈拯之本意也。自今已後，不得
> 專委維那、都尉，可令刺史共加監括。

又尚書令高肇奏言：

> 謹案：故沙門統曇曜，昔於承明元年（西元 476 年），奏涼州軍戶趙
> 苟子等二百家為僧祇戶，立課積粟，擬濟飢年，不限道俗，皆以拯
> 施。又依內律，僧祇戶不得別屬一寺。而都維那僧暹、僧頻等，進
> 違成旨，退乖內法，肆意任情，奏求逼召，致使吁嗟之怨，盈於行
> 道，棄子傷生，自縊溺死，五十餘人。……請聽苟子等還鄉課輸，
> 儉乏之年，周給貧寡，若有不虞，以擬邊悍。其暹等違旨背律，謬
> 奏之愆，請付昭玄，依僧律推處。〔註4〕

僧祇制度的變質，是僧伽制度變質而造成的，由於僧眾中擁入大量的莠民，這些人逃避了政府賦役，也將佛教福利事業轉變成營利事業，失却了慈悲為懷的本意。而當政者在重新分配財富的時候，也忘記了對俘虜罪犯感化措施的肯定，雙方均成逐利之徒。

僧祇戶的破壞，致後來爾朱氏叛亂興起，生產中斷，民眾求助無門，相率餓死於道路溝壑之間，其收不下全國總人數十分二三。〔註5〕

與僧祇戶的建立及破壞相類者為三階教的無盡藏院。三階教的創立者為隋代的信行禪師，無盡藏院設置的目的有三：第一是供養天下僧藍增修

〔註 3〕釋明復、張慧命，〈關於佛教寺院經濟之對話〉，頁 38。
〔註 4〕魏收，《魏書》，卷一一四，〈釋老志〉，頁 3041～2042。
〔註 5〕釋明復、張慧命，〈關於佛教寺院經濟之對話〉，頁 38。

之備；第二次救濟瀕臨飢餓之苦的世人；第三是支持寺院中一些固定的法會或活動。〔註6〕這是一種非營業性質的社會福利事業，無盡藏院對於借貸公錢與貧民，手續相當簡便，不需立借據，到期只要償還本錢就可以，不需付利息及設抵押品，無盡藏院設置之後，即受貧民的歡迎。隋朝末年各地戰亂擾攘，人民流離失所，三階教表現出安定社會的力量。唯自初唐以降，政府對於三階教無盡藏院的表現，認為有獨善之嫌，和君主「恩賞自上出」的宗旨不符。另三階教所經營的水磑金融等生息事業，也和王公貴人相衝突，所以自武后起，政府開始禁止三階教典，玄宗開元十三年（西元 725 年）終於將化度寺無盡院的財物、田宅、六畜、錢帛等物，盡行分散給京都各寺院，以及充為修理破損佛像堂舍或橋樑等用，如仍有剩餘，充當各寺常住物，以致三階教的發展一蹶不振。

　　無盡藏院遭受破壞，致安史之亂時，政府為籌措軍費，須靠出售度牒，而人民則孤苦無依，流離失所，死於非命者不可勝數。

　　會昌法難在本質上仍然屬於政府破壞僧祇戶與無盡藏院同一類型，這是基於重新分配財富的觀念，沒收寺產，而將佛教社會福利事業的經濟基礎徹底破壞。在會昌時，佛教積極從事的社會福利事業仍相當的多，諸如悲田養病坊、義塚、義井、義橋、義邑、宿坊、浴場等，這些事業均是維持社會和諧安定的動力。廢佛後，社會上各種問題接踵而至，首先是僧侶還俗，悲田養病坊無人主持，宰相李德裕上疏謂：

> ……今緣諸道僧尼盡已還俗，悲田坊無人主管，必恐病貧無告轉致困窮。臣等商量，緣悲田出於釋教，並望更為養病坊，其兩京及諸州於于錄事耆年中，揀一人有名行謹信為鄉閭所稱者，事令勾當。其兩京望給寺田四十頃，大州鎮望給田七頃，其他諸州，望委觀察使量貧病多少，給田三五頃、三二頃，以充粥飯。如州鎮有羨餘官錢，量與置本收利，最為穩便，若可如此，方圓不在更望給田之限，各委長吏處置訖聞奏。〔註7〕

李德裕的上奏，武宗於是年（西元845年）十一月許其所請，敕文謂：

> 悲田養病坊，緣僧尼還俗，無人主持，恐殘疾無以取給，兩京量給寺田賑濟，諸州府七頃至十頃，各於本管選耆壽一人勾當，以充粥

〔註6〕道端良秀著，關世謙譯，《中國佛教與社會福利事業》，頁71。
〔註7〕李德裕，〈論兩京及諸道悲田坊狀〉，收入《全唐文》卷七〇四，頁3～4。

科。〔註8〕

悲田養病坊是佛教寺院為收容殘疾無依民眾而設的慈善組織，會昌五年（西元 845 年）八月，隨寺院被毀而無人主持，直到十一月，武宗纔下令選耆壽一人管理，並將被沒收寺田劃出一小部分，以為粥科之用。我們可以想見，在這二至三個月的空檔時間中，悲田養病坊內的殘疾民眾，在得不到關照情況下，其境遇之悲慘。而偏遠地區得到武宗的敕令當在十一月以後，中間空檔時間更長，問題更加嚴重。

其次，由於僧侶還俗，政府收充兩稅戶，貧病老弱亦不能免，一些年輕無田者遂挺而走險，社會治安因而惡化。李德裕謂：

> 自有還僧以來，江西劫殺比常年尤甚，自上元至宣池地界商旅絕行，緣所在長吏，掩閉道路，頗甚怨嗟。〔註9〕

日僧圓仁在《入唐求法巡禮行記》中亦謂：

> 唐國僧尼本來貧，天下僧尼盡令還俗，乍作俗形，無衣可著，無物可喫，艱窮至甚，凍餓不徹，便入鄉村劫奪人物，觸處甚多，州縣捉獲者，皆是還俗僧。〔註10〕

唐代寺產數目並非豐厚，初步估計，僧尼人近一頃，與民間小康之家無異。〔註11〕若扣除富豪仕宦之家所控制擁有者，則僧尼所得不及民間中產之家。廢寺之初，劣紳惡吏上下其手者不乏其人。《尚書》故實謂：

> 聖善寺銀佛，天寶亂，為賊截將一耳。後少傅白公，奉佛銀三鋌添補，然不及舊者。會昌拆寺，命中貴人毀像，收銀送內庫，中人以白公所添鑄，比舊耳少銀數十兩，遂詣白公索餘銀，恐涉隱沒故也。

同書又記載謂：

> 毀寺時，分遣御史，撿天下所齊寺。及收錄金銀佛像，有蘇監察者不記名，巡覆兩街諸寺，見銀佛一尺以下者，多袖之而歸，謂之蘇扛佛。〔註12〕

關於官吏趁火打劫，大發毀寺財的記載另散見於《太平廣記》、杜牧詩中（見第四章第二節）。會昌法難在經濟因素中，含有財產分配的意味，政府的政策

〔註 8〕劉昫，《舊唐書》，卷十八上，〈武宗本紀〉，頁 607。
〔註 9〕李德裕，〈請淮南等五道置遊奕船狀〉，收入《全唐文》卷七○四，頁 2～2。
〔註 10〕釋圓仁，《入唐求法巡禮行記》，卷四，頁 108。
〔註 11〕呂思勉，《讀史箚記》（台北，木鐸出版社，民國 72 年 9 月），頁 1009。
〔註 12〕李綽，《尚書故實》（台北，新興書局，民國 49 年 6 月），頁 4。

和官吏的行徑，對無辜的僧侶而言，不啻是竭澤而漁的不智行爲，致其在失卻謀生工具之後，遂打家劫舍，破壞治安。

　　寺院和僧侶是佛教實施大眾福利事業的兩大支柱，寺院以其幽雅的林園造景，奇花異卉，豐富的藏書等條件，頗能吸引仕女遊客與士子的遊憩讀書，而與眾生結緣。如深受唐人喜愛的牧丹花，頗多新品種出自寺院栽培，如慈恩寺、興唐寺、興善寺均因此名聞遐邇。惜會昌拆寺時，這些名花均遭破壞，大中元年（西元 847 年）段成式在吉州，猶憶法難時長安諸寺慘遭破壞，作〈桃源僧舍看花〉詩一首，詩云：「前年帝里探春時，寺寺名花我盡知。今日長安巳灰燼，忍能南國對芳枝。」〔註13〕語氣之中，對此人爲災難頗感無奈。

　　放生思想及禁屠是佛教慈悲觀與儒家「親親而仁民，仁民而愛物」這種民胞物與精神結合的表現，唐武宗崇道黜佛，於會昌四年（西元 844 年）正月下敕，正月禁屠三日，列聖忌斷一日，三元月各斷三日，餘月不禁。〔註14〕唯對放生思想並未語及，故在法難之時，各地放生池均遭居民濫捕。日僧圓珍在大中七年（西元 853 年）十二月時訪天台山，於《行歷抄》中敘述其所見：

> 十二月九日，五更，乘潮上發行，元璋闍梨相領入舡，一切勾當，都五箇日。從溪而上，水淺石多，非常難行。此山溪者，天台大師放生之池云云，在後貞觀儀鳳之中，敕下禁斷，不教漁捕，永爲放生之池。拆寺以後，却如往時，滬梁滿江溪，煞（殺）生過億萬。〔註15〕

這是一幅充滿暴戾之氣的畫面，不禁令人想起「千百年來碗裏冤，冤深似海恨難平；若知世上兵刀劫，但聽屠門夜半聲」之警世語。

　　武宗歿後，宣宗以皇太叔身分即位，由於宣宗年長，世故圓融，瞭解民間疾苦和社會問題癥結所在，故於即位之後力事彌補，放鬆對佛教的管制。唯僧侶在橫遭摧殘之後，由於寺院經濟已不足以維持大規模的社會福利工作，故大中末葉，江浙地區屢遭天災侵襲，農民流離失所，政府無力賑災，致裘甫一起，影從者眾，唐室從此步入衰運。

〔註13〕方南生，《段成式年譜》，頁 335。
〔註14〕劉昫，《舊唐書》，卷十八上，〈武宗本紀〉，頁 599。
〔註15〕釋圓珍，《行歷抄》，頁 625。

第二節　佛教宗派方面

　　宗派的成立，是隋唐佛教的特色。宗派的形成，是僧侶研習、講授、著作某宗所依核心經論、行持，並經過師資傳承的關係，將某宗經論、行持傳給下一代弟子。此外並有部分僧侶因受時空限制，只能從某宗祖師著作中，領悟學習到某宗宗義，並將心得傳授給弟子。〔註16〕故隋唐宗派佛教，各派均有其經論、行持、師承、宗風。

　　中國佛教十宗，唐時最盛者莫過於教下三家之法相宗、天台宗、華嚴宗與教外別傳之禪宗，此四宗者皆大乘妙諦。其餘皆支孽附庸而已，〔註17〕其餘有三論宗、密宗、淨土宗、律宗、俱舍宗。亦有謂中國佛教不及十宗或達十餘宗者，雖有許多小宗自安史亂後已衰微，不迨會昌之厄。

　　隋及唐初佛教極盛於北方，而國都長安尤為中心。唐初法相宗之宗師玄奘，華嚴宗之宗師法藏同時得勢於京師，惟天台一宗獨秀於東南，但不能與法相、華嚴抗衡。安史亂後法相已衰，天台、華嚴歷荊溪湛然，圭峯宗密之復興，宗風井然，唯自會昌之厄，天台、華嚴均面臨經典教佚的厄運，致有日後海外訪經之事。《佛祖統紀》對於此事記載甚詳，如卷二十二謂四明法師子麟於後唐清泰二年（西元935年），往高麗日本諸國取回天台經典。〔註18〕卷八謂吳越忠懿王亦遣使往高麗日本求經，高麗派諦觀法師持天台教典來華。〔註19〕

　　天台宗主要著作經會昌之厄而嚴重喪失，致宗風衰微，其時被視為正統代表者為高論清竦。天台原以止觀法門號召，到了清竦高談濶論，得「高論」之名，〔註20〕後被尊為天台十四祖，此亦情勢使然也。淨光義寂即竦師弟子，後賴海外傳回教典得以復興宗風，則會昌之厄對天台宗之影響，可以得知。

　　與天台相類者為華嚴，會昌法難之前，圭峯宗密融合華嚴與禪，致華嚴思想更趨圓融。唯自宗密（卒於會昌元年）之後，華嚴宗傳承不明，直到北宋時，慧因淨源得高麗僧統義天所持華嚴經論，致該再度復興。個中原因與天台宗相類，均受會昌之厄，教典散佚，傳者無憑之故也。《佛祖統紀》卷十

〔註16〕參見顏尚文，《隋唐佛教宗派研究》（台北，國立師範大學《歷史研究所專刊六》，民國69年12月），頁13～15。

〔註17〕嚴耕望，〈唐代佛教之地理分佈〉，收入《中國佛教史論集》（二），〈隋唐五代篇〉，（台北，大乘文化出版社，民國66年7月），頁84。

〔註18〕釋志磐，《佛祖統紀》，卷二十二，頁246。

〔註19〕釋志磐，《佛祖統紀》，卷八，頁190～191。

〔註20〕呂澂，《中國佛學源流略講》（台北，里仁書局，民國74年1月），頁281。

四謂高麗僧統義天於宋神宗元豐八年（西元 1085 年），持華嚴疏鈔等經典入宋求法，翌年回國，回國後以金書晉譯華嚴五十卷，唐則天時譯八十卷，德宗朝譯四十卷，共三部附海舟入院。元符二年（西元 1099 年）又施金建華嚴大閣以俗奉之。〔註21〕

　　華嚴一如天台，宗派典籍在法難時散失嚴重，至北宋初年，方從高麗傳回部分教典，其復興時間較天台宗晚一百多年，可見法難對該宗影響之鉅。

　　法相宗自玄奘傳譯教典後，雖曾極盛一時，唯以其哲理過於繁瑣細緻，不適國人習性，自安史亂後，研習者少，故法難對該宗影響不大。律宗在初唐時研習者亦夥，其最盛時分南山、東塔、相部三宗，唯此三宗在中唐以後均告式微。會昌之厄，律典喪失，後因司空圖為東都敬愛寺講律僧惠確化募雕刻律疏之事，南山宗曾一度復興，餘二宗則寂然無所聞，或係律典散佚無人化募之故也。

　　密宗在玄宗開元年間，由於善無畏及金剛智先後自印度來華，中土密教始盛，京師青龍寺尤為著名。中晚唐時期，日僧來華習密者頗多，著名者若空海、圓仁、圓珍等人。其中圓仁來華期間，正逢會昌法難，圓仁遭受波及遣送回國。圓珍則於宣宗復興佛法之際來華，看到各地寺廟仍是滿目瘡夷，二者回國之際均曾帶走大批密教典籍，故會昌之厄對密宗而言，僅一時之受挫，不及唐末五代戰亂影響之大。

　　禪宗在五祖弘忍之後，分為南北兩派，北派以神秀為宗師，主漸修，神秀曾受武后之召入京師，為「兩宗法王，三帝國師。」其派極盛一時。南派以慧能為宗師，主頓悟，當神秀在京師，慧能弘法於韶州之曹溪。其弟子以南嶽懷讓與青原行思為最著，此外荷澤神會亦在玄宗時北上兩京時，力抗神秀系統，勢力盛極一時。安史亂後，北禪大衰，而慧能之南禪大盛於江南，自中唐至五代之末分為五家：溈仰，臨濟、曹洞、雲門、法眼。北方荷澤神會系統四傳至圭峯宗密，融合禪與華嚴，法難之後亦告式微。由於南禪宗義以頓悟為本，摒棄儀式，不立文字，直指人心，見性成佛，使佛教從繁文縟節煩瑣思辨中解放出來，其意義在求佛教簡易化與中國化，故此風既盛，風偃他宗，〔註22〕於法難時，其他宗派因典籍散佚而衰微之際脫穎而出，其心

〔註21〕潛說友，《咸淳臨安志》卷七十八。（台北，中國地志研究會影印道光十年刊本），頁 14。
〔註22〕嚴耕望，〈唐代佛教之地理分佈〉，收入《中國佛教史論集》（二），〈隋唐五代

性之講求與生活之體驗，並開宋代理學之先河。

與禪宗類似不受法難影響而式微者為淨土宗，其持名修行為易行道，不論愚賢聖凡均可修行，故自東晉道安誓生彌勒兜率淨土，慧遠在廬山結社倡導念佛後，淨土崇拜，造彌陀像，念佛往生者，遍及各地。〔註23〕唐代時提倡此宗較著者有道綽（西元 562～645 年）、善導（西元 613～681 年）、少康（？～西元 805 年）諸人，唯其修行法門簡易，雖諸大師有淨土教理研究問世，但仍無法與其他宗派之千濤萬壑聲勢相比。會昌法難之後，其他宗派均苦於經典散佚，斷簡殘篇，傳者無憑。淨土宗以其簡易之持名念佛，終於取代了其他宗派的地位，並與禪宗形成雙峯並峙的局面。

第三節　義理轉變與佛學思想中國化

中國自古號稱文字之國，文字在漢族的文化中具有相當大的力量。佛教宗派的興盛，與經典注疏的發達有密切的關係，唯自會昌法難時，各宗派經典注疏在「火其書」的政策下散失殆盡。宣宗復興佛教，允許僧侶重新受戒，被廢寺院亦許葺修。此時僧侶在復興宗派的工作中最感到困難者，當推喪佚經論的復原、尋訪和抄錄，由於籍散佚十分嚴重，經論復舊成效有限，無法維持宗派研修講學之用，以致陷於「斷簡殘篇，傳者無憑」的困境，為求自身宗派的生存發展，各宗派採用一些與中國思想關係密切，現今被部分學者認定為國人創作的經典──《圓覺經》、《楞嚴經》和《大乘起信論》，來解釋自身宗派，這種轉變，使中國佛教思想在本質上擺脫了印度思維的色彩，促成佛學思想的中國化。

晚唐佛教宗派中，兼採他宗思想與中國色彩較深之經典者為圭峯宗密。宗密果州人，初得法於荷澤神會系下三傳道圓禪師，後得《華嚴句義》於病僧，身兼祧禪和華嚴二宗法脈，著有《華嚴》、《圓覺》、《涅槃》、《金剛》、《起信》、《唯識》、《盂蘭盆》、《法界觀》、《行願經》等疏鈔及法義、類例、禮懺、修證、圖傳、纂略。又集諸禪言為禪藏，總而言之。又《四分律疏》五卷，《鈔懸談》二卷，凡二百許卷。圖六面，皆本一心而貫諸法。〔註24〕圓寂時間為

篇〉，（台北，大乘文化出版社，民國 66 年 7 月），頁 88～89。
〔註23〕有關淨土往生資料，參見往生西方淨土瑞應傳。釋戒珠，《淨土往生傳》。釋
　　　袾宏，《往生集》。收入《大正藏》第五十一卷。
〔註24〕釋贊寧，《宋高僧傳》，卷六，頁 741。

會昌元年（西元 841 年），其對華嚴宗而言，首開禪教合一之先河，後人尊爲華嚴五祖。

華嚴宗依華嚴經而立宗，隋唐之際杜順和尚弘揚開宗，傳於智儼，再傳至賢首，開宗判教而大盛。賢首傳至澄觀廣著疏鈔，再傳至宗密兼揚禪風。〔註25〕宗密圓寂於會昌法難之前四年，其後經晚唐五代之巨變。到了北宋，華嚴系學說幾乎中斷。至北宋初年，僅有長水子璿，慧因淨源等人續存法脈。長水子璿（西元 965～1038 年）的師承不明，其學風上承清涼澄觀、圭峯宗密。即一貫的用《圓覺》、《大乘起信論》來發揮他們的思想，並與荷澤禪家會通，〔註26〕兼注《楞嚴經疏》十卷。至其弟子慧因淨源時，因高麗僧統淨天入宋問法，帶回《華嚴疏鈔》等舊有章疏，使華嚴一宗再度復興。

華嚴宗在宗密之後雖傳承不明，但受法難影響及晚唐五代喪亂之餘，經典喪失殆盡，碩果僅存的後代法嗣必須抱殘守闕的兼採《圓覺》、《起信》、《楞嚴》等思想，對佛學思想的中國化頗有促進作用。

天台宗在九祖荊溪湛然（西元 710～782 年）時，爲與華嚴宗清涼澄觀競爭，因而參考起信論中「眞如不變隨緣」觀點。法難後，該宗依據之《法華經》雖未散佚，但亦面臨「斷簡殘篇，傳者無憑」的困境，在這法脈不絕如縷的情況下，天台亦採起信論的觀點來闡揚宗派理論。被列入該宗旁系門人的貫休（西元 832～912 年），〔註27〕即以日誦《法華經》一千字，及往豫章傳《法華經》、起信論，皆精奧義，講訓且精勤著稱。〔註28〕由於天台本來不重視起信論，智者大師在《法華玄義》、《法華文句》、《摩訶止觀》中均未引到《起信論》。在宋代，爲了弄清本宗思想的發展及其與起信論的關係，出現了許多異說，自宗之內因而分歧成山家、山外二派。〔註29〕這二派爭論的起因是因義寂同門志因的弟子悟恩，著《金光明玄義發揮記》，否定《金光明玄義廣本》是智者大師的眞作，而主眞心觀，是爲山外派。四明知禮則作《釋難扶宗記》以破《發揮記》，成山家派。由於山家派的傳承爲清竦、義寂、義通、知禮等人，其論點參考高麗沙門諦觀傳回之祖師著作，其論難採中觀系

〔註25〕黃公偉，《中國佛教思想傳統史》（台北，獅子吼雜誌社，民國 61 年 5 月），頁 127。

〔註26〕呂澂，《中國佛學源流略講》，頁 284。

〔註27〕顏尚文，《隋唐佛教宗派研究》，〈天台宗師資傳承系譜〉，頁 210。

〔註28〕釋贊寧，《宋高僧傳》，卷三十，〈貫休傳〉，頁 897。

〔註29〕呂澂，《中國佛學源流略講》，頁 280。

統。山家派雖爲清竦旁系所出，唯其論點已參雜《涅槃》、《楞嚴》、《起信》等眞如系統，如智源著有《首楞嚴經疏》、梵慈著有《楞嚴會解》。〔註30〕故天台山家、山外的爭論亦反映出佛學思想中國化的歷程。

　　舊傳《大乘起信論》乃梁陳之際眞諦三藏所譯，唯此書在中晚唐以前不受國人重視。日本學者松本文三郎、望月信亨、村上專精三氏對於馬鳴著此書，以及眞諦翻譯此書均表懷疑，終乃決定非印度撰述而爲中國撰述。〔註31〕後梁啓超以此爲基礎，並加以己見，撰《大乘起信論考證》一書，從文獻上及學理上考察，認爲此書雖係國人撰述，但不足稍損其價值，爲人類最高智慧之產物，實中國印度兩種文化結合之晶體。〔註32〕

　　《楞嚴經》舊謂唐天竺沙門般刺蜜帝譯出，烏萇國沙門彌伽釋迦譯語，房融筆受。近人梁啓超對此深感懷疑，曰：

　　　此書歷宋元明清直到現在在佛學中勢力還是很大，其中論佛理精闢之處固不少，但是與佛理矛盾衝突的地方亦是很多。如神仙之說，是道家的主張，佛教本無神論，然楞嚴經中不少談及神仙的話，令道佛界線弄不清楚了。

又曰：

　　　楞嚴經充滿了長生神仙的謊誕話題，顯然是受了道教的暗示，剽竊佛教的皮毛而成；因爲……眞正佛經並沒有楞嚴經一類的話，可知楞嚴經是假書。〔註33〕

若以印度佛教思想傳承看起信論及楞嚴經，二者均被疑爲僞書，故在隋唐時代，天台、華嚴二宗均不重視此二經，但此二書反映出中國人的觀點和與傳統思想融合的迹象。中唐時韓愈高舉儒家思想的旗幟，其弟子李翺作復性書，兼採佛教觀點，此爲士人融合佛儒二家。會昌法難後派採起《信論》、《圓覺》、《楞嚴》等觀點解釋佛理，此爲僧侶融合儒釋道三家思想的過程，二者對於理學的發展開了先河，於中國思想史上有特殊的地位。

〔註30〕參見黃懺華，〈天台宗〉，收入《中國佛教總論》（台北，木鐸出版社，72年元月），頁285。
　　　　黃公偉，《中國佛教思想傳統史》，頁226～236。
〔註31〕張心澂，《僞書通考》（台北，宏業書局，民國64年6月），頁1094。
〔註32〕梁啓超，《大乘起信論考證》（台北，商務印書館，民國62年2月），頁86。
〔註33〕梁啓超，《古書眞僞及其年代》（台北，里仁書局，民國71年1月），頁11。
　　　　中國歷史研究法五種。

第六章　結　論

　　佛教在印度，因僧伽制度的嚴密與僧侶熱心佈教，故能在印度各宗教中脫穎而出。但佛教傳入中國後，由於中土的各種因素限制，依戒律規定且組織嚴密的僧伽制度並未建立。且因政治、社會各方面的干擾，使僧伽制度產生了因時制宜、因地制宜的措施，逐漸喪失印度僧伽制度的精神，造成僧侶對世俗政治依賴性的增加，成爲日後政府干預僧伽制度的正常運作，提供有利的藉口。

　　會昌法難的發生，就是一種以政府的力量，強制加諸佛教僧伽制度上，干涉其正常的運作。這次法難發生的原因，可以政治、經濟、文化三個因素來加以說明。

　　在政治方面。由於唐朝皇室的宗教信仰和宗教政策，在層次上僅停留在「亦將有以利吾身」與「亦將有以利吾國」的理念上，對於佛教的態度，上焉者存而勿論，下焉者則企圖干預迫害。高祖、太宗對於佛教的限制和利用，成爲後世帝王的祖宗之法，玄宗及文宗對佛教的政策，均有可能發展出一場大規模的法難，後因安史之亂與甘露之變而停止。武宗的廢佛舉動，亦可視爲實行祖宗未竟之志。

　　在經濟方面，安史之亂後，由於藩鎮割據的影響，國家經濟日益萎縮，由於軍需日增和俸祿日高，朝廷對經濟無法負擔。相對的，寺院經濟因豪門仕宦之家相繼捨財入寺，變相逃稅而大幅度成長。武宗時，由於對澤潞用兵，宰相李德裕爲籌軍需，遂條疏僧尼，沒收寺產，使豪門仕宦逃漏賦稅，再度重歸朝廷。但因廢佛政策執行不當，致使僧伽制度受到嚴重打擊。

　　在文化方面。佛教傳入以後，由於中國與印度文化上的差異，儒釋道三

家思想發生諸多衝突，這些衝突，表現在倫理問題、君臣關係、夷夏之辨、財經及治亂問題方面。中唐以後，儒學漸興，韓愈高舉儒家思想的纛旗，對佛教大肆撻伐，流風所及，其門人弟子亦具排佛思想，形成這次法難的一股暗流。

武宗的廢佛政策，在即位之初已顯露端倪，在會昌元年（西元 841 年）至三年（西元 843 年）的崇道黜佛措施，已可感到「山雨欲來風滿樓」的氣氛。會昌三年（西元 843 年）九月的潞府押衙事件，更加增強武宗全面廢廢的決心，此後政府加速澄汰僧侶，限制佛教活動。會昌五年（西元 845 年）八月終於頒下〈拆寺制〉，以致佛教受到徹底無情的打擊。

法難進行中，僧侶遭到澄汰，紛紛採取應變措施，或逆麟力爭，或退隱山林，或俟機而出，表現出「用之則行，舍之則藏」的情操，爲中國佛教保存一分元氣。因廢佛政策執行徹底，致各地區佛寺均遭破壞，經像被毀，政府將廢寺銅像銷毀，鑄成會昌開元通寶，並標示鑄錢地區名稱。經典的散佚，造成日後吳越僧侶和國君向海外求經。也造成我國佛教部分宗派的沒落和禪宗及淨土宗的興盛。

會昌法難所造成的影響，在社會功能方面，最主要的是佛教基於大乘菩薩道精神所建立的社會福利事業全遭破壞，致唐末民變發生，人民流離失所，甚至影從發難。另在思想本質方面，則因宗派依據立論經典的散佚，致《楞嚴經》、《圓覺經》、《大乘起信論》受到各宗派的重視，造成佛教思想的中國化，爲宋代理學的發生開了先河。

中國佛教史上的「三武一宗」法難，對於後世的影響，以唐武宗所施行的會昌法難爲最大。個中原因，係會昌法難同時在全國各地進行，造成寺院中大量經典散佚，致日後僧侶面臨「斷簡殘篇，傳者無憑」的困境。相對的，北魏太武帝、北周武帝和周世宗法難，則僅在北方實施，南方地區仍能保全佛教法脈。論者常謂「會昌法難是中國佛教由盛轉衰的關鍵」，誠非虛言。

參考書目

一、基本史料

1. 王溥：《唐會要》，一百卷，臺北，世界書局，民國 71 年 12 月四版。

2. 王讜：《唐語林》，八卷，臺北，臺灣商務印書館，民國 68 年 7 月。

3. 王鏊：《姑蘇志》，六十卷，明正德元年刊本，臺北，學生書局影印。

4. 司馬光：《資治通鑑》，二九四卷，臺北，建宏出版社，民國 66 年。

5. 史安之：高似孫：《剡錄》，十卷，清道光八年刊本，臺北，中國地志研究會影印，民國 67 年 8 月。

6. 史能之：《咸淳毘陵志》，三十卷，清嘉慶二十五年刊本，臺北，中國地志研究會影印，民國 67 年 8 月。

7. 朱長文：《吳郡圖經續志》，三卷，清咸豐三年刊琳琅秘書叢書本，臺北，中國地志研究會影印，民國 67 年 8 月。

8. （釋）志磐：《佛祖統紀》，五十四卷，臺北，新文豐出版公司，民國 63 年 9 月，《大正藏》第四十九卷。

9. 吳兢：《貞觀政要》十卷，臺北，宏業書局，民國 72 年 9 月。

10. 宋敏求：《唐大詔令集》，一百三十卷，臺北，鼎文書局，民國 61 年 4 月影印。

11. 李昉：《太平廣記》，五百卷，新增補校本，臺北，古新書局，民國 69 年元月。

12. 李綽：《尚書故實》，四部集要本，臺北，新興書局影印，民國 49 年 7 月，《唐朝小說大觀》第一冊。

13. 佛陀跋陀羅共法顯譯：《摩訶僧祇律》，四十卷，臺北，新文豐出版公司，民國 63 年 9 月，《大正藏》第二十二卷。

14. 杜牧：《樊川文集》，二十卷，四部叢刊初編，臺北，臺灣商務印書館，民國 60 年 8 月。

15. 沈青崖：《陝西通志》，一○○卷，清雍正三年刊本，臺北，華文書局影印，民國56年8月。

16. 沈翼機：《浙江通志》，二八○卷，清乾隆元年重修本，臺北，華文書局影印，民國56年8月。

17. （釋）戒珠：《往生淨土傳》，三卷，臺北，新文豐出版公司，民國63年9月，《大正藏》第五十一卷。

18. 何紹基：《安徽通志》，三五○卷，光緒三年重修本，臺北，華文書局影印，民國56年8月。

19. （釋）法琳：《辯正論》，八卷，臺北，新文豐出版公司，民國63年9月，《大正藏》第五十二卷。

20. 范攄：《雲溪友議》，三卷，四部叢刊續編，臺北，臺灣商務印書館，民國65年3月。

21. 范祖禹：《唐鑑》，二十四卷，臺北，臺灣商務印書館，民國66年3月。

22. 長孫無忌：《唐律疏議》，三十卷，〈附進律疏表〉一卷，臺北，臺灣商務印書館。

23. 周應合：《景定建康志》，五十卷，清嘉慶元年刊本，臺北，中國地志研究會影印，民國67年8月。

24. 段成式：《酉陽雜俎》，前集二十卷，續集十卷，另附〈段成式年譜〉，方南生編，（臺北，源流出版社，民國71年12月）。

25. 皇甫枚：《三水小牘》，臺北，木鐸出版社，71年5月。

26. 施宿：《嘉泰會稽志》，二十卷，清嘉慶十三年刊本，臺北，中國地志研究會影印，民國67年8月。

27. 俞希魯：《至順鎮江志》，二十一卷，民國12年如皋冒氏刻硃本，臺北，中國地志研究會影印，民國67年8月。

28. 秦再思：《洛中記異錄》，收入《說郛》卷二十，臺北，新興書局，民國52年12月影印。

29. 孫樵：《孫樵集》，十卷，四部叢刊初編，臺北，臺灣商務印書館，民國54年8月。

30. 徐碩：《至元嘉禾志》，三十二卷，抄本，臺北，中國地志研究會影印，民國67年8月。

31. 梁克家：《三山志》，四十二卷，抄本，臺北，中國地志研究會影印，67年8月。

32. 凌萬頃：《玉峯志》，三卷，《太倉舊志》五種本，臺北，中國地志研究會影印，民國67年8月。

33. 張昊：《寶慶會稽續志》，八卷，清嘉慶十三年刊本，臺北，中國地志研究

會影印，民國 67 年 8 月。

34. 張彥遠：《歷代名畫記》，十卷，臺北，臺灣商務印書館，民國 60 年 4 月。

35. 郭若虛：《圖畫見聞志》，六卷，四部叢刊續編，臺北，臺灣商務印書館，民國 65 年 3 月。

36. 陳耆卿：《嘉定赤城志》，四十卷，清嘉慶二十三年刊臺州叢書本，臺北，中國地志研究會影印，民國 67 年 8 月。

37. 陳舜俞：《廬山記》，五卷，臺北，新文豐出版公司，民國 63 年 9 月。

38. 張時徹：《寧波府志》，四十二卷，嘉慶三十九年修，日本抄本。

39. 馮福京：《昌國州圖志》，七卷，清咸豐四年甬上徐氏煙嶼樓宋元四明六志本，臺北，中國地志研究會影印，民國 67 年 8 月。

40. 黃任：《鼓山志》，清乾隆二十六年刊本，臺北，明文書局影印，民國 69 年 1 月，《中國佛寺史志彙刊》第一輯。

41. （釋）善卿：《祖庭事苑》，八卷，《卍續藏經》第一一三冊，臺北，中國佛教會影印，民國 56 年。

42. （釋）智昇：《開元釋教錄》，二十卷，臺北，新文豐出版公司，民國 63 年 9 月，《大正藏》第五十五卷。

43. （釋）僧佑：《弘明集》，十四卷，臺北，新文豐出版公司，民國 63 年 9 月，《大正藏》第五十二卷。

44. 葉昌熾：《語石》，十卷，臺北，臺灣商務印書館，民國 59 年 2 月。

45. 董浩：《欽定全唐文》，一千卷，清嘉慶十九年刊本，臺北經緯書局，民國 54 年 6 月。

46. （釋）圓仁：《入唐求法巡禮行記》，四卷，臺北，文海出版社，民國 65 年 10 月再版。

47. （釋）圓珍：《行曆抄》，一卷，大日本國史料一編之一，東京，東京大學史料編纂所，昭和四十三年（西元 1968 年）覆刻。

48. （釋）道世：《法苑珠林》，一百卷，臺北，新文豐出版公司，民國 63 年 9 月，《大正藏》第五十五卷。

49. （釋）道宣：《廣弘明集》，三十卷，臺北，新文豐出版公司，民國 63 年 9 月，《大正藏》第五十二卷。

50. （釋）道宣：《續高僧傳》，三十卷，臺北，新文豐出版公司，民國 63 年 9 月，《大正藏》第五十卷。

51. 楊仁山：《等不等觀雜錄》，八卷，臺北，文海出版社，民國 58 年 9 月，《楊仁山居士遺著》第二冊。

52. 楊芳燦：《四川通志》，二○四卷，嘉慶二十一年重修本，臺北，華文書局影印，民國 56 年 8 月。

53. 劉昫：《舊唐書》，二百卷，正史全文標校讀本，臺北，鼎文書局，民國 69 年 3 月。

54.（釋）蓮池：《竹窗隨筆》，臺北，臺灣印經處印行，民國 60 年 6 月。

55. 談鑰：《嘉泰吳興志》，二十卷，吳興先哲遺書本，臺北，中國地志研究會影印，民國 67 年 8 月。

56. 歐陽修、宋祁：《新唐書》，二二五卷，正史全文標校讀本，臺北，鼎文書局，民國 69 年 2 月。

57.（釋）慧皎：《高僧傳》，十四卷，臺北，新文豐出版公司，民國 63 年 9 月，《大正藏》第五十卷。

58.（釋）慧立：《大唐大慈恩寺三藏法師傳》，十卷，臺北，新文豐出版公司，民國 63 年 9 月，《大正藏》第五十卷。

59. 潛說友：《咸淳臨安志》，一百卷，清道光十年刊本，臺北，中國地志研究會影印，民國 67 年 8 月。

60. 魏收：《魏書》，一一四卷，臺北，洪氏出版社，民國 66 年 6 月。

61.（釋）贊寧：《宋高僧傳》，三十卷，臺北，新文豐出版公司，民國 63 年 9 月，《大正藏》第五十卷。

62.（釋）贊寧：《大宋僧史略》，三卷，臺北，新文豐出版公司，民國 63 年 9 月，《大正藏》第五十四卷。

63. 韓愈：《韓昌黎全集》，四千卷，清同治己巳年江蘇書局重刻東雅堂本，臺北，新興書局，民國 59 年 9 月。

二、一般論著

1. 丁福保：《佛學大辭典》，臺北，華嚴蓮社影印，民國 60 年 10 月。

2. 甘逢易編著、明鏡譯：《淺談佛學－天主教徒的觀點》，臺北，光啓出版社，民國 72 年 4 月。

3. 朱桂：《牛僧孺研究》，臺北，正中書局，民國 65 年 7 月初版。

4. 全漢昇：《唐宋帝國與運河》，香港，太平書局影印，出版年月不詳。

5. 呂澂：《中國佛學源流略講》，臺北，里仁書局，民國 74 年 1 月。

6. 李世傑：《印度哲學史講義》，臺北，新文豐出版公司，民國 68 年 9 月。

7.（釋）明復：《中國僧官制度研究》，臺北，明文書局，民國 70 年 3 月。

8. 林惠祥：《文化人類學》，臺北，臺灣商務印書館，民國 60 年 2 月三版。

9. 梁啓超：《大乘起信論考證》，臺北，臺灣商務印書館，民國 62 年 2 月。

10. 高楠順次郎、木村泰賢：《印度哲學宗教史》，臺北，臺灣商務印書館，民國 72 年 9 月。

11. 孫廣德：《晉南北朝隋唐俗佛道爭論中之政治課題》，臺北，臺灣中華書局，

民國 61 年 5 月。

12. 馮承鈞：《歷代求法翻經錄》，臺北，臺灣商務印書館，民國 59 年 8 月。

13. 陶希聖：《唐代寺院經濟》，臺北，食貨出版社，民國 63 年 1 月。

14. 湯用彤：《漢魏兩晉南北朝佛教史》，臺北，鼎文書局，民國 74 年元月。

15. 湯用彤：《隋唐佛教史稿》，臺北，木鐸出版社，民國 72 年 9 月。

16. 湯承業：《李德裕研究》，臺北，學生書局，民國 63 年 8 月初版。

17. 黃公偉：《中國佛教思想傳統史》，臺北，獅子吼雜誌社，民國 61 年 5 月。

18. 黃敏枝：《唐代寺院經濟的研究》，臺北，國立台灣大學，民國 60 年 12 月。

19. 黃聲孚：《唐代佛教對政治之影響》，香港，作者自印，民國 48 年 4 月。

20. 道端良秀著，關世謙譯：《中國佛教與社會福利事業》，臺灣，佛光出版社，民國 70 年 4 月。

21. (釋) 道安：《中國大藏經雕刻史話》，臺北，廬山出版社，民國 67 年元月。

22. 蔡運辰：《二十五種藏經目錄對照考釋》，臺北，新文豐出版公司，民國 72 年 12 月。

23. 蔣天樞：《陳寅恪先生編年事輯》，臺北，弘文館書局，民國 74 年 10 月。

24. 錢穆：《國史大綱》，臺北，臺灣商務印書館，民國 65 年 11 月修訂三版。

25. 藍吉富：《隋代佛教史述論》，臺北，臺灣商務印書館，民國 63 年 5 月。

26. 顏尚文：《隋唐佛教宗派研究》，臺北，國立臺灣師範大學碩士論文，民國 69 年 12 月。

三、論 文

1. 丁敏：〈方外的世界—佛教的宗教與社會活動〉，《敬天與親人》，臺北，聯經出版社，民國 71 年 12 月，頁 125～181。(《中國文化新論宗教禮俗篇》)

2. 內藤虎次郎著，萬斯年譯：〈三井寺藏唐過所考〉，《國立北平圖書館刊》五卷 4 期，民國 20 年 7 月，頁 11～24。

3. (釋) 印順：〈佛教之興起與東方之印度〉，以佛法研究佛法，臺北，正聞出版社，民國 69 年 5 月，頁 15～101。

4. 李樹桐：〈武則天入寺為尼考辨〉，《唐史考辨》，臺北，臺灣中華書局，民國 54 年 4 月，頁 310～235。

5. 李瑞爽：〈禪院生活和中國社會〉，《佛教與中國思想及社會》，臺北，大乘文化出版社，民國 67 年 12 月，頁 273～215。

6. (釋) 明復、張慧命：〈關於現代佛教寺院經濟問題的對話〉，《獅子吼月刊》第二十四卷 7 期，民國 74 年 7 月，頁 32～29。

7. (釋) 依仁：〈中國佛教僧團制度之研究〉，《獅子吼月刊》第二十四卷 7 期，民國 74 年 7 月，頁 22～21。

8. 牧田諦亮：〈贊寧與其時代〉，《新覺生月刊》第九卷 10 期，民國 60 年 10 月，頁 11～18。

9. 陳瓊玉：〈唐代政教關係－一般因素探討〉，《中國佛教月刊》第二十六卷 7 期，民國 71 年 4 月，頁 23～23。

10. 陳寅恪：〈武曌與佛教〉，《陳寅恪先生論文集》，臺北，九思出版社，民國 63 年 4 月，頁 421～436。

11. 陳寅恪：〈李德裕貶死年月及歸葬傳說辨證〉，《陳寅恪先生論文集》，臺北，九思出版社，民國 63 年 4 月，頁 437～473。

12. 陳玉書：〈談遼版大藏經〉，北京，《光明日報》，民國 50 年 11 月 22 日。

13. 費海璣：〈大唐『洛陽伽藍記』〉，《大陸雜誌》第二十三卷 6 期，民國 50 年 9 月，頁 6～9。

14. 黃運喜：〈中國佛教法難研究〉，《獅子吼月刊》第二十四卷 5 期，民國 74 年 5 月，頁 30～33。

15. 黃運喜：〈唐代律令對於僧侶遊參行腳的限制〉，《獅子吼月刊》第二十五卷 8 期，民國 75 年 9 月，頁 36～37。

16. 楊惠南：〈一葦渡江，白蓮東來－佛教的輸入與本土化〉，敬天與親人，臺北，聯經出版社，民國 71 年 12 月，頁 13～66。

17. 傅樂成：〈論漢唐人物〉，《時代的追憶論文集》，臺北，時報出版社，民國 73 年 3 月，頁 23～56。

18. 鄧克銘：〈百丈清規之僧團規範意義的探討〉，《獅子吼月刊》第二十四卷 7 期，民國 74 年 7 月，頁 16～21。

19. 藍吉富：〈傳燈的人－歷代僧侶的分類考察〉，敬天與親人，臺北，聯經出版社，民國 71 年 11 月，頁 69～122。

20. 嚴耕望：〈唐代佛教地理分佈〉，《中國佛教史論·隋唐五代篇》，臺北，大乘出版社，民國 66 年 11 月，頁 83～89。

四、外文部分

（一）日文

1. 塚本啓祥：《初期佛教教團的研究》，東京，昭和四十一年（西元 1966 年）3 月，山喜房佛書林，586 頁。

（二）梵文

1. F. Max Müller, ed., *Vajracchedikā – Prajñapāmitā – Sūtra.* London：Anecdota Oxoniensia, Aryan Series, Vol.1, Part 1 , 1881.

（三）英文

1. Edwin O. Reischauer, Ennin's Diary, *The Record of a Pilgrimage to China in*

Search of the Law. New York：The Ronald Press Company, 1955.

2. Kenneth K.S. Ch'en，*Buddhism in China，A Historical Survey*（Princeton，N.J.：Princeton University Press，1966.